# CHAOS OF DISCIPLINES

# 学科的混沌

Andrew Abbott

［美］安德鲁·阿伯特 —— 著　周忆粟 —— 译

北京师范大学出版集团
BEIJING NORMAL UNIVERSITY PUBLISHING GROUP
北京师范大学出版社

# 总　序

　　无论依据何种判定标准，历史学都足以跻身人类最古老的知识之列，社会科学的历史则显得短了许多。虽然我们所熟知的近代欧洲思想家并没有在历史学与社会科学之间划出一条泾渭分明的界线，但在启蒙运动之后，科学主义的影响使人们开始将科学方法从道德哲学和人文关怀中剥离出来。例如，在其名著《旧制度与大革命》开篇第一段中，托克维尔（Alexis de Tocqueville）就明确宣告，他要写的不是一部法国大革命史，而是对这场革命的研究。到了 19 世纪末 20 世纪初，社会学、政治学等知识范畴逐渐成形。时至今日，在我们大多数人眼中，这些社会科学学科已然具有了不同于历史学等人文领域的内在规律。

　　不仅如此，学科藩篱与专业壁垒还使历史学家和社会科学家互相产生了根深蒂固的成见。历史学家往往对从历史个案中提炼出一般化理论嗤之以鼻；社会科学家则多不愿在原始材料上下苦功夫，甚至轻蔑地认为历史学家是为自己提供研究素材的"体力劳动者"。一方面，在历史学界获得普遍认可的社会科学家少之又少；对于历史学家向社会理论或社科方法的"越界"，学界同行始终抱有怀疑态度。在其名篇《理论的贫困》中，马克思主义历史学家 E. P. 汤普森（E. P. Thompson）强调："历史学既不是制造飞往全球的协和式客机般宏大理论的工厂，也不是一系列细微理论的装配线。它同样不是'运用'‘检验’或‘证实’外来理论的巨大实验站。这些都和它无关。它的工作是复原、‘解释’和‘理解’它的对象：真实的历史。"[①] 另一方面，对于社会科学家是否应染指历史课题，社科阵营内部的争议始终没有平息。在 1991 年的一篇著名文章中，英国社会学名宿约翰·戈德索普（John Goldthorpe）断言，社会科学家应当老老实实地专注于当代议题，而把过去发生之事留给历史学家，因为社会科学无法为历史议题提供任何可靠的研究方法。[②] 不是所有人都如此不留情面，但持有这种看法的学者其实不在少数。

然而，这种学科分野远非理所当然。且不说历史学和社会科学在本质上都是对人类社会的认识和理解，更不用说过去和当下本就没有判若鸿沟的界限，越来越多的学者认识到，画地为牢给两个领域均造成了不小的伤害：缺乏历史视野与事件剖析，社会科学恐将失去鲜活的脉络与纵深的厚度；无视理论陈述与个案比较，历史学很可能错过验证个案特性与发现历史共性的契机。

值得欣喜的是，这种状况正在持续好转。从 20 世纪 60 年代开始，社会科学与历史学之间的对话逐渐多了起来。在社会科学界，尤其是社会学界，学者对基于变量的静态回归分析提出了深刻的质疑，并对如何展现历史过程提出了许多新的思路。西方社会彼时的剧烈社会动荡更是激励小巴灵顿·摩尔（Barrington Moore，Jr.）、莱因哈德·本迪克斯（Reinhard Bendix）、西摩·马丁·李普塞特（Seymour Martin Lipset）、什穆埃尔·N. 艾森施塔特（Shmuel N. Eisenstadt）、欧内斯特·盖尔纳（Ernest Gellner）、塞缪尔·亨廷顿（Samuel Hunting-

---

① E. P. Thompson, "The Poverty of Theory or an Orrery of Errors," in *The Poverty of Theory and Other Essays*, London, Merlin, 1978, p. 238.

② 参见 John H. Goldthorpe, "The Uses of History in Sociology: Reflections on Some Recent Tendencies," *British Journal of Sociology*, 1991, 42 (2), pp. 211-230。

ton）、查尔斯·蒂利（Charles Tilly）、伊曼纽尔·沃勒斯坦（Immanuel Wallerstein）、迈克尔·曼（Michael Mann）、约翰·马尔科夫（John Markoff）、兰德尔·柯林斯（Randall Collins）、西达·斯考切波（Theda Skocpol）等人写出了格局宏大的比较历史分析传世之作，历史社会学也成为热点领域。在历史学界，至少从稍早的马克·布洛赫（Marc Bloch）、乔治·勒费弗尔（Georges Lefebvre）和费尔南·布罗代尔（Fernand Braudel）算起，E. H. 卡尔（E. H. Carr）、E.P. 汤普森（尽管他对理论有过上述批评）、埃里克·霍布斯鲍姆（Eric Hobsbawm）、劳伦斯·斯通（Lawrence Stone）、雅克·勒高夫（Jacques Le Goff）、弗朗索瓦·菲雷（François Furet）、保罗·韦纳（Paul Veyne）、莫纳·奥祖夫（Mona Ozouf）、皮埃尔·诺拉（Pierre Nora）、汉斯-乌尔里希·韦勒（Hans-Ulrich Wehler）、佩里·安德森（Perry Anderson）、彼得·伯克（Peter Burke）、汉斯·梅迪克（Hans Medick）、卡洛·金茨堡（Carlo Ginzburg）、小威廉·休厄尔（William Sewell，Jr.）、海因茨·席林（Heinz Schilling）、琼·沃勒克·斯科特（Joan Wallach Scott）、林恩·亨特（Lynn Hunt）等一大批学者开始有意识地吸收社会科学的洞见，将社会史、文化史等领域的研究大大推进了一步。

除此之外，一批学者开始深入思考历史与社会科学之间的关系。在出版于 1959 年的《社会学的想象力》中，C. 赖特·米尔斯宣称："社会科学本身就属于历史学科……所有名副其实的社会学都是'历史社会学'。"① 这种说法在当时应者寥寥，但 20 年之后，蒂利、阿瑟·斯廷奇科姆（Arthur Stinchcombe）、菲利普·艾布拉姆斯（Philip

---

① ［美］C. 赖特·米尔斯：《社会学的想象力》，李康译，203～204 页，北京，北京师范大学出版社，2017。

Abrams）、斯考切波等人开始系统探讨社会科学所固有的历史属性。①
在他们眼中，历史社会学不是研究历史的社会学，更不是社会学的分
支领域，而是一切社会学研究的题中应有之义；比较历史分析也不是
政治学的独立研究领域，因为对政治制度与行为的研究必然蕴含横向
或纵向的历史比较维度。在这种观念影响下，蒂利、沃勒斯坦等人主
张以"历史社会科学"（historical social science）一词来指代这一跨学
科领域。

到了 20 世纪 90 年代，随着一大批青年学者登上舞台，历史社会
科学在经验材料、理论和方法上都有了新的进步。在材料上，外语技
能的提升与相关档案的开放使得一手资料的获取和研究不再是历史学
家的"专利"；在理论上，罗伯特·K.默顿（Robert K. Merton）所倡
导的"中层理论"发挥了持久的影响，新生代学者致力于对历史事件
进行更为细腻的基于社会机制（social mechanisms）的研究，时间性
（temporality）、路径依赖（path dependence）、关键时点（critical junc-
tures）、结构（structure）、能动（agency）、因果性（causality）、或然
性（contingency）、轨迹（trajectory）等概念呈现出焕然一新的面貌，
社会学、政治学、经济学、历史学、人类学甚至哲学、文学之间呈现
出有益的理论互哺；在方法上，社会网络分析、过程追踪（process
tracing）、反事实推理（counterfactual thinking）、模糊集合（fuzzy
set）、集合论（set-theoretic methods）、质性比较分析（QCA）以及各

① Charles Tilly, *As Sociology Meets History*, New York, Academic Press,
1981. Arthur Stinchcombe, *Theoretical Methods in Social History*, New York, Aca-
demic Press, 1978. Philip Abrams, *Historical Sociology*, Ithaca, Cornell University
Press, 1982. Charles Tilly, *Big Structures*, *Large Processes*, *Huge Comparisons*,
New York, Russell Sage Foundation, 1984. Theda Skocpol ed., *Vision and Method in
Historical Sociology*, New York, Cambridge University Press, 1984.

种质性分析软件使历史社会科学早已不再是简单的线性历史叙事。在西方，历史社会科学已经进入"井喷期"，成为一个振奋人心的跨学科研究领域。

"历史-社会科学译丛"正是在这种背景下应运而生，它旨在将历史社会科学的经典与前沿著作以一种系统的方式介绍给中文读者，为相关研究和教学提供有益的参考。放眼中国，无论是社会学、政治学，还是历史学、经济学，对历史社会科学的兴趣都前所未有地高涨，优秀成果层出不穷，专题会议令人应接不暇，相关课程更是吸引了最优秀的青年学子。中国社会的转型为历史社会科学提供了研究大问题的丰富素材，中国历史的悠久为中国学人提供了理论对话的难得机遇。我们坚信，假以时日，中国学者必能写出与西方经典一较长短的作品。同时我们也要看到，对于历史社会科学的重要理论和方法，中国学界仍然处在任重道远的学习阶段。照搬西方的理论和方法固然不对，但唯有以开放的心态学习、借鉴、比较和批判，我们才能在学术的道路上走得踏实，走得长远。

是为序。

李钧鹏

**2020 年 7 月 27 日**

# 前　言

　　上大学的时候，我主修的专业是"历史与文学"，专门研究 18、 *ix*
19 世纪的英国。据说有一种研究历史与文学的方法，但我一直没弄明白。在一年级的时候，我会和另一名叫杰伊的同学一起去上个别辅导。我们讨论菲尔丁或皮特或沃尔波尔，他会先说一些有深度的心理学论点。于是当我们的助教哈罗德转向我，提出下一个问题时，我也会做一些心理学上的评论。哈罗德的脸色会黯淡下去，然后转向杰伊。而杰伊则会马上提出一些精妙的经济学论点，哈罗德的脸就会亮起来。下一轮我会试着用经济学唤起他同样的反应，然后看着杰伊成功地转向机巧的政治分析。轮到我尝试政治的时候，他又回到了心理学。我总是不合时宜，看不出哪种分析适合哪个问题。

　　我一直以来都有点太折中（eclectic）了。我无法下定决心是成为科学家还是人文学者，对这两个方向我都学了我所能学的。我在大学里选修的课程大部分在专业以外（也许这就是我一直没搞明白自己专业的原因）。在不知道要进入哪个领域的情况下，我缓缓走向了研究生院。我选择社会学是因为比起其他社会科学，它更能让我做自己喜欢的事情。如果我进入社会学，我就不用自己下定决心了。一场意外帮助了我。由于我误解了申请说明，把一些材料寄给了社会学系，我的另一项研究生申请——芝加哥大学的社会思想委员会——遭到了拒绝。结果，我被芝加哥大学社会学系录取（并参加了该系的学习，最终成为该系的系主任），而根据我自己对录取过程的理解，我从未申请过该系。

折中主义者总是在争论中败下阵来。他缺乏必要的封闭心态，不能像别人对待自己的立场那样轻视对方。当然，在互动中我和其他学者一样，也会假装表现出这种蔑视。但我通常会急着去补上我刚刚否认的东西。并且我从来没能愉快地做到完全无视智识生活的某些领域——比如说数学或历史——这样的无视使我一些同事的生活变得十分简单。

为了追求折中主义，我在过去的十五年里一直在努力消除一些令人厌恶的智识界限，尤其是在社会学和同类领域的阐释性和实证主义工作之间的界限。我将一些理论和方法绑在自己身上，并以我称为"叙事实证主义"的杜尔西尼娅的名义，冲向大风车。结果是来自叙事论者和实证主义者的恶意，他们虽然对跨学科的兴趣很深，但不想被同时提及。对于每一方来说，我都是可恨对手的先锋。的确，一名折中主义者总是因为忽视了自己事实上认为理所当然的东西而受到攻击。大约十年前，有一次我在罗格斯大学的跨学科中心讲了一篇论文后，一位历史系的研究生把我拉到一边，平静地告诉我："你知道，你真的应该读一下戈夫曼（Erving Goffman）这家伙的论文。"

实际上，我于 1986 年 9 月在该中心发表的一篇早期论文中包含了我对本书基础思想的首次讨论。本书源于我试图理解人们对我的折中主义的反应。在我思索问题的这些年里，支持我研究这些问题的主要机构是社会科学史学会（Social Science History Association, SSHA）。我最初的反思于 SSHA 会议提出，并得到了丹尼尔·斯科特·史密斯（Daniel Scott Smith）和埃里克·蒙科宁（Eric Monkkonen）等人的鼓励和支持。本书的两章——关于建构主义和历史社会学的章节——在 SSHA 会议上首次亮相（分别于 1991 年和 1990 年）。关于历史社会学的一章基于 1991 年在该学会的杂志《社会科学史》（*Social Science History*）上发表的早期版本。关于建构主义的章节曾以影印的形式相当广泛地流传，题为"所以现实是社会建构的：那又怎样？"无论如何，在我的经验中，SSHA 一直是唯一真正在对特定的范式和主题事项怀有强烈个人承诺的同时，由折中主义统治的学会。

尽管共享了 SSHA 那两篇论文的智识计划，但有关"分形区分" xi的其他两章首先出现在他处。第二章（有关压力）于 1987 年首次提交给福特汉姆大学社会学和人类学系以及西班牙裔研究中心，在此我要感谢邀请我的道尔·麦卡锡（Doyle McCarthy）和约翰·哈克尔（John Huckle）。正是在这种对单一的实质性科学文献进行经验调查的过程中，我第一次开始想象一种关于学术分歧的普遍的理论分析。在承担许多压力之后，该论文较早的版本发表于 1990 年的《社会学论坛》（*Sociological Forum*）。

关于分形区分的一般性论文（第一章）稍晚才出现。这是我 1993 年在芝加哥大学社会科学学部的就职演讲。那是一个很棒的场合，充满了友好的嘲笑和皱着眉头的怀疑，听众虽喧闹但或多或少愿意倾听。对于在这里发表的版本，我已（略微）修改了其样式。

当我详细阐述这种对学科及其怪异行为的文化分析时，我对社会结构产生了一项相关的见解。这是许多其他人之前就发表过的见解，其中第一位（据我所知）是伟大的人类学家埃文斯-普里查德（E. E. Evans-Pritchard）。该见解认为许多社会结构在大尺度和小尺度上看起来都一样。我在罗格斯大学时期的一位同事，人类学家迈克尔·莫法特（Michael Moffatt）的工作中第一次碰到了一个明显的例子。在档案中积累了足够多的其他例子之后，我写作了第六章的原稿（1988年）。该草稿在接下来的十年里通过影印本流传，标题为"自相似的社会结构"。这份草稿源自 1987 年的压力论文，包含了一项关于分形区分的简短推测，并逐渐发展成为本书开头的四章。

　　本书的第五章和第七章写于 1997—1999 年。至此，所有较早的论文都已经以草稿甚至出版物的形式存在了很长时间，但是在我担任芝加哥大学社会科学学部部长的艰难时期（1993—1996 年）被搁置了。第五章旨在将前四章置于社会结构和历史背景下。显然这要归功于我之前关于职业（professions）的工作。虽然看起来不那么明显，但这章同样强烈地归功于我作为部长，在试图促进（改善？）世界上最伟大的社会科学家集合之一的知识回旋中所获得的实践经验。

　　第七章来自 1994 年 12 月的一次美国社会学会（ASA）出版委员会会议，在会后的晚餐时，我与葆拉·英格兰（Paula England）和其他人进行了长时间、友好且略微醉醺醺的争论。我像往常一样在争论中败下阵来，但这次经验激发了我的理论思考。该章节关于道德，与我发表的任何其他文章都大不相同。与许多同龄人的作品相比，我的作品中少了一些公开的道德和政治判断。这部分是因为我相信不要在学术工作中做出此类判断（事实上，我相信这种排除是可能的），部分是因为我根本没有像许多朋友和同事那样，致力于改变世界的各个方面。但是我希望在这里中将本书的一般论点延伸到理解道德-政治与学术判断之间的关系上，自从我在读研究生的第二年首次读到了康德的《判断力批判》以来，这个话题就一直困扰着我（与许多朋友不同，我没有发现韦伯或马克思对这个问题的看法与我自己的看法接近）。

　　虽然对折中主义以及某种形式的相对主义的原则性辩护是我试图通过本书实现的个人目标，但理解社会学的近代发展是本书的实质性目标。在我自己的职业生涯中，我明显地感受到了折中主义和专一的奉献精神之间的紧张关系，并通过反思这一个人的关注问题来打磨我的理论。所以这本书直接反映了过去三十年来社会学的发展：帕森斯主义和标签理论的消亡，马克思主义和历史社会学的兴起以及新的科学社会学的兴起，某种风格的经验主义的主导地位，社会建构主义的各种伪装，等等。因此，阅读本书的另一种方式是将其作为一门学科的研究报告来读：固执己见，但在某种程度上仍讲究证据。

我的智识债务依旧。芝加哥的同事们一直给予我支持，这也让我感到兴奋。在我搜集的文件中，我发现了来自国内外的许多同事对本书中论文的书面评论：哈里森·怀特（Harrison White）、乔·霍珀（Joe Hopper）、雷恩·达斯顿（Raine Daston）、汤姆·吉林（Tom Gieryn）、伯尼斯·佩斯科利多（Bernice Pescosolido）、艾伦·西卡（Alan Sica）、约翰·科马罗夫（John Comaroff），以及印第安纳大学社会学系的各位同学，他们对第一章进行了评论。本书还反映了苏珊·盖尔（Susan Gal）的精妙读法，但是我不应该列出。我曾与很多人谈论过这些观点，不可能一一列举。就像本书的理论一样，我只是简单地承认我所有的想法最终都来自别人。

在物质方面，我应该记录牛津大学纳菲尔德学院（Nuffield College）院长和研究员的善意支持。我在1998年的希拉里学期短暂地停留在纳菲尔德，期间重新起草了第六章，又开始了第七章，并在1999年圣三一学期的另一次访问中完成了整篇手稿的最终（嗯，几乎是最终定稿）修订。对于一位过度劳累的学者来说，没有什么比在一个有良好支持的环境中远离正常的工作，静静地独处更好的礼物了。 *xiii* 这是纳菲尔德一再给予我的，对此我非常感激。

写出自己的个人致谢有点像写大学的校友公告。"苏茜和我仍然是夫妻，住在斯卡斯代尔。"老套，但事实如此。恰好，苏茜和我在芝加哥仍在一起并很幸福。本书用了十多年甚至更长的时间发展起来，其间美国电报与电话公司（AT&T）的衰落严重破坏了苏茜的工作生活，而伍迪（Woody）的到来给我们带来新的乐趣和痛苦。苏茜和伍迪忍受了我的自我沉浸和小气，这超过了任何人所必须承受的范围。为了避免读者犯我有时犯的错误，请允许我清楚地说明，根据经验指标，儿子的到来极大地提高了我的学术生产力。

我把这本书作为一个整体献给了我的妻子，是她在漫长的岁月里一直坚定地支持着我。我遵循拉威尔在《库普兰之墓》中的做法，将各章节献给个人。第一章献给科林·卢卡斯（Colin Lucas）。在他的亲切邀请下我写成了该文，他对生命复杂性的知识超出了任何理论化的尝试。第二章要感谢乔治·莱文（George Levine），他支持我关于学科的原创性思考，并帮助我度过在罗格斯大学黑暗的智识时代。第三章献给卡洛琳·威廉姆斯（Carolyn Williams），希望她能终于知道为什么我在 20 世纪 80 年代中期没有像她一样对文学理论感到兴奋。第四章献给丹尼尔·斯科特·史密斯（Daniel Scott Smith），在其他人都不理睬我的时候，他发表了我早期关于历史-社会科学边界的著作。第五章纪念莫里斯·贾诺维茨（Morris Janowitz），他迫使我从生态和结构上思考社会生活。第六章缅怀 E. E. 埃文思-普里查德，他很久以前就阐述了该章的许多中心思想，他的诚实、真挚和人道的人类学在我看来一直是学术工作的典范。第七章纪念哈里·布雷德迈尔（Harry Bredemeier），他帮助我度过了我在罗格斯大学的教员生涯中那段疏离的早年，他要求我放弃疏远的立场，承担起道德问题。我与这些人争论并从他们身上学到许多。没有比这更美好的心灵生活了。

安德鲁·阿伯特
牛津大学纳菲尔德学院
1999 年 6 月

# 目　录

序　幕 ⋯⋯⋯⋯⋯⋯⋯⋯⋯⋯⋯⋯⋯⋯⋯⋯⋯⋯⋯⋯⋯⋯⋯⋯ 001

## 第一部分　社会科学中的自相似性

**第一章　学科的混沌** ⋯⋯⋯⋯⋯⋯⋯⋯⋯⋯⋯⋯⋯⋯⋯⋯ 007

一、社会学的间隙特性 ⋯⋯⋯⋯⋯⋯⋯⋯⋯⋯⋯⋯⋯⋯ 010

二、分形区分 ⋯⋯⋯⋯⋯⋯⋯⋯⋯⋯⋯⋯⋯⋯⋯⋯⋯⋯⋯ 015

三、时间中的分形区分 ⋯⋯⋯⋯⋯⋯⋯⋯⋯⋯⋯⋯⋯⋯ 022

四、机制 ⋯⋯⋯⋯⋯⋯⋯⋯⋯⋯⋯⋯⋯⋯⋯⋯⋯⋯⋯⋯⋯ 030

五、多重分形区分 ⋯⋯⋯⋯⋯⋯⋯⋯⋯⋯⋯⋯⋯⋯⋯⋯ 037

**第二章　压力的二元性** ⋯⋯⋯⋯⋯⋯⋯⋯⋯⋯⋯⋯⋯⋯ 044

一、压力从何而来？ ⋯⋯⋯⋯⋯⋯⋯⋯⋯⋯⋯⋯⋯⋯⋯ 047

二、压力科学研究中的几个问题 ⋯⋯⋯⋯⋯⋯⋯⋯⋯ 055

三、综摄的数量效应 ⋯⋯⋯⋯⋯⋯⋯⋯⋯⋯⋯⋯⋯⋯⋯ 062

四、压力的分形繁殖力 ⋯⋯⋯⋯⋯⋯⋯⋯⋯⋯⋯⋯⋯ 066

五、结论 ⋯⋯⋯⋯⋯⋯⋯⋯⋯⋯⋯⋯⋯⋯⋯⋯⋯⋯⋯⋯⋯ 070

**第三章　建构的碎片** ⋯⋯⋯⋯⋯⋯⋯⋯⋯⋯⋯⋯⋯⋯⋯ 075

一、定义和历史渊源 ⋯⋯⋯⋯⋯⋯⋯⋯⋯⋯⋯⋯⋯⋯⋯ 076

二、标签理论的兴衰 ⋯⋯⋯⋯⋯⋯⋯⋯⋯⋯⋯⋯⋯⋯⋯ 084

　　三、建构主义的科学社会学 •••••••••••••••••••••••••••••••••••••• 097

　　四、关于建构主义的一些结论和最后的理论注解 •••••••••••• 105

　　五、附录：到 1990 年为止的"社会建构"的历史 •••••••••• 112

**第四章　历史的统一** •••••••••••••••••••••••••••••••••••••••••••••• 115

　　一、社会学与史学中的反叛 •••••••••••••••••••••••••••••••••• 117

　　二、历史社会学的制度结构 •••••••••••••••••••••••••••••••••• 131

　　三、缺失的综合 •••••••••••••••••••••••••••••••••••••••••••••••• 142

**第五章　学科的情境** •••••••••••••••••••••••••••••••••••••••••••••• 152

　　一、学科系统 •••••••••••••••••••••••••••••••••••••••••••••••••• 154

　　二、跨学科 •••••••••••••••••••••••••••••••••••••••••••••••••••• 164

　　三、学术学科的互动领域 •••••••••••••••••••••••••••••••••••• 170

　　四、学科的动态 •••••••••••••••••••••••••••••••••••••••••••••• 179

## 第二部分　关于自相似性的两篇论文

**第六章　自相似的社会结构** •••••••••••••••••••••••••••••••••••• 193

　　一、自相似的社会结构及其属性 •••••••••••••••••••••••••••• 194

　　二、一则形式化的例子 •••••••••••••••••••••••••••••••••••••• 196

　　三、自相似性及其社会属性 •••••••••••••••••••••••••••••••• 202

　　四、起源 •••••••••••••••••••••••••••••••••••••••••••••••••••••• 212

　　五、处于自相似社会结构中的个体 •••••••••••••••••••••••• 217

　　六、团结：自相似性的社会后果 •••••••••••••••••••••••••• 223

　　七、附录：分形尺度 •••••••••••••••••••••••••••••••••••••••• 227

**第七章　男人的自私** •••••••••••••••••••••••••••••••••••••••••••• 242

　　一、政治家和道德家 •••••••••••••••••••••••••••••••••••••••• 243

　　二、权力与平等 •••••••••••••••••••••••••••••••••••••••••••••• 251

三、道德论证的层次 ·································· 260

四、分形道德的若干条款 ···························· 268

五、没有层级的差异 ································ 275

六、社会科学的未来 ································ 281

**主题索引** ···································· 284

**参考文献** ···································· 299

**后　　记** ···································· 325

**译后记** ···································· 329

# 序　幕

　　每年春季的美国医学院入学考试(MCAT)都会根据科学和理性的能力与态度，从大学生中挑选出最顶尖的那些，将其培养成医学精英。　xv但是三年后，被选中的精英将从精神病学到家庭医生再到心脏病学中挑选各自的专业，从而在医学范围内重复 MCAT 对整个大学生群体所做的事：根据人文-理性尺度对他们进行划分。

　　在世界的另一端，卡斯特体系那强大的层级(hierarchy)将某些群体牢牢地排在了最底部，以至于将他们完全排除在四个瓦尔纳(four varnas)之外。然而，在这些被排斥的哈里真(harijans)中间形成了另一种等级制度，复制了将其置于所有高种姓印度教徒之下的更大的层级制度。①

　　这两种社会结构具有一个共同的特殊属性：自相似性(the property of self-similarity)。无论我们在何种层面上考察它们，我们都将发现相同的模式重复出现。这也不是简单地从一个线性尺度上逐步细化的问题。正如一些哈里真在其日常生活中享有强大的权威和力量一样，医

---

　　① ［译注］这个例子取自路易·杜蒙的《阶序人》，该书中"hierarchy"被译为"阶序"，这个词在经典著作里也译作"等级制"。在阿伯特教授的著作中，这个词被译为"层级"，另一处详细分析见《过程社会学》，第五章。瓦尔纳即"颜色"或者"封建等级"的意思(《阶序人》第32节)。哈里真即贱民，由甘地创用，意思是"哈里之子"，即上主毗湿奴的子民(《阶序人》第25.1节)。

学世界所覆盖的范围不仅限于科学主义的分布顶端。这些都是真正的自相似结构，其中的精致细节概括了（recapitulates）总体结构。

　　在文化系统中也出现了类似的模式。在任何时间点，先锋派艺术本身都会分裂成上千个小单元，每个单元都将自己想象成真正的先锋派，从而引领那些普通大众，成为他们的领袖。同样，正如精神病学（psychiatric）实践为普通的现代居民提供了一种解释日常生活的范畴系统一样，精神分析（psychoanalysis）也为接待普通人的精神病医生提供了一个解释系统。或者举个近一点的例子，如果我们把任何一群社会学家锁在一个房间里，他们会争论不休，立即将自己区分为实证主义者和阐释主义者。但是，如果我们将这两个组分开并再次将他们锁在不同的房间里，这两个群体又会在完全相同的问题上各自分化。

　　因此，文化结构也可能具有自相似性这一特征。在本书中，我将有关文化自相似性的论点应用到一个特定的例子中，认为自相似性提供了知识在社会科学中如何实际变化的一般说明。我从一个理论与一般分析的章节开始。这就引出了三个章节中的例子，一章分析了20世纪70年代和20世纪80年代关于压力的文献，一章讨论了有关"社会建构"的各种不同说法，一章讨论了历史社会学的变迁。全书的第一部分以一整章对学术学科及其结构的讨论作为结尾，这一讨论使本书转向了社会结构这一主题。

　　本书的最后两篇论文将分析带入了新的领域。在第六章中，我完成了从文化系统到社会系统的转向，提出自相似性是社会结构的一种重要的一般形式。随后的短篇附录将自相似性作为一种感知文化和社会结构的一般模式进行了考察。第七章采取了更为大胆的举动，即把自相似的逻辑应用于思想与实践之间，乃至应用于道德判断本身。

　　我的总体目标是将自相似性确立为人类事务中的一种基本结构模式。令我感到遗憾的是，我对社会结构和道德论点的发展还不够全面，只分别用了一个章节的篇幅来体现它们。但是更大的主张实际上建立在社会过程的全面理论之上，这有待另一本书来处理。

　　下面，我从文化结构的自相似性开始。

# 第一部分
# 社会科学中的自相似性

# 第一章　学科的混沌<sup>*</sup>

社会科学如何变化？在其复杂的历史中，有些人看到了内在轨迹，另一些人看到了地方实践。一些人看到政治决定，另一些人看到内部竞争。在此，我将对社会科学的整体变化，特别是社会学的变化，作另一种理论上的解释。我提出的机制是一种非常一般化的机制，同样适用于其他种类的交互文化系统，如造型艺术、音乐，甚至语言。但是这种机制最好通过特定的案例进行查看，因此我将分析社会学这一非常熟悉的示例。

我之所以写社会学，部分是因为这是我自己的学科。但社会学也是社会科学中最常规的学科，或者不那么客气地说，定义最不完整的学科。因此，在单一学科范围内，它提供了我正在社会科学的一般层面上讨论的许多过程的例子。正如读者将看到的，我认为较大单元的一个子集可以包含该较大单元中按比例缩小的结构与过程——微观世

---

\* 对于那些碰巧读过我的著作《学系与学科》(*Department and Discipline*，阿伯特，[1999a] 2023)的读者，请允许我指出，本书的前五章是对那本书最后一句话的允诺做出的回应([译注]参见原著第 226 页，或中文版第 325 页)。这几章讨论的是：如果我们认为社会科学的文化结构是全面指代性的(indexical)，那么社会科学必须如何运作？(当然，本书实际上早于"之前"那本书写完。)因此，本书延续了《学系与学科》中所暗示的计划，即创建一种关于情境(时间性和结构性)的社会理论。这个计划反过来又从(逻辑上，但不是从个人经历上而言)另一本未完成的题为《时间与社会结构》的书中衍生而来。从读者的角度来看，本书的第一章紧随《学系与学科》的第七章。我把本章献给牛津大学校长科林·卢卡斯。

界(microcosm)，这一想法是我论证的核心。此处的直接结果是，在本章中，我将在谈论社会学和谈论社会科学之间来回切换（或者更好地说是上下切换）。①

我提出的机制首先是纯文化的。在这个意义上，我的论述来自内部。相比之下，当前大多数关于智识承继的观点来自外部：知识以某种方式与权力结合，而权力又推动变革。② 但是，我将社会学和社会科学视作或多或少按它们自己规则运作的自主思想体系。我不挑战现代认识论下的基本不确定性。的确，社会学有很多种，而不是只有一种。但是，多种社会学之间的互动方式却掩盖不了一种共同的模式，

---

① 这种自相似概念的简单形式（即人是宏观宇宙的一种微观存在）在哲学中长期存在，尤其在古希腊思想中很常见。我还没发现过哪一个版本认为微观世界以分形的方式多重嵌套，尽管人们可以想象，此观点暗含在"存在的巨链"的各种版本中（洛夫乔伊［1936］2015）。

② 正如许多人所说，显然有一种"来自外部"的解释，通过关注知识与权力之间的紧密联系（这种说法最初来自马克思）说明了这一思想最近在法国的复兴。在法语中，知识和权力这两个词押韵。

在此我不妨提醒读者，不要期望我对以前的社会学或科学哲学著作做出回顾。也许有人会问（本书的两位审稿人都问了），这本书与惠特利（Whitley 1984）或富克斯（Fuchs 1992）甚至柯林斯（［1998］2004）的著作有什么关系。答案很简单，除了某些主题相同，本书与他们的著作没有多大关系。惠特利将学科发展中的复杂偶然性归结到一系列变量的结果。富克斯遵循相同的传统，将科学生产的多样性归因于各种先前的组织变量。两人都完全遵循了我在职业研究（［1988］2016）和对变量范式的各种批评（1988；1998；1999a，第七章）中所拒绝的那种方法。而且，这两本书都没有多少关于思想起源的论述（仅关于思想风格），而本书却有。柯林斯的书中有大量事实，但他所运用的粗略理论并未对其加以消化，而本书则主要是一本理论书，其中列举了一些详尽与不那么详尽的例子。

更广泛地说，这不是一本关于"学术学科的社会学"的书，而是一本以社会学为例子来阐述学术学科的书，它提出了一个更为广义的论点。我对符号系统看法的真正思想渊源是文化理论，在它被文本的时髦用语所淹没之前。我成长于卡西尔-朗格-米德（Casirer-Langer-Mead）的知识哲学、库恩的科学社会学、马克思主义的意识形态理论，以及从马林诺夫斯基到格尔茨等早期古典社会和文化人类学传统。但是正如您将要读到的本书所示，这些来源只是我个人的，而实际上它们都是普遍可得的想法。这本书想传达的一条信息在于试图摆脱累积的隐喻。因此，无论是对科学社会学或其他主题，我都不会进行文献回顾。

即存在一种普遍的知识，而地方知识在其地形上徘徊。没有人能否认地方知识和实践的重要性——人们根据学术政治的不同，称之为宗派子学科（sectarian subdisciplines）或另类认识论。然而在此我对各种地方知识最终形成的更大但隐含的框架更感兴趣。

我对更大的隐含框架的兴趣既来自理论也来自实践。一方面，我觉得对它的理解将阐明社会科学各子集与社会学之间的关系。了解这一框架可以简化甚至解释那些关系。但另一方面，我也觉得关注更大的框架不仅在智识上提供了一个有用的想法，而且在规范性上也是适当的承诺。也就是说，我们应该明确我们的实践中隐含的内容。我们在社会科学中关于"普遍主义"以及"地方知识"的辩论掩盖了以下事实：社会科学家以某种方式共享一个道德计划——致知社会（knowing society）。① 社会上其他人会认为这一道德计划体现了普遍主义。我们可以尝试在我们的工作中加入"听不到的声音"，但发出这些声音的人很清楚，社会科学来自他们的世界之外，社会科学回答的是他人提出的问题。实际上，作为一项可定义的计划，社会科学项目生产了可分享的、"普遍的"社会知识。我们应该停止自欺欺人，停止否认这一事实。②

但社会科学那更大的、普遍的框架绝不是标准的、经常被人嘲讽的公理式结构。相反，它类似于罗马人所说的万民法（ius gentium），该法律适用于帝国边缘的不同群体，并且与专门适用于罗马公民的形式化的市民法（ius civile）有所区别。不存在关于后者的普遍社会科学知识，即系统性、公理性、普遍无内容的知识。只有关于前者的普遍

---

① ［译注］关于"致知"的论述见作者的《专业知识的未来》一文，译文载《清华社会学评论》第十二辑，第 46～68 页。

② 正如我的论点将阐明，同时我将在第七章中详细说明的那样，刚刚总结的辩论提供了另一个社会结构自相似性的例子。它在学术界内重新现了一种更大的对立："现实世界"中各种党派团体与学术界普遍主义者之间更大的对立。

知识，从适应和冲突而不是从公理中产生的普遍知识；这种普遍知识提供的是连接各地方知识的试验性桥梁，而不是否定它们的系统性地图；目标是像万民法那样允许根本不同的人互相交流。①

## 一、社会学的间隙特性

首先，我要指出社会学的一个明确特征——该学科并不擅长将事物从自身中排除。并不是说特定主题领域没有被排除在外，如对女性生活的研究。而是一旦某些领域要求社会学关注，该学科就没有任何智识上有效的方法来拒绝这一要求。因此，社会学成了一门由许多课题组成的学科——总是在不断获得，却很少摒弃它们。

社会学思想的风格与这门学科的研究主题都具有该特征。许多否认社会学是一门科学的社会学家并没有说服他们的科学同行转而接受社会学是人文的。相反，对于每一位认为因果分析很重要的社会学家，必另有一位追求叙事解释的社会学家；对于每一位相信客观知识的社会学家，就有另一位对此加以否认；对于每一位反思型阐释者，都必有一位严格的实证主义者。②

简言之，社会学无可避免是间隙的（interstitial）。实际上，这种间隙性是社会学作为一般社会科学的主张的基础，而这种主张并不一定因其在理论、方法或实质上的贡献而获得合理性。相反，社会学作为最一般的社会科学的主张基于其隐含和糊涂的声明，即"任何形式（关

---

① 关于万民法和市民法，参见 Paton(1964)。我将在第七章中概述并尝试在题为《探索之道》(*Methods of Discovery*)的书中探讨"普遍"知识的观点。这个观点的明显含义是社会科学方法论应包括一系列灵活的"改变我们目前正在做事情的方式"，而不是固定的可能分析模式列表。

② 结果是，一般的社会学话语包括各种学科衰落的四面楚歌式的可怕预言，但即便如此，该学科依然得过且过，忽略了先知的建议。

于社会)的知识我都不陌生"①。这门学科就像丝绸之路上的商队客栈一样。客栈里面住着各种类型的人，并受到匪帮的侵扰：实证主义者、女性主义者、互动主义者和马克思主义者，甚至还受到经济学和人文学科等更庞大、相距遥远的力量的侵扰，所有这些势力都妄图把客栈变为自己的附庸。客栈里的居住者会忍受这些帮派的偶尔统治，并在必要时向他们致敬，但当更有趣的人出现时，他们也会毫不犹豫地抛下当前的负载。②

　　社会学的这种间隙特性在局部上概括（recapitulate）了整个社会科学与自然科学和人文学科之间的关系。相比其他知识模式，社会科学处于一种不舒服的状态，介于事实模式和价值模式之间。在其现代版本中，这种将社会知识置于事实与价值之间的鸿沟的做法源自康德。研究一下康德做到这一点的确切方法，颇有意义。

　　众所周知，康德的分析通过对知识的分裂开始，他先将知识分为纯粹理性和实践理性：一方面是关于自然世界的知识，另一方面是关

---

　　① 毕竟事实上，社会学的经典作者——马克思、韦伯、涂尔干等人——实际上是广义的社会科学家，而不是现代意义上的社会学家。"……都不陌生"改写自泰伦提乌斯，《自我折磨的人》，第一幕，第 77 行。

　　[译注]原文是发生在赫瑞墨斯与墨涅得穆斯之间的一场对话。墨涅得穆斯首先质问对方："赫瑞墨斯，难道你这个人竟然如此清闲，前来干涉别人的，同你毫不相干的事情?"赫瑞墨斯答道："我是人，我觉得人所具有的一切我都不陌生。"参见《古罗马戏剧全集：泰伦乌斯》(2015)。

　　② 这种商队的特质可以通过社会学教员的背景来说明。在我自己的系里，只有不到一半的同事在本科阶段念的是社会学。大多数人沿着这条路走，遇到社会学停了下来而刚好决定定居在那里。

　　读者很可能会问，这种通才主义（generalism）是否会在与其他专业学科的竞争中消亡，就像丝绸之路上的城镇最终因帝国那专一的力量而消亡一样。我把完整答案留到本书的后面。就目前而言，让我们回想一下，在跨学科研究和大学重组与萎缩的时代，通才主义可能是一项很好的策略。在这个时代，对公司、市场和国家等现实组织来说，商队似乎比最近受欢迎的正式组织更合适。Halliday and Janowitz(1992)发表了一组有趣的关于社会学的评论文章。

于道德世界的知识。前者是由客观认识所促成，后者是由自由直觉促成。康德所做出的这种区分甚少有人归并。①

然而康德自己反悔了。在第三部批判中，他引入了"判断力"的概念以弥补事实与道德之间的鸿沟。在那本书的开篇中，我们可以看到他决定在他的系统中如何放置社会生活知识。康德告诉我们，当意志以某种"自然概念"的方式按常规行事时，描述意志行为的规则就是纯粹（即认识或科学的）理性下的"技术实践原则"。② 在这样"规范"（precepts）的例子中包括政治家才能（与家政、耕种、谈话艺术及饮食规定有关！）。③ 由于政治家才能是指人们可能的行事方式的规则性知识，那么很明显，康德认为社会科学的很大一部分由这种属于纯粹理性下的"技术实践原则"所组成。

但这意味着康德的二元论开始崩溃。前两部批判在知识世界（纯粹理性）和行动世界（实践理性）之间画出一道鸿沟。然而，在第三部批判中，某些类型的行动规则被归为纯粹理性，因为它们指的是"似律的"（lawlike）行为规律。因此，康德首先在纯粹理性和实践理性之间进行了总体区分，但此后，他又在纯粹理性范围内再次区分了一种纯粹理性和一种实践理性。

康德对实践理性也采取了同样的做法，尽管不是在《判断力批判》中。在有关政治的各种著作中，他将人类共同体的法律定义为对道德个体的超验自由活动的准自然约束。④ 因此，他在《论俗语：理论上可

---

① 在本次讨论中，"实践"（practical）是指"与行动有关"（希腊语中的 praxis），而不是"每天都有用"。

② 康德（［1790］2016b：686）。

［译注］康德的术语中译取自李秋零译本，下同。

③ 康德（［1790］2016b：686）。

④ 我在这里的一般资料是《论永久和平》《关于一种世界公民观点的普遍历史理念》和《论俗语：理论上可能正确，但不适用于实践》（均在康德 2016c）。

能正确,但不适用于实践》一文中说:"法权是把每一个人的自由限制在其与任何一个人的自由相协调的条件上,只要这种协调按照一个普遍的法律是可能的。"①康德在《论俗语》中的目的是抛弃世俗的智慧(他在第三部批判中认为这是纯粹理性的实践部分——精巧的政治家才能)来支持"创造义务"的约束条件,这些条件使个人先验地摆脱彼此的束缚。类似的约束在自由个体的先验境界中构建了一个准自然的、可辨识的社会世界,从而将实践理性的世界分为这个纯粹的(认识)部分和另一个实践的(先验自由)部分。

但是,最后这一步恰好与康德对纯粹理性所做的区分相同,这一区分本身概括了纯粹理性与实践理性的整体区分。总而言之,康德首先分裂了纯粹理性和实践理性,然后在每个标题下又再次分裂出纯粹理性和实践理性(见图 1.1)。

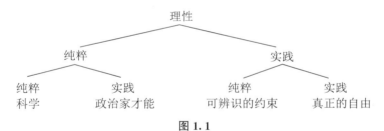

**图 1.1**

我想从这种哲学上的借鉴中得出两个启示。首先,此种程序使社会科学的主题有时受制于纯粹理性,有时受制于实践理性。它介于知识与行动之间、事实与价值之间。我将在第七章回到这个话题。

其次,康德通过一种微妙的逻辑手段产生了这种间隙,该逻辑手段首先做出一种区分,然后在其内部重复同一种区分。这是一个熟悉的程序,但通常不被作为推理的方式。我们经常在嵌套的层级结构概

---

① 康德(2016c:77)。

念中使用它。例如，我们会说，上尉的级别比中尉高，中尉的级别比班长高，而班长的级别则比个别部队成员高。但是请注意，这样的层级结构没有在任何一级的层面上指定人员或单位之间的关系。在等级划分方面，一个排与另一个排是相同的，尽管他们之间可能会有分工上的区别。

但是康德在一个层次上做出了一种关系判断，然后在下一个层次上重复了这一判断。我们可以编写一个普通的层级结构（hierarchy），如下所示：

a 在 b 和 c 之上

b 在 d 和 e 之上

c 在 f，g 和 h 之上

但根据康德的关系判断，我们得出：

a 在 b 和 c 之上

b 在 d 和 e 之上，　　且 d 在 e 之上如 b 在 c 之上

c 在 f，g 和 h 之上，　且 f 在 g 之上如 b 在 c 之上

且 g 在 h 之上如 b 在 c 之上

也就是说，通用术语间的关系被概括在特定术语中，如图 1.1 所示。这不是一个简单的层级结构。

这种关系仅在一种情况下表现为简单的形式：如果激增的关系体现了某种定序尺度，那么关系模式只是在该尺度上更进一步。因此，我们可以将 100% 分为最高的 50% 和最低的 50%，然后将每一半再一分为二，依此类推。结果是使用一系列二分法（dichotomies）表示线性秩序的一种精心设计的方法。

但是康德显然不认为按比例混合绝对的纯粹理性和绝对的实践理性能够在两者之间创造无限的梯度。他做了其他事情。我将他的创造称为"分形区分"（fractal distinction）。该名称体现了这样的事实，即这

种区分就像分形几何一样在其内部重复一种模式。①

## 二、分形区分

事实证明，分形区分的概念不仅有助于我们广义地理解社会科学的外部位置，还为了解它们之间的关系提供了一种重要工具。事实上，正如我将要说明的那样，外部和内部结构都由相同的机制产生。

我们通常使用一系列二分法来区分不同的社会科学和其内部的各种立场。每个研究生都会学习它们。这些二分法中有一些涉及研究对象：关注社会结构或关注文化、强调涌现或个体层面、相信社会现象是自然产生的或被建构出来的。其他的二分法涉及社会现象问题化的选择——选择或约束、冲突或共识。还有一些二分法则区分了方法论风格：叙事或分析、实证主义或阐释。还有些二分法关注所获得知识

① 当然，有许多关于分形的一般资料。对分形的有用论述，参见 Barnsley 1988（有点偏数学），Lauwerier 1991（一般而直接）及 Peitgen，Jürgens and Saupe 1992（意义深远）。在以下整个论述中，甚至在整本书中，我都倾向于关注嵌套二分法的分形。没有必要受限于这种情况；它只是最为人熟悉，因此最容易说明。在第六章中，我将讨论一些显然不是二分法的功能分形（functional fractal）。在第七章中，我将回到分形的"形态"这一主题，我们依赖形状进行思考。就目前而言，让我提醒读者，我的论点涉及的范围远不止嵌套二分法。

对于对资料来源感兴趣的读者，我应该指出，巴恩斯利（Michael Barnsley）的书使我对分形概念第一次产生了严肃的认识。但是在阅读之前，我已经对分形有了些了解。我的第一篇提及分形区分的论文始于 1986 年。物理学家肯尼斯·威尔逊（Kenneth Wilson）撰写的《物理学中长度的多重尺度问题》（"Problems in Physics with Many Scales of Length"，1979）引起我对社会生活中尺度现象的思考，这篇论文让我接触到了重整化（renormalization）的概念。

[译注]威尔逊凭借建立在重整化群（renormalization group）技术上的相变研究得到了1982 年的诺贝尔物理学奖。"重整化"在威尔逊的工作中与社会科学中常用的术语诸如"标准化"（normalization）不同，指的是把一个计算量过大的复杂系统的问题切割为较小的序列化单位，再计算的方法（第 165、167 页）。这篇文章中关于分形的经典描述出现在第 161 页。

的性质：纯知识或应用知识，情境知识或超越知识。

就像康德的纯粹理性与实践理性一样，所有这些二分法都是分形的区分。从共时性（synchronically）角度看，如果我们使用其中的任何一组来区分社会科学家群体，那么我们将发现这些群体在内部被相同的区分再次划分。从历时性（diachronically）角度看，就像我下面将要论证的那样，分形区分造成了社会科学概念和语言之间的永久滑脱。

我们先从共时性开始考虑方法论取径。在大约六十年的时间里，社会学被大致分为两个方法论领域，通常被称为定量/量化或定性/质性研究。直截了当地说，量化立场只承认那些在单义（univocal）尺度上可测量的社会现象。质性立场认为所有社会现象都是多义的（multivocal），因此拒绝强可测量性。这听起来像是一组简单的对立。但是这组对立的每一方又可以区分为"量化"和"质性"立场。在量化方面，例如，有被推崇的"因果"方法（如回归分析）与被贬低的"描述性"方法（如标度和聚类分析）。在质性方面，一些文化社会学家和大多数话语分析实践者使用相对形式化的测量程序，而强有力的阐释性策略则是大多数新兴的科学社会学的特征（见图 1.2）。

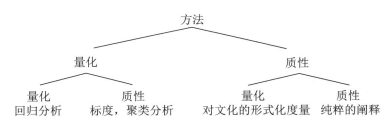

**图 1.2**

反思一下就会发现，刚才提到的所有二分法都表现为这种分形的方式。我们来看一下"纯"社会学与"应用"社会学。在"纯社会学"中，我们一方面有一般理论（general theory），另一方面有诸如社会分层或人口统计学等领域的经验研究。但是，在"应用社会学"中也有一个理论分支，侧重于应用的运作方式，与实际应用本身形成对比。再或者，长期以来人们认为（通常归到詹姆斯·杜森贝里[James Duesenberry]头上），经济学关注人们如何做出选择，而社会学则关注人们为何连选择都没有。然而，在经济学内部，约束（如预算约束）起着重要作用，而分层等研究领域中的许多社会学理论则很大程度上依赖于关于个人选择的理论。毫无疑问，读者可以找到其他适合于上述二分法的例子。

这种分形的区分类似于分段式的亲属系统（segmental kinship systems）。一段血统世系（lineage）开始，然后分裂，接着再次分裂。这样的系统具有许多重要的特征。其一，人们只能仔细了解他们的近亲。我很清楚地认识到，我的合作者比我更偏实证，并且与该领域的其他小组相比，我们的研究小组采用的方法更复杂，更具阐释性。但是我可能会对遥远的事情感到困惑。对于社会学理论家来说，OLS 等同于 LISREL，就像社会学的经验主义者无法区分常人方法论和符号互动主义一样。[①]

其二，就像部落民一样，社会学家通过长期讨论血缘关系以建立共同的祖先从而了解彼此。也就是说，两位新近共事的社会学家将争论实证主义和阐释的相对优点，直到他们大致了解彼此的相对立场，以及他们的立场在该学科的主要方法论社群中处于什么位置。因此，单一的

----

① 关于这种系统的经典作品是埃文斯-普里查德的《努尔人》（[1970] 2014），参见第五章。

[译注]OLS 为"普通最小二乘法"，是回归分析中参数估计的最常见方法。LISREL 是一个统计软件包，用来进行结构方程分析。两者虽然都是首字母缩写，但在概念上完全不同。相较之下，常人方法论和符号互动主义虽然都往往被归类于质性研究，但前者通过研究指代性而关注阐释；后者试图捕捉不同行动者对情形的不同定义。参见 Gallant，Mary J.，and Sherryl Kleinman. "Symbolic Interactionism vs. Ethnomethodology." *Symbolic Interaction* 6，no. 1 (1983)：1-18。

二分法囊括了整个不断增长的关系系统，而无须为每个"世代"和每种立场贴上新的标签。这些简单对比的强大之处就在于此。用列维-斯特劳斯的名言来说，它们"对思考有好处"①。廉价又便携，且硕果累累。

但是，简洁的代价是指代性（indexicality）。② 通过一组简单的对比来概括整个结构会让它成为无本之木（rootless）。如果我告诉你，我是一名实证主义者，那么你实际上知道的只是在我通常打交道的领域中，与跟我交往的大多数人相比，我更偏向阐释而已。除非你已经确定了这一通常的互动领域，否则在我开口之前，你实际上对我的立场知之甚少。相对于你，我可能会很偏向阐释。故当人们尚不了解彼此的立场时，我们最重要的术语的指代性特征只会带来纷扰（因此，大多数研讨会毫无用处）。

12　　这种指代性当然可以被当作工具运用。它通过更改参照框架提供了一种通用的方法，以此来否决有关分形二分法的任何断言。举个例子，通过更改参照系，它可以把对手的立场还原为自己的版本。例如，在《文化与实践理性》（［1976］2002）中，马歇尔·萨林斯（Marshall Sahlins）不厌其烦地说，在某些基本问题上，马克思会同意他的观点。萨林斯表明，他和马克思关于文化和社会结构问题表面上站在对立的立场上，但这一对立却源自一位共同的逻辑祖先，即"文化"。此一"文化"概念需要与某些广义的"社会结构"概念进行对比方能凸显（用亲属关系的语言来说，他和马克思有一位共同祖先，后者还有一位手足，

---

　　① 实际上，最初这个短语是"好想法"（bonne à penser）。就像"弹吧，山姆"（Play it, Sam）一样，这种语言已经被口头传统改进为"对思考有好处"。出处见列维-斯特劳斯（［1963b］2005：122）。

　　［译注］电影《卡萨布兰卡》中英格丽·褒曼说了这句著名的台词，这句话被大众文化误传为"再弹一次，山姆"。

　　② ［译注］关于指代性和索引的区别，参见韩东晖：《论指代词（Indexical）》，载《中国人民大学学报》，2015，29(06)。

并繁衍出了一套完全独立的世系）。但萨林斯还表明，马克思有时在他（马克思）自己的地方舞台上假设了一种文化立场。也就是说，马克思与他的逻辑手足相比显得更"文化"。现在，这两个分析合起来并没有像萨林斯所暗示的那样，证明马克思和他所持立场基本相同。它们只是表明指代性使人们能够找到使这两种立场看起来相似的情境（见图 1.3）。

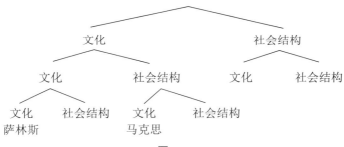

**图 1.3**

这种策略仅对极端分子才会失效。他们在每个层面上都选择站在二分法的同一极，这一事实解释了为什么极端分子的立场在智识生活中显得如此近乎矛盾地合乎情理。一个例子是某些经济学家的工作，他们在任何论点上都坚定地根据"选择"而非"约束"来进行思考。他们将任何约束解构为先前选择的聚合结果。这种立场的巨大的内部一致性使其无惧不断随情境改变的分形论证，从而变得不可战胜。①

① 实际上，只有两种途径可以攻击这种分形一致性。第一种强调其烦琐的特征。例如，如果我们要解释人们如何获得诺贝尔经济学奖，约束只会提供比选择更简单的方法。预测谁能获得诺贝尔奖最有用的事实不是知道谁做出了哪个职业生涯选择，而是了解大约每五千名经济学家中只有一个会获奖。第二种攻击性论点涉及[reductio ad extremum]诉诸极端。例如，要挑战一种一致的选择立场，可以询问对方，是否所有苦难必然反映出受难者的选择。或者，要挑战绝对否认客观知识的人，可以询问对方，是否没有任何标准来称纳粹优生学为伪科学。或者，通过问叙事主义者是否相信所有事件的绝对唯一性（absolute uniqueness）来挑战叙事者一贯的立场。因为如果是的话，对方又如何相信对社会的一般阐释，不论形式如何，是可能的呢？

那么在任何时候，一种分形区分深刻地影响着我们对自己和对他人关于社会科学的理解。一方面，它衡量了我们的异同，无论差异有多大或多小；另一方面，它引起了无休止的误解，并为非实质性论证提供了一项令人不安的强大工具。所有这些特征都来自分形区分的关系性特点，这使它们得以复制模糊的大结构，从而生成了一种清晰的局部结构。

请注意，这一切都不以任何外部议程为前提。当然，关于社会科学基本原理的大多数言论更多的是为了确立讲话者的世系并展示其力量，而不是为了澄清这些原则。同样，关于特定学科在这种二分法内的位置/立场的一般性陈述，通常涉及学科霸权和资源，而非社会世界的知识。但是这些二分法的大多数实际效果，无论是造成的复杂化还是促成的清晰化，都在于其句法（syntax）的分形特征，而不是其实际用途。外部议程出于多种目的调用分形区分，但区分的真正力量在于其分形、指代的本性，而不在于外部事物。①

这种关系特征使分形区分比线性尺度更普遍，虽然两者在表面上看起来很相似。例如，我们大多数人会说，史学与社会学的区分反映了叙事与因果分析的区别。但在每个学科内部，分形区分再次发生，一方面产生了主流史学与社会科学史的区分，另一方面产生了历史社会学与主流社会学的区分。但社会科学史更接近于主流社会学而非史学，而历史社会学更接近于主流史学而非社会学。也就是说，我们不能假设"叙事 vs. 因果"的二分法仅仅产生了从纯粹叙事到纯粹因果的线性尺度，因为在这种情况下，第二层的区分产生了在尺度上相互交

---

① ［译注］对句法和语义（semantics，出现在本书第三章）概念作为理论工具的运用，见作者的《探索之道》（*Methods of Discovery*）第一章，第三节；以及《攸关时间》（*Time Matters*）第二章的另一处情形。在作者的框架下，句法指的是一个系统内部要素之间的关系。

叉的群体(见图 1.4)。

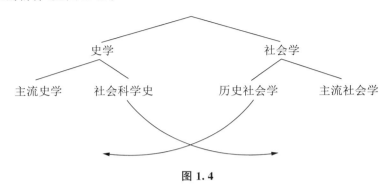

**图 1.4**

　　然而,将这个特定的例子设想为一个简单的分形区分是错误的。这是因为两个层级各自的分裂反映了不同的结构。第一重分裂是史学和社会学在学科上的区别,它关注的是提问题的方式。第二重分裂——社会科学史与其他史学的区别,正如历史社会学与其他社会学的区别——关注的是方法。① 此外,之所以出现这种结构性模式,是因为分形区分实际上发生在时间中,而不仅仅是在某个时间点上。史 15 学和社会学之间的一般区别起源于 19 世纪后期的学术和专业协会的结构化过程,而社会科学史的形成发生在 20 世纪 60 年代,历史社会学则在 20 世纪 70 年代形成。因此,我们必须转向分形区分的时间结构。

————————

　　① 因此,对社会科学史的最佳定义是:一个通过因果方法来解决叙事问题的领域。而历史社会学也是一个领域,通过对案例的(某种)叙事分析来回答因果问题(即革命何时发生的一般性问题)。

# 三、时间中的分形区分

再一次，我们从一般社会科学特别是社会学的间隙性开始。在一种间隙性社会科学中，一种既不愿放弃纯粹理性也不愿放弃实践理性、客观性或主观性、分析性或叙事性、实证主义或阐释的社会科学下，观念会如何变化？

在黑格尔模型里，任何统一的社会科学版本都存在其对立面，然后两者将综合为超越先前版本的新社会科学。接着，这个新版本本身会引出新的对立面，进而带来另一种综合超越，依此类推。这种进步、辩证的模型是古德纳（Alvin W. Gouldner 1970）提出的社会学危机概念的核心。帕森斯是其正题（thesis），马克思是反题（antithesis），而"学术社会学"的福利国家辨惑论是两者的合题（synthesis）。对此，"反思社会学"（Reflective Sociology）将是新的反题。

回想起来，古德纳似乎超前于他的时代。他将反思社会学定义为认识到"对社会世界知识的探索还取决于致知者的自我意识"。我们可以直接从任何当代的后现代主义文本中找到类似说法。问题在于，它也可以取自埃文思-普里查德（Evans-Pritchard）的朴素论文，比古德纳早了三十多年：

> 我想知道人类学家是否总是意识到他们可以——有时已经——被他们正在研究的人们改变……我从非洲"原始人"那里学到的东西比他们从我这里学到的东西要多得多，这些远超学校教给我的。

这种持续的复兴听起来不像黑格尔的辩证法，更像是重新发现或重命名。我们可能想到，每隔一段时间，社会科学家会想起，他们的思想是偶然的(contingent)，取决于自己和研究对象。①

重新发现的中心性在一系列题为"将……带回"的文章中也很明显。自乔治·霍曼斯(George Homans)于 1964 年美国社会学学会(ASA)的主席演说中第一次使用该短语以来，已经有 91 篇论文或图书以此为标题。霍曼斯猛烈地抨击了帕森斯对蓄意社会行动的无视。随之被带回的事物包括了大多数重要的社会科学二分法的两极。有些作家带回了"人们"，另一些带回"行为"；有些带回了社会结构，另一些带回了文化；有些带回了我们自己，另一些带回了情境；一些是循环，

---

① Gouldner(1970：493)；Evans-Pritchard(1976：245)。正如纳德尔(Siegfried Frederick Nadel)和埃文思-普里查德的学生凯内尔姆·伯里奇(Kenelm Burridge)在退休演讲中所说的那样：

> 正如我后来才意识到的那样，人类学的历史不仅是一系列的循环，而且以不同的名称和习语重新解决了许多相同的问题……在重新发明轮子时毫无疑问。这是对当前话语惯用语的重述，随着时间的流逝，这些惯用语逐渐变得仪式化和不透明。Burridge(1989：92)。

为了避免我们认为"重新发现"本身并没有被多次发现，请考虑一下 T. S. 艾略特的名句：

> 用力量/和让步去征服的东西，早已被人发现，/一次，两次或许多次，被那些无法希望/与之竞争的发现者发现了——没有竞争可言——只有去收获已丧失的东西的战斗/一次次地找到而又丧失；此刻，似在不利的/条件下。《东库克》，第五节。

Gans(1992)讨论了许多有关重新发现的作品，特别是 Sorokin(1956)。
[译注]埃文思-普里查德的引文出自《阿赞德人的巫术、神谕和魔法》英文版的附录四，中文版没有收录这一篇。此处对应英文版页码。*16*

其他是结构；一些是资本家，其他是工人；一些是公司，其他是工会。①

17     纵观这些文章，人们会认为社会学，甚至更普遍的社会科学的主要任务是重新发现轮子（rediscovering the wheel）。一代人战胜了他们的长辈，然后平静地复活了长辈的思想，假装一直在推进知识的事业。革命家打败了反动派；每一代人先扮演一个角色，然后扮演另一个角色。

类似的重新发现似乎是"社会建构"历史的基础。社会现实由实践产生而非[ex ante]事先生成这一见解，在 20 世纪的社会科学中至少四次单独出现：先是在杜威和米德的实用主义里，然后在曼海姆的关

———————————

①  我们不应认为遗忘和重新发明仅发生在研究主题方面。几位同事指出了在研究方法上也存在重新发明。路径分析（path analysis）是其中最著名的（实际上是赫尔曼·沃尔德[Herman Wold]和赫伯特·西蒙[Herbert Simon]对休厄尔·赖特[Sewall Wright]工作的重新发现），但是其中还可以包括将 AID（[automatic interaction detector]自动交互项检测器）重新发明为 CART（[classification and regression trees]分类和回归树）。博弈论是当前经济学和政治学的流行趋势，在社会心理学领域已经流行过了（在 20 世纪五六十年代）。

还应注意的是，分形分隔甚至在纯粹的方法论社区内部造成了深刻的分歧。实际上，在统计学领域中，贝叶斯与频率主义者之间的争论很多都囊括了对社会现实的主观和客观方法之间更广泛的冲突。当频率主义者戴维·考克斯爵士（Sir David Cox）谈到贝叶斯主义者阿德里安·拉夫特里（Adrian Raftery）的著作时，他承认："整合比最大化更有吸引力……这是贝叶斯的观点……偏误是个相对术语，不是吗？"我们很清楚这里正在复制一场辩论，大多数局外人会认为所有统计学家都绝对定位于实证主义者的一极（这两个引述均来自 1999 年 6 月 22 日在牛津大学纳菲尔德学院关于贝叶斯分析会议上的讲话）。理论范式也可以不断被重新发现。想一想在 20 世纪有多少次"制度主义"被重新发现，重新发明或以其他方式带回了世界，在经济学里从康芒斯（John R. Commons）到威廉姆森（Oliver E. Williamson），在社会学里从塞尔兹尼克（Philip Selznick）到迈耶（John Meyer），在政治学里从埃利（Richard Ely）到斯科夫罗内克（Stephen Skowronek），等等。

Gal and Irvine(1995)讨论了类似的分形文化结构模式。她们更关注的是把分形系统出于政治目的实用地使用，因此她们分析了"擦除"过程。尽管我在这里提到了对分形的实际性运用（在上面萨林斯和马克思的例子中），但我在第七章中更详细地讨论了该主题。

系性马克思主义认识论中，接着是存在主义和现象学的强建构主义，最后是近来源于法国的理论著作。这些表现外观上有不同的褶皱，当然每种情况下都产生了新的术语。但并没有真正的进展，没有根本性的新概念。我们只是不断地回忆起一个好想法。

但是，如果在这里只是看到钟摆的简谐运动，那就忽略了真正发生了的历史的重要性。例如，在社会学关于"冲突"和"共识"的大争论中，出现了一个完全不同的过程。20世纪六七十年代的"冲突理论家"问道：为什么会有如此多的社会冲突？他们把个体看作天生守序的人，把冲突归因于压迫性的社会制度。他们给老一辈的对手贴上了"共识理论家"的标签。被这样贴上标签的人并不认为自己在争论某个特定的观点，而认为自己是一个折中的主流派。然而，他们的大多数论点在一个由冲突理论提供的新情境下似乎看起来很特别。因为主流派问的是，"为什么没有更多的社会冲突？"对他们来说，社会生活是霍布斯式的自由放任，一切都由社会控制的规范性制度不稳固地安排。这确实是冲突论立场的逆转。

毫无疑问，冲突理论赢得了胜利，胜利不仅是因为他们年轻，而且来自正面战斗。因此，随着20世纪70年代的过去，此一二分法已经不再是二分法了。只有冲突理论的血脉幸存下来。然而，到了80年代中期，年轻一代又重新发现了个人的离心倾向和多样性中的秩序问题，这些问题一直困扰着现在已经不复存在的共识理论家。随着这种重新发现，规范性又重新得到了捍卫。但现在政治形势逆转了。（作为一种概念的）群体规范现在被"冲突"学派（由婴儿潮一代中的马克思主义者领导）所捍卫，用来反对新的对手：理性选择理论。再一次，个体创造了一个良好的社会世界，除非无序的制度以某种方式误导了他们，从而本身构成一种"冲突理论"（见图1.5）。

这是一个特别好的例子。社会学中共识理论的消亡使得20世

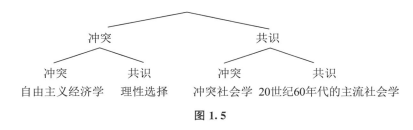

图 1.5

70 年代(广义的)冲突社会学成为一支更大世系的唯一代表。但与经济学假定的冲突理论相比,这个血脉显得更偏共识。更一般地说,一种立场在智识生活中的成功通常意味着它在一个新的比较框架中地位的衰落。指代性贯穿时间。

在不断地再情境化之下,每一个新的胜利立场都被迫认识到,它遗漏了关注的中心问题;或者说,就像社会学的冲突理论一样,现在它本身代表了它认为已击败了的观点。实时重新发现的另一项结果是,术语的历史变得异常复杂。因为旧的想法会以新的名字出现。

例如,术语"现实的社会建构"由四代建构主义者中的第三代创造。他们创造这个标签,是为了强调曼海姆在他的关系知识理论下仅仅暗示的东西。此外,第三代(伯格和卢克曼)使用"象征世界"一词来指代现在所谓的"话语"(discourse)的概念,从而指向哲学文献(如米德和卡西尔),而这一术语现在则指向文学研究。不同的情境化使得同一个概念看起来非常不同。

但最后,或许也是最重要的一点是,任何二分法中暂时胜利的一极都必须理解曾经的对手会更容易理解的主题。如果社会学(或社会科学,就这一点而言)不想退回纯人文或纯自然科学,如果社会学不想失去它的间隙性,那么战胜敌人就意味着承担起他们的负累。[1] 因

---

[1]　事实上,人文和自然科学也是如此分裂。只是这个问题在社会科学中尤为明显。

此，现在已经简洁地表明，例如，职业类别是人口普查员的社会构建，通常带有隐性政治议程，如无视妇女的工作。[①] 但是，由于失业和工作流失仍然是迫切的学术和政治议题，对职业的建构主义方法的胜利并不意味着我们可以停止研究工作流动，而是我们现在必须以某种方式利用适当的建构论怀疑，重新调整我们的实在论分析。这确实是一项艰巨的任务，但我们必须这样做，以免建构主义的洞察仅仅使我们远离对失业和工作流失的任何在政治上有效的分析。

这种统治陌生地盘的必要性带来了长期和短期的限制，从而制约了分形增殖的世系间相互竞争产生的胜利。从长远来看，它禁止一方或另一方取得完全的胜利。因为真正的全称谓词（universal predicate）本身就是无趣的，甚至毫无意义。如果说"一切都是话语，因为一切都通过语言介导"，那么语言就既不有趣也不重要。它不能解释我们在社会生活中感兴趣的差异，因为它不能解释差异的起源，而只能成为解释先前存在的差异导致后来的差异的手段。

从短期来看，接管陌生地盘意味着对胜利了的术语本身的重塑和重组。使用数学修辞确实能带来伟大的见解，前提是我们真的认为修辞所代表的东西与我们对数学的一般看法完全不同。只要我们认为修辞意味着技巧胜于实质，或说服胜于逻辑等，就有可能对数学论证的"修辞"性质提出一些颇有见地的观点，比如，在一种显然客观的语言中隐藏着说服力，关于想当然的性质等。而一旦我们相信数学真的是纯粹而简单的修辞，隐喻就变成了指称，它的基础就崩溃了。

可以采取几种形式来把陌生地盘重新映射到自己的术语之下。最简单的是接管（takeover）；在刚刚给出的例子中，数学可以简单地被认

---

① 职业分类的来源包括 Conk（1980）、Szreter（1993）、Desrosière and Thévenot（1988）。

为是修辞的分支，而不是不同事物的分支，比如说，客观论证的分支。但意义是一种双向关系。概念表示内容，但同时内容定义概念。因此，以同等条件摄取（ingestion）大量外来物质，只会更快地破坏一个总体概念。[1]

20 由此，更有可能实现的是我所说的"纽约式"摄取。想想著名的"纽约人眼中的美国地图"，其中一半是曼哈顿，四分之一是新泽西，其余的是特拉华州以西的美国。纽约人的摄取方式与我们上面提到的亲属关系在历时性方面相似：一个人对近亲很了解，而对远亲却一点都不熟悉。在这个例子中，对手的地盘被吸收了，但相对面积大大减小。态度这一概念就是个好例子。对 20 世纪初的 W. I. 托马斯和他的学派来说，"态度"是一个庞大而复杂的概念；对波兰农民态度的解读足有五卷。但随着实证主义在战后社会学中大获全胜，态度现在被重新定义为对某些问题的简单回答。态度成为决定行为的众多因果力量之一。与性别、种族、宗教、社会经济地位、收入一样，态度成为又一种个人属性。实证主义者的曼哈顿——人口统计变量——仍然是地图上更大的部分。

毫无疑问，还存在其他的摄取方式。所有这些都需要把二分法中失败一极的概念和实质性知识带到胜利一极之下。因此，所有这些都削弱了胜利者的一致性和清晰性；事实上，所有这些都导致在新的标题下再现旧的二分法。社会学不能有效地排除社会知识的形式或领域，这一事实永久地破坏了学科内的霸权话语。每一套胜利的话语都会发现自己需要解决失败者的问题，这也隐含着需要使用他们的语言。

----

① 当然，这个推论假设在某一概念下的内容具有某种黏性（尽管不是"客观现实"），这使得它们抵制任何形式或程度的重新定义。基于经验的理由，我非常愿意假设关于社会（实际上是社会现实本身）的想法具有这种黏性，尽管它们肯定不具有"客观现实"一词所暗示的不稳定性。

这个过程不断地为旧事物创造新的术语。随着"文化"成为讨论社会生活的主导，过去被称为团结的东西（与社会结构有明显的呼应），现在被称为认同（同样呼应不同的社会结构）。

这种滑动对研究生教育的影响可想而知。教员和学生依靠根本不同的来源，并赋予技术名词不同的含义。我这一代人把建构主义立场注解为柏格和卢克曼。我们的师长认为它来自曼海姆；如果是布鲁默的学生，会认为它来自像米德这样的实用主义者。但我们现在的许多学生相信社会建构主义由福柯和女性主义者发明，他们认为从米德、托马斯到曼海姆、伯格和卢克曼等所有现存的社会学都是霸权的客观主义话语中的一种实践。学生们用不同的标签来谈论建构，当他们使用中间世代熟悉的词汇时，他们指代的是不同的意义。

"文化"一词艰难而又清晰地表明了这一过程。一代人以前，这个词从格尔茨那里得到了一个明确而有限的定义（"［文化］是以符号形式表达的前后相袭的概念系统，借此人们交流、保存和发展对生命的知识和态度"），这个定义的前提是文化与社会结构或文化与行为的对立。今天的学生使用这个词的形式要广泛得多，包括了大部分我们这一代人所说的社会结构。当然，格尔茨本人的立场也改变了他之前的局面。毕竟，19世纪和20世纪初对文化概念的争论史占据了克鲁伯和克拉克霍恩（Kroeber and Kluckhohn 1952）著作的全部篇幅。[1]

因此，一种分形的区分会同时产生变化和稳定。任一群体总是在某种分形区分上分裂。但是，区分中一个支配地位的极点需要延续另一个极点的分析工作，所以我们似乎不可能用分化（differentiation）这个词来标记无休止的细分。细分的结果是术语的不断扭曲，打破了产生支配地位的初始隐喻。

---

[1] 参见格尔茨《作为文化体系的宗教》（［1973］1999：109）。

## 四、机制

这种分裂、冲突和摄取的模式需要更详细的分析。正如我刚才指出，最常见、可比的时间过程是分化。事实上，在"分岔过程"这一幌子下，分化常常被看作行动在时间中的一种一般模式。

在规模允许的情况下，社会科学中确实会出现分化。例如，市场研究始于社会学内部，因为拉扎斯菲尔德（Paul Lazarsfeld）和其他人使用新的基于变量的方法来预测消费行为。但是，一旦市场研究被确立为一种独立的工作和研究者团体，那么市场研究本身（20 世纪 60 年代）就分裂成了严格意义上的市场研究——适当地用形式化方法对消费进行准社会学分析；与更宽泛的对分配和消费品"定位"的一般策略研究，并最终与广义的市场营销合并。

在这种情况下，一种社会结构性的分化可以概括文化分化或与之平行发生。这种特殊的分化形式，按照"纯粹"的思路，在知识型职业中相当普遍。知识专家倾向于从事纯粹的研究，因为已知事物的复杂性最终会干扰知识系统本身。因此，知识的对象逐渐被忽视。① 这一过程在所有职业里都很常见：应用型工作的地位低于学术型工作，因为职业实践的复杂性使得实践知识混乱而"不专业"。但我们在学术界也看到了这个过程：经济学这样地位非常高的学科不太关注经验现实。同样，正是社会学和人类学逐渐撤退到内向的、专业性的关注中，使得一般的社会评论领域向人文主义者敞开了大门，人文主义者以活力和洞察入侵了社会评论领域，即使他们并不总是准确和明智的。

---

① 我第一次提出这个论点是在 Abbott(1981)，我一直很喜爱这个论点，因为它是我的第一篇主要论文中的观点。对我来说幸运的是，该论点最近被 Sandefur(2000)以坚实的技术方式证实了。我将在第五章回到这个机制。

但是，只有在规模不断增大和资源允许的情况下，分化才能在一个分形世系中生存。为了确切地理解这意味着什么，我们需要更加小心地下定义。图1.6显示了我想要区分的三种模式。第一种模式是传统的分化。在每一世代中，一个世系分裂成越来越特殊的从属部分。

第二种模式是分形的分化，是此处讨论的现象的简单版本。在该模式中，分形区分在所有世系中的每一个继任世代复制自己。

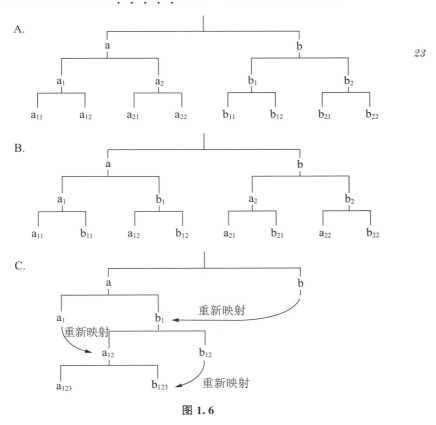

**图1.6**

第三种模式是"分形的循环/周期"，在这种模式中，每一世代只分裂出一条血脉，因为激烈的冲突消灭除了一种特殊的霸权观点外的所有观点。然而，那些"不育"的血脉被"重新映射"到繁育血脉的某一版本上；这就是上面讨论的"接受失败者的关注点"。因此，分形循环模式是分形分化模式的一个子集。

从社会学本身，我们可以看出分形分化与分形循环的区别。社会学在 20 世纪 50 和 60 年代的迅猛发展，使得分形（和传统的）分化在 20 世纪 70 和 80 年代得以迅速展开，尽管大多数学科在第二次世界大战后都得到了极大的发展，但在战前及 20 世纪 80 年代以后的各个时期发展却慢得多。学科发展的空间最明显地被限制在学科的核心。在那里，大学里的教职、核心期刊的篇幅、会议的场所等关键资源并没有增加多少。

因此，我们尤其能在学科的中心看到我在上面概述的分形区分不断地出现。它最简单的形式是代际范式（generational paradigm）。我所说的代际范式，是指分形循环中的单一步骤：一幕冲突，带来一方失败，胜利者的分裂，连带将失败者的担忧重新映射到胜利者的对等后代上。分形区分中某一极的典型"胜利"似乎可维持 20～30 年。正如我前面提到的那样，社会建构论每隔二十五年就会出现一次：19 世纪与 20 世纪之交、20 世纪 30 年代、20 世纪 60 年代，又一次在 20 世纪 80 年代；学术马克思主义首先在 20 世纪 60 年代初兴起，到了 20 世纪 80 年代末时基本停滞，女性主义和文化研究的兴起对其的冲击比"冷战"结束还要大。标签理论是在 20 世纪 50 年代末提出的一种激进的建构主义范式，用以对"偏异"进行社会学研究，它在 20 世纪 80 年代消亡。①

---

① 例子不胜枚举，当然不仅限于社会学。"文化与人格"和"新弗洛伊德主义"（McLaughlin 1998a，b）分别是人类学和心理学的好例子。

我们有充分的理由来期待这样一个长度的循环周期。二十年的时间大约是一群学者攻城拔寨，占领堡垒，安顿下来收获胜利果实所需的时间。这里有一个共同的模式。首先是有见地的理论和古怪但有创造性的经验工作。通常是古怪的经验工作，就像标签理论一样——在这种情况下是戈夫曼关于精神病人的研究——吸引了学科的目光和想象力。而且，正如标签理论同样表明的那样，新"学派"的成员之间不需要建立个人联系。事实上，是霍华德·贝克尔（Howard Becker），在"学派"出现之后命名了这些成员并由此创造了标签"学派"。

在五年左右"激动人心的新工作"之后，系统性的论文阐述了新的观点。理论术语暂时稳定在如"关键词"或"X 的新社会学"这样的标题上。经验研究激增。现在，新一代已经进入了助理教授行列，他们在学术会议上举行反对者的全体会议，将众多的人从长老们的老派庆祝活动中吸引过来。到了第一个十年期末，新的［原文如此］观点已经侵入了文献综述和更流行的教科书，接下来便是巩固。至此，主要的理论工作已经完成。于是，学生们被引导进行越来越详细的经验研究（复杂的比较、子问题的分析），这有助于锚定范式。然而，结果往往令人失望；不知何故，《精神病院》或《英国工人阶级的形成》所带来的激动从来没有被重新找回。

诚然，反对新论点的动机总是存在。因为理论正统掌握着很多的赞助权，于是一些年轻人选择捍卫正统。但新学派强调分形区分的一面，这不可避免地把正统派的掌门人逼向另一面。与年轻人之间明确的斗争逻辑相比，正统本身似乎开始出现中年人混乱的折中主义。于是分形再现。

至此，有两个方向是可能的下一步。分形辩论可能会重新陷入折中主义，因为曾经参与战斗的人员上升到学科和大学的领导岗位，减缓了他们的学术产出。或者，分形区分的一方或另一方可能获胜。在

25

这种情况下，折中主义通过上述的重新映射机制来实现。胜利只会迫使胜利者占领失败者的地盘，而这一占领又会使胜利的术语从单极的纯粹中滑落。

我描绘的图景当然是过于简单化了。少壮派经常在老一辈人中寻找并发现盟友。尽管如此，这一代人之间的关系似乎很牢固。20世纪七八十年代，查尔斯·蒂利拒绝成为年轻一代希望他成为的宗派历史社会学家。他采取了一种强烈的折中立场——既然所有社会学都是（或应该是）历史的，发展特殊的"历史社会学"便没有意义。这一决定使他失去了新领域的领导权，这一领导权被交给了更年轻一代的西达·斯考切波。大多数"新学派"的核心成员通常来自相对狭窄的年龄段。

分形循环给始于不同阶段的职业生涯打上了不可磨灭的印记。如果学生的论文构成了以后阶段的详细经验工作，他们会发现自己在这个循环已经走向重新整合和折中主义的时候，会鼓吹强烈的反对意见。那些在自己杰出的青年学者时期诠释了分形分裂的领导者们，当周期的风把自己吹散的时候，却变得沉默寡言。意义的滑动几乎没有给教条主义者，或有时甚至是始终如一的人留下什么余地；尽管可以肯定的是，生存的一种方法是不遗余力地与不断变化的语言保持同步，以解决不断出现的问题。

代际范式是分形循环最简单的形式。显然，循环周期有时比一代人的周期要长。延长它们的一种机制，我们可以称之为分衍（fractionation）。马克思主义提供了一则有用的例子。由于学术马克思主义的早期声音被主流学术界完全拒斥，马克思主义者倾向于更多地对自己人说话，而非对局外人。不可避免的后果是分形周期开始在群体内而不是在它与主流之间出现。美国的第一代学术马克思主义者——20世纪60年代初期的公司自由主义者（corporate liberals）——是唯物论者，有时甚至是经济还原论者。但他们的继任者却不是。继任者中的一些人借鉴了阿尔都塞和普兰查斯的混合唯物主义，在那里，"最终决定"的历史性变化允许人们偶尔摆脱经济还原论，以追求其他形式的物质决定论。其他人则转向了英国学派，其标志是更为明确的文化马克思主义，有时完全脱离了物质决定论。在一个明确的马克思主义舞台上，他们之间的分形争论阻碍了马克思主义与主流之间更大的分形动力学，直到学术化将马克思主义带入主流。一旦马克思主义的严肃学术化开始，更大的动力学就会再次接管，而马克思主义者也将加入其中。他们确实经常引领了大规模的社会科学走向我们今天所观察到的文化与非物质导向。但在早期，分衍机制获胜了，马克思主义者大部分时间都在互相攻击。注意，分衍战争中的激烈问题对局外人来说似乎不太可理解；大多数非马克思主义者从未采取过极端的经济还原论的立场，因此并不特别需要阿尔都塞的伟大洞察，他采取了"把非经济的成分带回来"的形式。对结构与能动问题的"发现"同样如此。那些从不相信绝对结构决定论的人想知道这一切的大惊小怪是怎么回事。

由此，分衍产生了几代人的分形周期。其他延长周期的机制通常涉及多重分形区分之间的相互作用，我将很快讨论这个话题。①

分形循环的核心是一种深刻的传统机制。就像任何好的仪式一样，它把对立面统一了起来。一方面，它产生了永久的变化。旧思想总是被抛弃。智识的专制永远会被推翻。另一方面，它带来永久的稳定。新思想总是把旧思想旧酒装新瓶。新人就是扮演新角色的老人。最后一点当然就是我们制作和分享蛋糕的代价。青春革命的美酒通常伴随

---

① 分衍机制失败的一个有趣例子是由 McLaughlin(1998b)讨论的沙利文、荷妮和弗罗姆的新弗洛伊德主义。新弗洛伊德主义的事例表明，我所描述的分形系统的一个重要基础是终身教职，它确保任何一种广泛的思想类型不会完全丧失。弗罗姆失宠不仅是因为他的思想越来越异端，还因为他不隶属于任何大学体制。大多数学术团体总是可以在大学里保留某种起码的制度基础。关于正在发生的方法论上的分衍，有一个有趣例子，参见 Leontief(1982)关于经济学中数学化的评论。

着中年拒绝或停滞的宿醉。但总的来说，这个仪式非常有用。我们得以永远保留我们最好的概念，但也可以保留我们对永无止境的智识进步的信念。我们同时得到了传统主义与现代性的精华。因为我们的基本概念永远不断地被重新映射的复杂性所打磨，分形周期破坏了熟悉感，而熟悉感滋生了轻视或更糟的，冷漠。①

在继续讨论分形区分之间的互动问题之前，我想强调一下分形区分概念的普遍力量。这个概念使社会科学及随之发展的许多难以理解的事情都敞亮起来。首先，它解释了那些看似无法定义的术语持续存在的原因，尽管它们对我们的学科至关重要。得以存活归因于它们是指代性的术语，它们的指代性为我们的话语提供了便利。它们给了我们一种共同的，可以说是滑动的语言，以建立相互之间的关系。它们为学术讨论中的攻防双方提供了一种特别强大的元素。

其次，分形区分在时间上的运动，很好地解释了社会科学中概念定义的永久性滑动，就像它解释了新范式稳定的消长变化一样。概念

---

① 当然，随着时间的推移，学术知识的复制还涉及其他重要机制。我把更一般性的讨论推迟到第五章。例如，造成学术知识漂变的一个重要的中心机制是学术人通常不试图教授他们所学的知识，而是教授他们希望自己所学的知识。他们经常忘记教那些他们认为理所当然的事。研究生们只能单纯从例子中学习那些理所当然。

我还要指出，更广泛地说这里没有考虑到许多类型的文化变迁。鉴于我强调术语的意义变化，最重要的可能是这样一种情况：我们认为一个术语在意义上并没有发生变化，而实际上它已经发生了根本性的改变。在我自己的工作中，最常见的例子是"职业"（profession）这个词，它在 19 世纪的意思与今天几乎完全不同。再一次，艾略特说得最好：

> 因为去年的话属于去年的语言，/而明年的话等待另外一个声音。（《小吉丁》，第二节）

读者会注意到，我在这里提出的基本机制与学术生涯及其结构有很大关系。我将在第五章中更详细地回到这个话题。

的滑动为我们提供了一种不断重新发现的模型，这似乎是社会科学的核心，并优雅地向我们展示了群体如何通过改变分形比较的语境，以与自身形象恰恰相反的方式公开定义自己。最重要的是，它解释了社会科学的表面革命如何在基本问题上被表达为一种非同寻常的恒常性，并向我们展示了那些新兴层面的现象如何以一种并不总是令人愉快的方式与个人生活衔接。

## 五、多重分形区分

到目前为止，我一直假定社会科学中的分形区分独立存在。但在 28现实中当然并非如此。事实上，它们之间有很强的选择性附属（elective affinities）。① 因此，关于选择的工作通常集中在个人层面，而约束通常被视为涌现的。当然，这些附属可以被打破。当古德纳写下即将到来的危机时，马克思主义还没有实证主义版本，但很快将由埃里克·赖特（Erik Wright）提供；当时也没有一个选择论版本，但很快将由约翰·罗默（John Roemer）提供。但总的来说，我所说的分形区分在各个极点之间的附属强烈而持久。

也许我们可以将这些附属中最紧密的关系称为方法论流形（methodological manifold）：四五种独立的区分之间的附属关系，通常以质性

---

① ［译注］在亲属系统中，affinities 也被称为"亲缘"。社会学中这一术语最著名的用法来自韦伯。在他的《社会科学方法论》及《新教伦理与资本主义精神》中这一术语（Wahlverwandtschaft）都出现过，探讨行动者的自由和价值观之间存在的关联，但中译并不一致。常见的有"亲和力"（《方法论》第一章第一小节），"密切的联系"（《新教伦理》第四章 B 小节末段）等。"elective affinities"的概念在 18、19 世纪影响了化学（托尔贝恩·贝里曼）、文学（歌德）、哲学（康德）等多个领域。对于韦伯用法的辨析及这个术语的溯源，参见 Howe, Richard Herbert. "Max Weber's Elective Affinities: Sociology Within the Bounds of Pure Reason." *American Journal of Sociology* 84, no. 2 (1978): 366-385。

和量化的区别来标记。流形的核心是实证主义与分析、叙事与阐释之间近乎绝对的联系。这两组二分法是如此紧密地联系在一起，以至于把叙事与实证主义、分析与阐释结合起来的另一种方式对大多数社会学家来说近似于荒谬。① 除了这组最初的等价，方法论流形的两面与特定二分法的联系即使不是那么死板，也仍然清晰。分析实证主义在认识论上几乎总是实在论而不是建构论的。分析实证主义一般关注的是社会结构而不是文化，通常具有强烈的个体特征而不是涌现的。它的大多数支持者是超越性社会知识的坚定信仰者。相比之下，叙事阐释通常援引文化（也许还有社会结构），持有意识的涌现论，几乎总是遵循建构主义认识论。从布鲁默到福柯，这一学派的大多数成员都认为社会知识最终是情景性，而非超验的。

| 量化 Quantitative | vs. | 质性 Qualitative |
|---|---|---|
| 实证主义 POSITIVISM | | 阐释 INTERPRETATION |
| 分析 ANALYSIS | | 叙事 NARRATIVE |
| 实在论 REALISM | | 建构论 CONSTRUCTIONISM |
| 社会结构 SOCIAL STRUCTURE | | 文化 CULTURE |
| 个人层次 INDIVIDUAL LEVEL | | 涌现层次 EMERGENT LEVEL |
| 超验知识 TRANSCENDENT KNOWLEDGE | | 情境知识 SITUATED KNOWLEDGE |

29　　　打破这些附属关系是社会科学知识变革最有力的机制。有趣的新

---

① 我 1992 年发表的论文《从致因到事件》（"From Causes to Events"）其副标题是"关于叙事实证主义的笔记"。对它的反应清楚地表明，实证主义与分析、阐释和叙事之间的联系几乎呈绝对化。在论文发表后不久，我就遭到实证主义者和叙事主义者的精确抨击。参见 Hanagan and Tilly(1996) 和 Abbott(1996)。

社会科学总是可以通过尝试一种迄今未知的组合而产生。因此我们可以理解实证主义和基于选择的马克思主义理论所带来的吸引力，以及现在出现的对文化的准实证主义研究（例如，约翰·莫尔[John Mohr]的工作）。但是，无论这些研究本身多么有趣，都只是静态的变化，填补了交叉表的空缺。在分形循环的背景下，改变这些附属提供了一种更强大的智识变化机制。为了论证这一点并使它更具普遍性，请允许我使用一组扩展的隐喻。

想象一下，我们是一座矩形网格城市里的游客。公共汽车把我们送到市中心的一座大公园里。想象一下，一种分形区分是"东和西"。假设我们选择其中一个方向，走一千米；然后停下来再做选择，走半千米；然后停下来再选择，走四分之一千米，依此类推。在每一次选择中，我们中的一半人选择走一条路，另一半走另一条路。程序中的前四个步骤如图 1.7 所示。我们将最终均匀地分布在东西四千米长的轴线上。也就是说，通过这个过程，我们的小组可以发现在这根轴上的任意地点都在发生什么。分形区分很好地填充了这个（一维）空间。还要注意一项重要事实，在没有任何关于谁应该去哪里的初步说明的情况下，这条运动规则使我们能够实现这个覆盖范围。也就是说，规则之所以起作用，正是因为它是嵌入时间中的指代性规则。

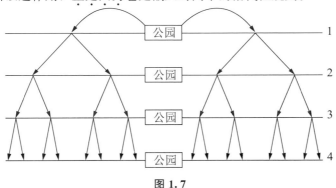

**图 1.7**

但现在假设"南和北"也是分形区分。现在人们必须在朝东或朝西走之后再往北或往南走。假设我们说，谁如果这次往东，接下来必须往南；谁如果这次往西，接下来必须往北（这就构成了"附属二分法"，正如上面讨论的方法论流形）。我们一开始选择东或西，走一千米；然后如果我们刚才往东则接着朝南走一千米，如果我们刚才往西则朝北走一千米；然后我们停下来，选择东或西，走半千米；然后如果我们刚才往东则朝南走半千米，如果我们刚才往西则朝北走半千米，依此类推。同样，在每一个选择点，一半人选择一条路，一半人走另一条。如图 1.8 所示，这项规则将我们沿着东南至西北按对角线展开。如果人们按东—西附属的方式往北或往南开始，他们将以不同的路线在同 30 一条对角线上结束。也就是说通过附属二分法，我们仍然只知道二维空间的一维片段。我们有两组分形区分，但它们并不能帮助我们用研究者填充整个空间。只有把这两种区分开，我们才能真正做到这一点。

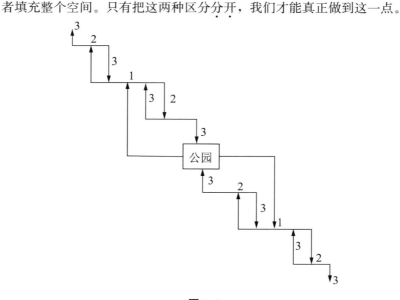

**图 1.8**

让我把这个例子重新翻译成社会学理论。如果实证主义者总是反对阐释论者，而且实证主义者总是选择实在论者的认识论，阐释论者总是选择建构论，那么即使实证主义者本身在内部同样分裂为实证主义者和阐释论者，阐释论者也如此变化，这个事实也不允许我们探索很多可能的社会知识。

这一类比给我们提供了一种把社会科学知识理论化的方法。这种方法在严格意义上不是进步的（progressive），但它仍然为学科知识变革及库恩式的"革命"提供了一个模型。社会科学的目的是让调查人员沿着城市的大部分街道进行调查。也就是说，我们想填充所有可能的调查空间。在这里我并不关心我们是把城市看作关于社会的欲知之事的全域（在这种情况下，隐喻对应的是一种"真理理论"[a theory of truth]），还是把它看作认识社会事物的方式的全域（在这种情况下，我们回避了真理理论，但关注如何使可能的认识论空间饱和）。无论怎样，我们都试图用我们的调查人员所采取的一维路径来填充这个多维空间。我们建立了一套规则来指导他们的行进，这样我们就不必保持彼此之间的持续沟通，而是可以作为学科、分支学科和研究小组，保持在各自的道路上。通过建立这些规则，当在街上相遇时，我们不仅有了解彼此的工具——我上面所说的"分形区分对思考有好处"的论点——更重要的是，我们还可以独立地填充空间，这样当我们回到公车上时，我们将对这个城市有更充分的认识（不言而喻，这座城市的维度和分形区分一样多）。

因此，决定我们对这座城市了解多少的，是一套将分形区分复合起来的规则。这些规则的深刻变化将导致我们所到之处发生深刻的变化。新的复合规则可能会带我们去从未去过的领域。但请注意，与此同时，这种模式也让我们丧失知识。新的规则可能会填充更多的空间，但仍然系统性地忽略了在更简单的规则下访问过的地方。此外，任何

32  水平的知识总和(任何一个比例的被填充了的空间)都可以通过大量不同的规则来实现；也不能保证同等数量的知识是关于同样事物的知识。也就是说，有很多不同的方法可以填满 50% 的空间。我们可能会填满所有的右半边，或者每个象限的右半部分，等等。请注意，这些不同方法在程度上有极大的差别，也就是说，区别在于某个已知区域的一定距离内的空间的各个部分"几乎已知"的程度。①

因此，这种社会科学知识的模式在通常意义下不是进步的，尽管它确实承认了一个松散的标准，即"更好"的知识是更完整地填充空间的知识，即具有更高分形维度的知识。但同时，在"改变复合分形区分的规则"这一概念中，我们有一个清晰的"科学革命"模型，它通常具有刚才提到的性质。这些规则使我们以不同的方式认识同样的事物，而关于它们的新知识似乎在某种程度上与旧知识不可比拟，这正是因为新知识是通过不同的途径获得的。因此我认为，社会学中的重大变化，如同其他社会科学学科和一般社会科学的重大变化一样，是在个体分形周期的背景下，通过重新调整分形区分之间的附属关系而产生的。我注意到这不仅仅是一项描述性的陈述，不仅仅是社会科学在实践中的工作方式，它也是一项处方性的陈述，敦促我们改写复合规则，并至少为我们提供一个概念标准，使我们能够判断这种改写的结果。

现在，读者应该比较清楚我开篇所说的一种普遍的知识是什么意思了，它来自通融与冲突，而不是公理。当许多不同的认识论路线汇聚到一个地方，循路而来的人们会"看到"不同的社会事物。社会科学

---

①　有分形知识的读者会认识到，这个"复合区分的规则"问题，就是改变我们试图填充空间的分形形状的问题。一个分形的维数总是比它试图填充的空间维数低。但是不同的分形填充全维空间的比例不同。我们有各种各样的标准来考虑这种"填充"。在当前例子中，如果规则能够保证从"城市"中的任何点到现有社会科学知识的最长距离可以被最小化，那么我们就认为这组复合分形区分的规则更好。我将在本书的最后几页回到这个问题。

知识的普遍之处在于到达目的地的计划，同时相互解码我们的路径。一旦我们认识到，正如分形循环的概念所暗示的那样，我们中的大多数人已经在城市里徘徊了足够长的时间，以至于对我们的起点失去了任何感觉，这个项目就变得更加复杂了。按公理重新推算我们从中心广场所走的路线并不可能，我们谁也不知道它在哪里。我们在某个街角相遇，我们的学科和分支学科通过不同的路线把我们带到了那里，我们试图通过讨论自己穿越基本概念结构迷宫的规则来定位彼此的过去和现在。更糟糕的是，无休止的分形循环不断地改变我们语言的意义。但偶尔会发生一些不同寻常的事情。有人从别人身上学到了足够多的知识，足以漫游到这个城市的一个全新区域。

33

接下来的三个章节，我会通过详细分析社会学和相关社会科学中分形模式的历史实例来阐述这一论点。

# 第二章　压力的二元性<sup>*</sup>

　　在前一章讨论的各种核心过程中，有一种是重新映射(remapping)，即由二分法中胜出的一极来理解先前陌生的问题。当分形区分的某一极占据主导地位时，它被迫将自己的那类分析扩展到原来不适合它的领域。同时，它摄取的术语和概念化的方式很大程度上与自己原有的逻辑格格不入，导致原本带来胜利的核心概念发生了毁灭性的滑动。

　　在本章中，我将以一个具体的摄取过程为例来说明这一点——1965—1985年，经验主义社会学全盛时期压力的概念与形象的命运。这个案例表明了前一章的许多基本论点。我们清楚地看到了通过一个获胜的范式来理解陌生问题所带来的难题，以及分形区分最终在一个有凝聚力的研究群体中以新的语言重启的方式。量化研究和质性研究被证明不是一个光谱下对立的两端，而是一个分形过程的不同极点。

　　我首先考察一般文化中所使用的压力概念的历史。文化性的压力概念是多种不同科学文献的综合产物。这一传统为压力的概念赋予了深刻的二元性(duality)；关于压力的例子总是充满了多重和模糊的含义。

　　然后，我考虑在过去四十年里，在主导社会学的量化方法论流形内

---

　　* 我必须感谢理海大学图书馆为本章所包含的期刊调查提供的便利。我把这一章献给罗格斯大学Kenneth Burke英语教授乔治·莱文。

处理这些多重含义时它们发生了什么变化。由于量化流形通常假定多重意义不存在，所以我们确实有一个"理解对立面"的例子；一个新兴、大获全胜的范式必须接管不适合它领域的语言和观点。一个被其早期遗产定义为具有多重意义的现象必须在一项明确强调"科学"的单一意义框架内得到分析。

为了说明这种"理解"如何运作，我首先确定了定量研究学者对他们自己文献主要的不满之处。其次我指出，这些"问题"有相当多源自在定量方法论框架内处理一个多义、综摄的概念的方式。

本章的结束部分推翻了部分我先前的论点。如果问题源自对分形区分的复合或混合——在本章的例子中即用单义方法分析多义的"现实"——我们可否通过回溯分形选择的路径，以发现压力研究中的一些"新路线"？我考虑了我的分析对压力在未来的定量研究中的影响，将我在 1986—1987 年最初撰写这篇论文时的预测和建议与 20 世纪 90 年代中期压力文献产生的结果进行了比较。

重述这一理论论点是很有益的。我称为"摄取"的过程来自这样一个事实（这里作为一个前提）：社会科学家不想放过任何东西，不想与任何问题或主题，甚至不想与任何概念化世界的方式变得疏远。这不一定是一种追求智识霸权的动力。相反，它是一种追求全面性的冲动，而这种冲动最终往往会撑肠拄肚，摄取远超它所能消化的事物。正如一般的社会科学永远无法决定它们是事实学科还是价值学科，因此在两者之间摇摆不定一样，个别的研究传统永远不满足于故步自封，而是试图击败体现某种分形的反题立场的地方性对手。一旦获胜，它们总是试图吞下对手的领地。

对手的领地——包括概念和问题——可能并不适合胜利者的知识形式。这基于两个主要原因。首先，经验研究对象与方法和理论之间存在选择性附属关系。社会科学中的大多数主题虽然没有唯一正确的研究方法，但研究对象往往倾向于或更容易招致某些类型的分析。例如，已经被金钱衡量的事物往往是数学化的诱人目标，因为用数字来定义它们的任务已被人完成了，尽管测量方式可能有误、不具反思性、含有政治动机甚或是武断的，等等。同样，存档良好的社会实体也是历史分析的诱人目标，即使它们根本没有任何真正的历史延续性。①

　　选择性附属的存在意味着，当研究人员所选择的研究方法不在该领域常见的附属摄取范围内时，重新引入失败的区分和方法的诱惑极大。我们特别是在分形的极端论点中可以看到这一点。因此，经济学将基于价格的分析延伸到家庭生活等领域的尝试，现在已经以对纯粹经济学方法的质疑而告终。甚至在 20 世纪六七十年代重新引入了国家等非经济的社会结构，以及稍后重新引入完全超出了物质领域的文化结构后，马克思主义对政治和文化生活进行纯经济解释的尝试也逐渐瓦解了。

　　同样，在日常社会科学生活中，选择性附属掩盖了真正的普遍社会分析——试图超越这些附属的分析——遇到的非同一般的困难。攻击对手很容易，因为他们对自己领地的论述似乎不如进攻者的论述有效。但当对手最终被击败时，胜利的一方必须突然把自己的论述扩展到对方的领地。然后，附属关系的力量就一下子显露出来。用社会科学中的各种历史主义观点攻击 20 世纪 50 年代特有的静态理论是很容易的，因为静态无法解释社会的变化。但是当这些理论被击败，变化被隐含地认为是社会生活的原始状态时，突然间，新的观点不得不解释社会生活的许多稳定性，一种曾经被稳定派理论家用他们的"规范"来"处理"的稳定性。事实上，这项任务一直被历史社会学家们悄悄地、

---

　　①　对表面连续的历史现实的具体化，参见我写的《美国社会学杂志》(*American Journal of Sociology*)的历史，见《学系与学科》(阿伯特[1999a] 2023)。

完全地忽略了。

其次，还有一个更重要的原因导致外来领地难以消化。这是因为各学科根据自己的喜好来塑造或构建他们的研究对象。当冲突理论击败共识理论，或者当建构主义科学社会学驱逐了默顿信徒的时候，胜利者接手的领地早已被失败者精心构建多时。经验的社会现实还没有成型，以便从前人的"愚蠢"观念中被解放出来。相反它由数据收集、理论概念、对事物的测量和讨论而形成。经验的社会现实根据前人范式的形象塑造成型。当这些事物被接管时，事实证明它们难以控制。

这便是我们在本章研究的问题。20世纪60年代中期被量化社会学和相关文献所接受的压力概念由来已久。它继承了一系列漫长的智识和研究世系。压力主要是一个"应用"而非"纯粹"的概念。它具有多重特性，而此特性在单义、实证主义的压力科学腹中，就显得格外难以消化。

## 一、压力从何而来？

虽然早在1914年，"压力"一词就被用来表示一种植根于生活烦恼中的普遍焦虑，但直到20世纪50年代早期汉斯·谢耶（Hans Selye）将其普及后，该词才在流行文献中普遍使用。但是，压力的概念——也就是说，生活对个人提出了难以承受的要求，个人在紧张之下遂屈服于心理或生理疾病——很早以前就出现了，它起源于浪漫主义对现代性的批判。[①] 现代生活的压力和紧张可能导致精神疾病（mental dis-

---

① 我对19世纪早期和中期精神疾病压力理论的讨论主要依赖于 Rosen（1959）和 Dain（1964）。对于将在下面的段落中讨论的后一阶段，说明性来源是：关于神经衰弱，参见 Rosenberg（1962）和 Gosling（1976）；关于创伤性神经症，参见希弗尔布施（［1979］2018）。另参见 Abbott（1982）中第四部分关于1880—1930年社会控制与精神病学之探讨。这一术语最初由 Cannon（1914）提出。

ease），这是 19 世纪的"一种近乎仪式化的信念"。<sup>①</sup> 本杰明·拉什 (Benjamin Rush)将精神疾病的暴发归因于美国革命。杰克逊改革运动建立了美国的精神病院，其病因学理论的基础是压力，其"道德疗法"的基础在于消除压力。格罗布(Gerald Grob)告诉我们，"精神疾病的道德原因包括——仅举几个例子——放纵、过度工作、家庭困难、野心过大、教育失误、个人失望、婚姻问题、嫉妒、骄傲，以及最重要的是，城市、工业和商业文明带来的压力。对人体组织而言，这些都被认为是不自然的"[2]。

杰克逊时代的人认为精神疾病的病因，在 19 世纪晚期被认为是神经疾病（nervous disease）的病因。在乔治·比尔德（George Beard）1880 年的畅销书《美国的神经症》（*American Nervousness*）中，他认为现代生活的压力经常导致"神经衰弱"（neurasthenia），这就是现代精神病学家口中的"焦虑抑郁"（anxious depression）。作为一种包含了模糊的焦虑、恐惧和疲劳的综合征，神经衰弱通常伴随着轻微、非特异性的心脏和肠道疼痛，以及头痛和其他"神经"症状。正如罗森博格（Charles Rosenberg)所说，"人体和发电机一样，只能产生有限的神经力，而 19 世纪生活的压力对人体神经系统的作用，就像许多额外的电灯会消耗电路上的电流一样。"[3]

其他压力疾病的概念也出现了。医生们描述了各种各样的"职业性神经官能症"（occupational neuroses）——电报员痉挛、作家痉挛等（这些都是腕管综合征的旧称）。与神经衰弱一样，这些都是"功能性神经官能症"。在这种情况下，慢性压力会产生痛苦的症状，但没有明显的病理。还有"创伤性神经官能症"，其中单一的急性创伤产生了类似的

---

① Rosenberg(1962：254)。
② Grob(1973：156)。
③ Rosenberg(1962：250)。

神秘症状。

到了进步时代，慢性和急性压力会导致神经和精神疾病的观点已经成为一种广为人知的自明之理。为了发现这一道理的维度，我们可以检视流行文献。

我的搜索涵盖了 1900—1957 年的《期刊文献读者指南》前二十卷，那时定量压力文献已经具有了现代形式。我们可以从第二十卷的"压力、心理学"这个标题开始，然后回溯搜索它的祖先。例如，"压力、心理学"最初只是作为一个标题出现，配以"见紧张"的说明文字。而"紧张"本身有各种祖先，以此类推。此外，在某些情况下，《期刊文献读者指南》对单个概念或一个概念及其子概念有多个活动性的标题，我们也可以遵循这些思路来进行。通过这种方式向后或向前搜索，我们发现了一个索引标题的领域，它囊括了所有最终与压力相关的基本文献。①

在这个谱系中，有几条稍微分开的血脉汇聚成为当前的压力概念。 39 我们可以给这些血脉起一个总的名字，并将《期刊文献读者指南》中相

————————

① 对于所有这些索引标题，我都查阅了相关文章的标题。在许多情况下，我还查阅了几十种文本。由于《期刊文献读者指南》之前的索引系统很不一样，我没有检索到前一时期的文章。当然，《期刊文献读者指南》在整个出版过程中也有很大的变化，但由于我所追求的是流行的概念，而且《期刊文献读者指南》一般放弃了晦涩难懂的期刊，我可以假设《期刊文献读者指南》自始至终所涉及的区域大致相同。

我已尽量使分析结果尽可能可靠。我无一例外地检索了所有与原文有"祖先关系"的标题，并对其中的所有文章进行了统计，从而得出了下面的数字。类别的分组基本上在我阅读标题的基础上进行。此外在很多情况下，我在阅读了所涉及的文章的全文的基础上进行了计算（由于涉及成千上万的文章，我当然不可能全部读完）。这种阅读也支持了我对各领域内容的讨论。需要指出的是，《期刊文献读者指南》的分类本身就引入了另一个明显的解释因素。

［译注］《期刊文献读者指南》的全称是 *Readers' Guide to Periodical Literature*，是由 H. W. Wilson 公司出版的对美国印刷品的索引。其具体作用参见作者《数字论文》(*Digital Paper*［2014］2018)一书的第二章。

关的索引标题归纳在它们之下。

| 一般标签 | 《期刊文献读者指南》中的标题 |
|---|---|
| 焦虑 anxiety | 焦虑、恐惧、(生理)压力、(心理)压力、紧张、忧虑 |
| 心灵/身体 mind/body | (身心)医学、心理治疗、心灵/身体 |
| 表现 performance | 疲劳、休息 |
| 卫生 hygiene | (社会)调整、精神卫生 |
| 神经疾病 nervous disease | 神经疾病 |
| 精神疾病 mental disease | 精神疾病 |
| 神经系统 nervous system | 神经系统 |

　　图 2.1 显示了《期刊文献读者指南》每一卷中这七个主题中的前四个(它们是最主要的主题)，并提供了关于压力文章占各主题的百分比。完整数据见表 2.1。

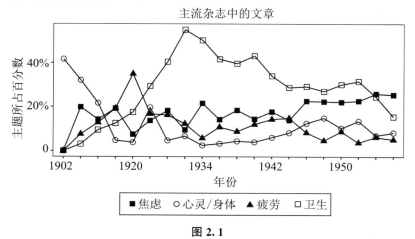

图 2.1

第一个主题是焦虑。"焦虑"意味着"恐惧"和"忧虑"问题,这些问题是持续、周期性的担忧。人们恐惧的是经济危机、战争、黑暗、某些动物。人们忧虑同样的事物,加上日常生活中不那么令人忧心的事。通常,这种恐惧和忧虑以效应而非致因来标记。例如,它们可能被称为"神经"(nerves);"19 世纪的'肝脏'已经变成了今天的'神经'。"[1]第二次世界大战以后,更现代的术语"紧张"(tension)和"焦虑"首次出现在索引标题中,尽管直到 20 世纪 50 年代两者才成为重要的索引条目。

表 2.1

| 年份 | 焦虑 | 心灵/身体 | 疲劳 | 卫生 | 神经系统 | 神经疾病 | 精神疾病 |
|---|---|---|---|---|---|---|---|
| 1900—1904 | 0.0 | 41.7 | 0.0 | 0.0 | 58.3 | 0.0 | 0.0 |
| 1905—1909 | 19.8 | 32.1 | 7.6 | 3.1 | 12.2 | 22.1 | 3.1 |
| 1910—1914 | 14.2 | 21.6 | 12.8 | 9.5 | 11.5 | 23.6 | 6.8 |
| 1915—1918 | 19.2 | 4.8 | 19.2 | 12.5 | 7.7 | 25.0 | 11.5 |
| 1919—1921 | 7.5 | 3.8 | 35.0 | 17.5 | 7.5 | 17.5 | 11.3 |
| 1922—1924 | 13.7 | 19.6 | 16.7 | 29.4 | 9.8 | 4.9 | 5.9 |
| 1925—1929 | 18.2 | 4.7 | 16.2 | 40.5 | 3.4 | 5.4 | 11.5 |
| 1929—1932 | 9.5 | 6.7 | 12.3 | 55.3 | 4.5 | 6.7 | 5.0 |
| 1932—1935 | 21.5 | 2.5 | 5.8 | 40.4 | 9.1 | 4.1 | 6.6 |
| 1935—1937 | 14.2 | 3.3 | 10.8 | 51.7 | 5.8 | 10.8 | 13.3 |
| 1937—1939 | 18.4 | 4.4 | 8.8 | 39.7 | 3.7 | 8.1 | 16.9 |
| 1939—1941 | 14.4 | 4.0 | 12.0 | 43.2 | 9.6 | 4.8 | 12.0 |
| 1941—1943 | 17.7 | 6.1 | 14.3 | 34.0 | 2.0 | 13.6 | 12.2 |
| 1943—1945 | 13.9 | 8.2 | 14.8 | 28.7 | 3.3 | 23.8 | 7.4 |

---

① Repplier(1910:199)。

[译注]原文可于 http://www.gutenberg.org/files/16722/16722-h/16722-h.htm 获取。

| 年份 | 焦虑 | 心灵/身体 | 疲劳 | 卫生 | 神经系统 | 神经疾病 | 精神疾病 |
|------|------|-----------|------|------|----------|----------|----------|
| 1945—1947 | 22.5 | 12.5 | 8.3 | 29.2 | 4.2 | 14.2 | 9.2 |
| 1947—1949 | 22.3 | 14.9 | 4.7 | 27.0 | 4.7 | 6.1 | 20.3 |
| 1949—1951 | 22.1 | 10.3 | 8.8 | 30.1 | 2.9 | 10.3 | 15.4 |
| 1951—1953 | 22.6 | 13.5 | 3.8 | 31.6 | 2.3 | 10.5 | 15.8 |
| 1953—1955 | 25.9 | 7.0 | 6.3 | 24.5 | 1.4 | 9.8 | 25.2 |
| 1955—1957 | 25.4 | 8.3 | 5.2 | 15.5 | 3.1 | 6.7 | 35.8 |

与焦虑密切相关的第二类文献指明了精神和肉体(psyche and soma)的关系,我将其称为"心灵/身体文献"。这类文献通常从心灵对身体的控制角度出发进行思考。该主题在 1900 年在数量上占主导地位,反映了基督教科学、新思想运动(New Thought)和其他心灵治疗运动的兴起,以及稍后的以马内利运动(Emmanuel Movement)和精神分析的主流心理治疗法。所有这些运动都结合了关于生理问题的心理病因、心理生理一元论和心理治疗(通常是催眠治疗)的信念。在 19、20 世纪之交的高峰之后,心灵/身体主题基本上消失了,直到 20 世纪 40 年代才带来正式身心医学(psychosomatic)的第一批成果:1940 年前后发现的胃溃疡与人格在内分泌学上的联系,随后是对哮喘、结肠炎、高血压和类似疾病的分析。①

这前两类文献——焦虑和心灵/身体——把生活中的问题(即后来定量压力文献所称的生活事件)构想为干扰个人的身体或精神健康的问题。相比之下,文化中的压力概念的另两类核心文献——我称之为"表现与卫生"的文献——则相反,认为这些问题是个体未能成功适应现代生活的标志。在第一类文献中,个体被认为是给定的,社会是问题所

---

① 关于以马内利运动,参见 Gifford(1978)。

在；在第二类文献中，社会是给定的，个人才是问题所在。

19、20世纪之交的表现文献起源于科学管理对工作表现的关注，在第一次世界大战后不久，此类关注也达到了顶峰。这些文章大多涉及工作中的疲劳问题。到20世纪20年代，疲劳已经成为一种普遍的文化隐喻。当时，"那种疲惫、不适的感觉"（that tired, run-down feeling）作为一种流行文化概念首次出现，流行杂志也在争论"疲劳的真正含义"。在第二次世界大战期间和之后，对作战压力下的表现的研究又重新审视了这一长盛不衰的兴趣领域。①

比表现的文献影响更广泛的是关于心灵卫生的大量文献。当精神病学家被无法解决的慢性精神病所困扰，转而研究急性精神病和预防时，精神卫生（mental hygiene）运动便开始了。这场运动使精神卫生在20世纪20年代初成为解决压力和疾病，尤其是精神疾病问题的主要方法。这种方法在几十年内一直占据主导地位。精神卫生运动认为，生活中的问题如果不加以治疗，将导致神经紧张，最终导致精神疾病。预防通过个人和社会的互相适应来实现。由于社会变革几乎不可能，所以调整应由个人来完成。个人只能适应压力，而不是像焦虑和心灵/身体的文献所暗示的那样，抗议它或对抗它。②

那么，到20世纪中叶，关于压力和疾病的流行文献主要涉及四大主题：对焦虑的关注、对身心的矛盾、对压力下表现的形象，以及一般的调整理论。这四个主题对压力下个体的看法呈现了一个问题的

---

① "疲劳的真正含义"（"real meaning of fatigue"）引自 Johnson（1929）。

② 关于精神卫生运动的基本资料是 Dain（1980）；Abbott（1982）；Grob（1983）。

［译注］与常规中译接轨不可避免地会带来术语的交叉。mental 在本书中译作"精神"，psychiatrist 译作"精神科医生/精神病学家"。

两个对立面：现代生活中的个人与社会的关系。①

42 　　一方面，存在着个人在压力下的角色表现（role performance）这一概念，这种概念与效率和最优化的呼应直接将其与科学管理和理性化联系在一起。在更大但仍然是"社会"的层面上，存在着如何于社会中"有效率地运用"个体的概念，即通过（精神）卫生进行调整的概念。这些文献（表现和卫生）都将失业、婚姻困难和其他个人问题定义为个人失调（maladjustment）的迹象或理由。

　　另一方面，从"个人"层面，焦虑文献不是从它们对社会的潜在的消极作用，而是从它们对个人的实际损害（damage）出发研究了同样的事件。焦虑文献讲述了现代社会结构对个人的直接影响，这种影响不仅源于现代的无根性（rootlessness），而且来自旧定义下引起焦虑的事件的消失。② 同样，心灵/身体文献的第一个主题是保护个人免受外部威胁，无论这些威胁来自社会结构或是微生物。后来，身心医学更进一步，明确指出胃溃疡、结肠炎和高血压等疾病的根源与社会，尤其是现代社会有关。

　　那么，压力的文化概念本身就是个二元概念。它将四项相关的主题组合成一幅单一的受压个体形象，一个同时被社会损害又对社会失调的个体。这一形象曾经（并仍然）对我们有着巨大的意义，因为它将焦虑和心灵治疗与社会调节和表现结合在一起；并将这些与浪漫主义和个人主义、理性化和机械化之间的更大对立联系在一起。通过结合

————————————

① 这四种压力的主要祖先有三个次要的主题：神经系统、神经疾病和精神疾病。"神经系统"是最主要的，作为最初的总标题。几乎所有其他主题后来都从这个标题中分离出来。"神经疾病"涵盖了各种主题，其中一些与压力有关，另一些则无关。最后，"精神疾病"虽然是 19 世纪处理压力问题的核心，但在 20 世纪却变得不那么重要了。20 世纪 50 年代，人们对精神疾病的兴趣突然恢复，这并不意味着压力和疾病问题的回归，而是意味着新的抗精神病药物的发现。

② 例如，Abbott（1980）；Lears（1982）。

这些对立的损害和失调的形象，受压个体的二元形象为我们提供了讨论现代生活核心问题的一种普遍且合理的方式。公众不会阅读斯宾塞、涂尔干或弗洛伊德。但他们会热衷于消费［流行］文章和脱口秀，那些文章和脱口秀通过压力问题来讨论作家们的核心关注。在这样的流行场合，压力的形象可以被放大或缩小以适应任何情况。损害和失调的二元性可以用来理解一个国家、一家企业、一段婚姻，甚至一个瞬间。在所有这些层面上，压力的概念使生活可以被理解。它解释了不幸的事件。[①] 43

注意，尽管压力的概念"可大可小"，但其中损害和失调的二元性并不是一种分形区分。相反，它是我所说的"综摄"（syncresis），这个希腊词语把通常对立的事物概括在一起。综摄在构成方面具有模糊性；在任何水平上，一个给定的压力事件同时涉及损害和失调。从个人角度看，似乎有损害，从社会角度看，可能有失调。但个人总是担心"也许这是我的责任"，而很少有哪种社会会完全忽视它们给个人带来的负担。因此，综摄同时涉及这两种观点。我们可能会认为，个人（或社会）"在这件事上有两种想法"，但我们不应允许这样的措辞将这种区分实体化为（hypostatize）一对独立的内在情感。综摄由模糊性构成；分离它的各个部分就摧毁了它。因此，无论还原程度如何，综摄都具有分形特征。但与分形不同的是，它不是分裂的对立，而是统一的对立。[②]

## 二、压力科学研究中的几个问题

压力符号有助于准确定义困难事件，因为它捕捉了我们的模糊和矛

---

① 这句话是对埃文斯-普里查德在其著作《阿赞德人的巫术、神谕和魔法》的第四章"用巫术的概念阐释不幸的事件"（［1976］2006）的一种冷幽默解释。

② 我必须为给读者带来另一个新概念的负担而道歉；本书的一位审稿人抱怨说，这本书的机制和概念太多。读者将在索引中找到一个完整的列表，在索引标题"……的概念"下有第一次介绍它们的参考页码。

盾。也许乍看起来，分析这种现象的适当方法应该是质性研究。因为综摄符号必然是多义的，而多义性假设是阐释性研究（区别于实证主义研究）的定义性特征。因此，既然阐释是质性方法论流形（参见本书第一章）所作的分形选择之一，那么似乎也就意味着对压力的正确研究必须从质性角度出发。确实，在1965年之前的大部分时间里，多数关于压力的专业研究都是定性和阐释性的。精神科医生和心理学家通过详细讨论个案来讨论压力问题。但随着学术界的分形周期将调查分析和其他"科学"方法带到行为科学的霸权地位，它们甚至有必要分析自己不适合的现象，如压力。胜利的一极必须理解对手的领地。结果，压力领域开始出现大量的量化文献。

当综摄或任何其他固有的多义概念在一个以单义为假设的方法论流形下得到研究时，我们会期待什么？毫无疑问，我们会看到混乱和误解。一位学者可能认为离婚源于争斗夫妇的个性失调问题，而另一位学者可能会把它看作损害问题，源于社会对当事人的过度要求。前者会回答说个性强势的人可以分清轻重缓急，从而处理不同的要求；后者则认为，个性问题本身就由过度的要求引起，诸如此类。损害和失调像是鸡和蛋。只要研究一下科学压力文献所提到的"问题"，我们就不难注意到这些先有鸡还是先有蛋的讨论。其中有很多问题都可以被证明是来自综摄压力概念在量化方法论流形的限制下的挣扎。

不过在研究这些问题之前，先理解一下定量压力文献的术语很有帮助。让我们从定义开始。此类文献认为个体会受多方压力的影响，这些被称为"压力源"（stressors）。压力源可能是诸如孤独或长期疾病（如关节炎）等慢性力，也可能是诸如离婚或丧亲等急性力。急性压力源通常被称为"生活事件"。①

———————————

① 请注意，这句话带有讽刺意味，即没有压力的生活就是没有事件的生活；也就是说，是死亡。这一主题回应了弗洛伊德，在下文将会再次出现。

压力源对个体产生的结果叫作"痛苦"（distress，流行文献通常称压力源为"stresses"，称痛苦为"stress"）。痛苦有各种测量方式，但大多数情况下是通过自我感觉报告的。在压力源的力量和痛苦的爆发之间存在着所谓中介因素（mediating factors）。其中大部分因素是压力效应的"缓冲"——朋友（"社会支持"）、保护性行为模式（"应对"）、性格力量（"应对力"）以及类似的帮助。①

---

　　① 有些事很难在这幅图中定位。例如，关节炎既是一种慢性病，在发作期也是一种急性压力源。同时，它在两种情况下都会产生直接的痛苦，还可能减少与朋友相处的时间（因为某些活动很困难），以及阻碍某些应对方式。因此，它既是一种慢性和急性压力源，也是一种非介导的痛苦来源，同时也是社会支持和应对行为的决定性因素。正如我们将看到的，文献并不是没有意识到这种复杂性。
　　据我所知，压力研究领域没有学术史。Mason（1975）提供了一些诱人的提示，而Selye（1976，pt. 1）则给出了一份相当以自我为中心的叙述。Dohrenwend and Dohrenwend（1974：1-7）对关于压力的生活事件文献做了简单的介绍，这是近几十年来最活跃的压力研究子领域。一般来说，人们必须依靠各个时期的评论文章，例如，Cooper and Marshall（1976）关于职业压力的评论文章；Jenkins（1971）关于压力和心血管疾病的评论文章；Lazarus，Deese and Osler（1952）关于压力和表现的评论文章；Vine（1981）关于压力和拥挤的评论文章；Kessler，Price and Wortman（1985）关于社会压力系统的评论文章。现代的压力文献来自几个支流。沃尔特·坎农（Walter Cannon）以他的情绪生理学工作，特别是对肾上腺髓质的研究，创立了实证的压力研究（参见 Cannon 1929）。从1936年开始，汉斯·谢耶创建和发展了一般适应性综合征的模型（参见 Selye 1946）。这是一个由垂体和肾上腺皮质介导的"压力-交互作用-反馈系统"。当该模型从动物推广到人类时，得到了大量的媒体曝光。第二次世界大战后，关于压力和表现的相关文献迅速扩大，特别是在空军中的研究（参见 Lazarus，Deese and Osler［1952］）。另一个来源是关于身心医学的文献，它始于20世纪30年代，作为对20年代弗洛伊德精神病学中出现的心理和身体域的急剧分离的回应。到了1950年，早期的领导者如弗朗兹·亚历山大（Franz Alexander）和弗兰德斯·邓巴（Flanders Dunbar）等人已经建立了关于一些疾病中的社会心理因素的临床文献。最后，将疾病追溯到特定生活经历的文献，其根源在于阿道夫·迈耶（Adolf Meyer）的"生命表"（life chart）技术，他是研究精神卫生和调整的主要精神病学家之一（Meyer［1948］）。第一份生命事件量表出现在20世纪50年代末（Hawkins，Davies and Holmes［1957］），而现在的标准的社会适应评分量表出现在1967年（Holmes and Rahe［1967］）。到了20世纪80年代，生活事件研究几乎成为压力研究的一个独立的子领域（参见 Holmes and David 198：xiii-xviii）。
　　需要说明的是，我不是压力专家。虽然我选择的来源并不随意，但对专家来说，无疑会显得不完整。它也会显得有些过时了。我对压力文献的回顾完成于1987年；我没有更新它，因为我的论点是历史性的。如果我在某个时间点上证明压力文献拥有过一个分形谱系，那至少可以建立一个合理的推测，即它现在仍然如此。

20 世纪 80 年代中期，在经历了二十年积极的社会压力研究后，压力科学家对自己领域的不满包括三类问题：定义、测量和理论。其中许多在研究的早期就已经被认识到了。这些核心问题的持久性首先提示我们，它们不是源于可解决的科学难题，而是源于一般文化下压力概念的综摄特性。如果这些问题能够在不破坏研究的核心概念的情况下得到解决，那么它们早就被解决了。压力根本就是难以消化。

对定义的不满始于"压力"一词本身。一些人抱怨它定义不清，而另一些人则欣赏这种模糊所带来的自由，还有一些人则哀叹定义方法的混杂。许多人指出，从某种意义上说，所有的生活都充满了压力；还有人同样想知道，为什么在"应对"压力方面没有成功的概念。这些问题——压力的普遍性和积极结果概念的缺失——显然暴露了历史上压力概念的影响。现代生活固有压力的概念直接来自心理卫生和表现文献，而对成功结果的无果探索则呼应了精神卫生文献长期以来对社会调整的模糊定义，即"积极的精神健康"。[1]

尽管定义问题困扰着压力研究者，但大多数问题都在更具争议的测量领域内出现。许多人担心自我报告、表现、心理生理学和生化指标的混合使用，特别是因为它们与"压力过程"的时间关系不同。大量的指标被用来表示痛苦，而对于它们之间的关系或与现象本身的联系却并不太清晰。[2]

其他批评者的重点在假设上：被测量的现象是线性和单维的(linear and unidimensional)。这些批评很早就开始了，作为对压力与生理或

---

① 关于定义，参见 Hinkle(1975)；Rabkin and Struening(1976)；Baum，Gomberg and Singer(1982)。缺乏积极的心理健康概念的一个原因是人们认识到(见下文)，即使在"积极的"生活事件中也存在压力，因此，正如弗洛伊德在《超越快乐原则》中讨论死亡本能时所论证的那样，最低压力状态确实是死亡。

② 关于测量问题的回顾，参见 Baum、Gomberg 和 Singer(1982)。

心理疾病之间不寻常相关性的反应——通常占发病率总变化幅度的5%～10%。通常情况下，相关性低的原因是测量不够明确（或称"特异性不足"）。在这些一般性的批评中，有两个主题贯穿于全部批判性的测量文献：需要对压力过程的时间性进行更精细的理解，以及需要进一步明确测量和变量。[①]

在压力源和痛苦度量的更具体的领域内，许多同样的抱怨也反复出现。例如，自我报告因其依赖于对压力事件的回顾、其综合加权方案及对可加性的假设而受到批评。它们还因为各种各样的时间性问题而受到批评，主要是因为忽视了事件的新近程度、显著性和持续时间的影响。其他的批评则涉及干扰变量和传染（confounding and contagion）。人们很早就注意到，广泛的压力概念将疾病（一种痛苦的形式）视为压力源，使疾病同时成为一项因变量和自变量。一些研究者还注意到，概念上作为自变量的压力源（如工作状态）与概念上作为因变量的痛苦（如疾病；如果你生病了[痛苦]，你就不能工作，但随后你要么失业[这是一个压力源]，要么待在家里但保留工作[这使你失去了社会支持]）直接形成因果关系。同样，急性压力源、慢性压力源和痛苦之间纠缠不清的三角关系也让许多作者感到担忧。还有一些人注意到生理和心理痛苦对压力源的不同影响。在回答这个令人困惑的问题时，许多人认为压力和痛苦之间有很强的相关性是一个测量层次的问题，他们寻求能够解决特定个体对类似事件赋予不同含义的测量方法。在对这一论点的广泛总结中，凯斯勒、普莱斯和沃特曼（Kessler，Price

47

---

① 关于线性和单维的批判，参见 Aiken(1961)、Dean and Lin(1977)和 Lundberg (1984)。关于一般性评论，参见 Rabkin and Struening (1976)和 Ross and Mirowsky (1979)。

[译注]在线性模型里，评估变量强度的指标之一是该变量能够解释的因变量的变化幅度/变异的百分比（0 至 100%），因此 5%～10% 可以被认为自变量（压力）很弱，无法有效解释因变量（疾病的发生）。

and Wortman 1985)更进一步，呼吁"依赖于情境的数据"——在特定时间适合特定个体的测量（这是一种向个人叙事的转变，一种脱离量化范式分析立场的广义转变）。同样，通过将欲望（积极的变化）与单纯的变化（积极与消极的变化综合）作为生活事件的压力属性区分开，该领域的早期批评家们已经创作了一份范围广泛的文献。[①]

在社会支持（social support）和应对技能（coping skills）等中介因素的测量文献中，干扰变量和特异性（specificity）的主题再次出现。许多作者评论说，需要改进对社会支持的定义和度量。一些人呼吁采取更多的差别化测量方法，解决社会支持的不同组成部分和功能。还有人提出了一系列的干扰问题：痛苦可能导致个人低估社会支持的价值，前因变量（如族裔）可能决定社会支持和对压力源的看法，社会支持至少在一定程度上是过去生活事件的移动平均。应对度量带来了许多相

---

　　① 关于可加性，参见 Ross and Mirowsky（1979）和 Baum，Gomberg and Singer（1982）。关于时间性问题，参见 Rabkin and Streuning（1976）和 Tennant，Langelud and Byrne（1985）。关于因果变量的互相依存，参见 Cooper and Marshall（1976）。关于急性和慢性压力源的相互混合，参见 Kessler，Price and Wortman（1985），关于生理和心理压力的差异，参见 Dean and Lin（1977）。关于耳熟能详的生活事件文献，参见 Ross and Mirowsky（1979）。

　　关于其他类型的压力源和痛苦的测量——表现，心理生理学和生化测量——对它们的抱怨提到了许多相同的主题。在表现测量中，有些人想知道为什么会使用某些特定的任务，而另一些人则关注动机、应对、疲劳和注意力与压力源对任务表现的影响的混淆。还有一些人关注的重点是熟悉的个体差异问题。在心理生理学和生物化学的测量方面，干扰混淆的问题再次出现；例如，儿茶酚胺水平在一定程度上是饮食、年龄和活动的函数，而所有这些都与痛苦和其他压力源有关。时间性主题也再次出现了；生物测量的波动比痛苦的波动要快得多，因此不能明确地与压力状态建立时间关系（Baum，Gomberg and Singer［1982］）。

同的抱怨；干扰变量和特异性是其中的核心问题。[1]

总之，关于压力源、痛苦和中介因素测量的抱怨围绕着三个中心问题：指标之间的时间性关系尴尬和模糊不清、每个变量家族的测量与其他变量的普遍干扰混淆，以及缺乏足够的细节。在每一种情况下，对测量的批评都与更多的理论批评紧密相连。

事实上，关于压力的理论文献的发展主要是对这些测量的批评的回应。因此，当直接压力反应模型在 20 世纪五六十年代被证明已失败的时候，压力和痛苦之间的"中介因素"——社会支持、应对技能、评估、个性变化、压力源特征——就被引入了。在大多数情况下，后来对这些中介因素的抱怨涉及它们的细节不足。有些人呼吁对压力源的大小、强度和新颖性进行更详细的研究。许多人呼吁要接受个体的个性决定了他们所承受的压力，并敦促对影响这种变化的情绪、动机和认知因素进行更深入的研究。还有人呼吁对社会支持进行更深入的研究——孤立、边缘化、族裔的特殊影响，以及支持提供者的性质、类型、环境和后果。在应对方式的研究中，人们似乎也对个体间感知意义的差异及应对方式的不同维度产生了兴趣，无论是通过改变认知、改变问题或改变情绪反应来应对。[2]

伴随着这种理论上对更精细的设定的坚持，人们越来越希望对压

---

[1]　关于社会支持的定义，参见 Dean and Lin（1977），Thoits（1982），以及 Cohen and Syme（1985）中提到的不同作者。关于各种干扰，见 Rabkin and Streuning（1976）和 Thoits（1982）。出乎意料的是，尽管古林（Gerald Gurin）量表从一开始就被认为与人口统计学因素相关，而这些因素既与生活事件有关，也与苦恼有关（Gurin, Veroff, and Feld 1960）。但在这一文献中，直接测量痛苦——精神疾病和生物疾病——所受到的批评要少得多。我感谢古林教授提请我注意这个事实。

[2]　研究压力源大小的建议来自 Rabkin and Struening（1976）。Hinkle（1975）、Dohrenwend and Dohrenwend（1974）、Herd（1984）和许多其他人呼吁研究个体差异。Thoits（1982）和 Kessler, Price and Wortman（1985）也呼吁研究社会支持。Barnard（1985）建议对应对压力过程中的阐释差异进行个体水平的研究。

力时间顺序进行有效的理论化。一些人对压力源和反应的排序先后问题感到苦恼；另一些人则指出，将"隐性的"痛苦和生活事件进行排序很困难。许多人担心因果指向、虚假性、互为因果的问题，以及它们与时间顺序的关系。社会支持仅仅记录了过去一系列的生活事件，这一认识对相信两者在概念上尖锐分离的理论来说尤其令人不安（如果你离婚了，并且父母去世，那么你不仅有两项生活事件，也失去了长期的社会支持）。此外，正如许多人所认识到的那样，应对方式可以同时缓解压力，并使之长期化。①

因此，关于压力的理论文献重复了对测量文献的批评。其中心主题是时间性、干扰变量和特异性。②

## 三、综摄的数量效应

我们很容易看出，关于压力的科学文献中的这些自我批评是由于多义的、综摄的压力概念在定量方法的分形选择中逐渐展开而产生的。第一组问题产生于量化方法论流形对叙事的放弃。在受压个体的形象中，人们所设想的压力本质上是一个故事的概念：事情发生了，个体与之抗争，结果变得有压力。但定量文献没有有效的叙事分析工具。量化方法只能支持变量的叙事，其中个体叙事的重要复杂性暗中变为

---

① 按时间顺序，参见 Chalmers(1981)和 Lazarus and Folkman(1984)。关于压力源反应问题，见 Tennant，Langelud and Byrne(1985)和 Jenkins(1971)。关于隐秘的生活事件，见 Dohrenwend and Dohrenwend(1978)。关于社会支持与生活事件的混淆，见 Dean and Lin(1977)和 Thoits(1982)。

② 在关于压力的批判性文献中，对方法本身(统计技术)的抱怨只占很小的一部分。作者抱怨使用回顾性数据、简单的统计数据和横截面设计，以及不谨慎的抽样，特别是"求助"被定义为一种应对手段，从而使得典型的压力数据与某个自变量混淆。总体上，方法本身并没有引起强烈的批评。

复杂的交互作用。当然，无法建立有效的时间模型这一现象并非压力文献所独有。生命历程、社会地位获得和职业成长等领域内的时间模型同样问题重重。量化方法更倾向于形式化的技术，无法处理序列和其他叙事效应。压力科学家们只是通过复杂化他们模型的叙事结构，才逃离了这个特殊的困境。他们要么使得"变量叙事"变得越来越复杂，要么直接转向研究案例中的不同压力叙事。因此，从叙事的角度来看，"理解对立面"是一个开始，但仅仅是一个开始。[①]

另一个类似的问题是，与压力相关的变量在不同的情境中有不同的含义。量化方法论流形的单义性假设的一个方面是，因果意义不受情境的影响。另外，压力科学家们通过让变量在一定程度上依赖于情境，从而逃离了这条死胡同。

但这些都只是简单的分形效应。哪怕它们的反对者会把这类文献当成千篇一律的因果主义和单义的研究，但它们揭示了即便在这样的文献中也会出现的各种重要选择：是叙事还是因果主义，使用单义还是多义的测量。尽管在很大程度上，压力文献是定量的和单义的，但它内部却在一些问题上存在分歧，这些问题概括了它与定性文献的区别。

对于我的论点更重要的是，在一项致力于单义的科学计划内部试图分析一个内在多义的概念——在这里是综摄——会带来怎样的直接结果。事实上，压力概念作为一种综摄，本身既为量化文献带来了冲突，也带来了机遇。这些都源于压力的符号和修辞结构。压力的二元符号结构首先大大造成了压力和痛苦指标之间的混淆。文献发现，由于继承了文化观念下身体和心灵之间的分裂，研究者在心理和身体指标之间很难做出选择；由于继承了压力概念在表现和焦虑之间的分裂，

---

① 关于叙事，参见 Abbott(1983，1992b)和 Abell(1987)。

研究者在表现和衰弱指标之间很难做出选择。对于压力科学家来说，所有这些指标似乎都很重要，正是因为所有这些都是他们开始时便揣有的压力文化概念的一部分。我们不能逃避这些指标，甚至不能把它们分开而不完全破坏这个概念。我们没能做到这一点——例如，关于压力的定量研究者没有把表现和衰弱完全分开——告诉了我们一些关于原始压力概念在文化上的重要性。这不仅影响了公众对现代性的思考，正如记录显示的那样，它对压力科学家也同样重要。

作为其第二个直接影响，压力的综摄产生了文献中抱怨甚多的干扰变量现象。我们对心理防御（例如，忽略癌症症状）究竟是应对策略（倾向于个人——为什么注意到一些不可补救的错误?）还是失调（反社会——为什么人们不在治疗费用低廉的情况下及早发现它?）的矛盾反映了自心灵治疗和精神卫生运动以来，文化上的压力概念所蕴含的矛盾心理。对我们来说，受压的个人既受损，也失调。而更好的测量不会改变这一点。同样，社会支持是真正的安慰（支持个体）还是腐肉般虚假的安慰（隐藏了社会对个体的攻击）①，这个问题也直接源于文化压力概念中社会对个体影响的深刻矛盾态度。压力、痛苦、支持和应对在科学上致命的相互渗透最终源于压力观念中三个尚存疑问的对立面的合并：心灵和身体、社会和个人、调节和焦虑。因此，压力文献的核心抱怨来自它试图理解一个绝对多义、与该文献的一般方法论立场完全不同的概念。

像大多数强大的概念一样，压力不仅具有一个符号结构（综摄），它还具有一个修辞结构。这种结构也在压力的定量科学中引发了冲突和难题。②

---

① ［译注］carrion comfort 出自 19 世纪英国诗人杰拉德·曼利·霍普金斯的同名诗作。

② 修辞形象之社会特征的经典来源是维柯（［1744］1989 第二卷第二部分）；现代版本是 Burke（1969：503-517）。对于具体的定义，我遵循海登·怀特（［1973］2013：46）的看法。

谈论压力本身在修辞上就意味着承认压力的存在，承认有这种现象。而对于一位科学家来说，断言压力的存在进一步表明它必须与其他社会现象不同；必须存在一些不属于压力的东西（否则我们就有了一个毫无意义的概念，因为它绝对普遍）。然而，压力和常态（normalcy）之间的界限使科学的压力文献感到困惑，它逐渐变得越来越不清楚哪些类型的经验才不是压力的一部分。这正是因为公众在使用压力概念时，完全忽略了这一界限。对于公众来说，无压力即是非现代；压力的模棱两可弥漫在现代生活中。这种对压力普遍性的信念已被科学家们所采纳，确实把他们引离了原有的道路。接受这种文化的说法，就意味着接受其非科学的存在论修辞。

但一个术语的修辞结构超越了对存在的断言。像"压力"这样的术语，通过划定（delimit）其对象，隐含地进行说服。例如，"职业"一词使用了转喻（metonymy）的修辞手法。与大多数社会科学家一样，大众文化将从事法律和医学这样的工作称为"职业"。法律和医学代表着职业，正如帆代表着船或皇冠代表着君主制一样。然而，在"压力"中，涉及的修辞方法是提喻（synecdoche），另一种以部分代表整体的方法，但不是像转喻那样通过相似性（resemblance）。相反，这个提喻式术语体现了（embodies）整体的特征，如"他全心全意（He is all heart）"。根据我先前的分析，我们把受压个体的形象看作浪漫主义和后浪漫主义叙述所设想的现代"个体-社会"关系的整体缩影。我们对这一关系的其他关注被隐藏了，尽管它们当然存在。我们只是通过谈论压力来谈论它们。

就像对存在的断言一样，这种关于压力的文化概念的修辞策略，对定量压力文献造成了明显的影响。因为这类文献将这个指向更大整体的符号，当作是那个更大的整体。因此，文献忽略了那些可能是"压力"现象的重要组成部分，但又不属于压力个体形象的事物。这些看不见的事物中最重要的是产生和表达压力的社会结构（如官僚主义、流动性、竞争），这些社会结构曾经被视为偶然，但现在被认为客观存在。在量化文献中，这些社会结构是一些老生常谈和简短建议的主题，即我们"想方设法激励个人解决自身[!]问题"。① 总之，作为严肃的话题，社会结构消失了。那么在这里，压力概念的修辞结构产生的不是冲突，而是简单的回避。

## 四、压力的分形繁殖力

因此，作为压力概念基础的综摄对定量压力研究文献产生了决定性的影响。作为现代生活"社会科学化"进程的一部分，压力被纳入了该文献中，助长了指标的混淆，并保证了压力过程各个方面的分形混淆。它还模糊了压力和常态的区别，并使现代压力的核心问题难以进入科学分析。在这种情况下，试图理解与自身范式不匹配的事物无疑会削弱本范式研究的效力。那么，既然这个概念的毛病如此之多，为什么它还没有被完全摒弃呢？②

---

① Elliott and Eisdorfer（1982：137）。

② 对于这个修辞手法的问题，有很多可能的答案，但它们会把我们带离目前的讨论。也许使用一个文化上的强势术语，以维持对相关研究人员的资助很必要。也许那些研究者只是还没有找到足够好的替代品，等他们找到了，"压力"就自然消失。然而，第二个论点的反例很容易找到。20世纪70年代早期，研究发现许多躁郁症患者对锂治疗有反应。这种疾病基本上被重新概念化为锂不足，没有反应的病例被视为误诊。但今天，我们又读到了情绪波动和躁郁症；旧的概念又以新的（有时是旧的）名字回来了。（这个例子来自个人经验：我在伊利诺伊州曼特诺州立医院［Manteno State Hospital］，一家为急性和慢性精神病患者提供治疗的大型医院，担任了五年心理学家［1973—1978年］，正好是锂被引入的时间）。梅毒提供了另一个例子；它在19世纪的文化形象是一种准压力性疾病，哪怕在野口英世（Hideyo Noguchi）和摩尔（J. W. Moore）证明了它的细菌机制许久之后，该文化形象依然影响了医学实践（Abbott 1982：363）。文化上重要的术语很可能总是经得起科学上的"还原"。当文献"解决了"这个问题时，压力不会消失，而只是以一种新的面貌重新出现。

答案隐含在上一节开头关于叙事和语境意义的简要讨论中。压力概念仍然是一个科学术语，因为以单义的方式研究多义概念不仅会产生冲突和碰撞，它也创造了机遇。理解相反的立场卓有成效。被困在科学死胡同里的压力学者总是可以选择压力概念的"另一面"，利用它的多义性来逃避死胡同。一个人可以把压力当作"损害"来研究，直到陷入困境；然后把压力当作"失调"来逃避。事实上，损害和失调之间鸡和蛋的关系允许人们通过另一个附加在量化流形上的分形区分，即叙事与因果的区分为研究提供进步的方向。从损害到失调的概念性转变可以很容易地在压力叙事中用一种简单的手法做出情节设计（实际上是隐藏）。

从文献中可以很容易地追溯到这种综摄的效用。面对困难，量化文献引入了越来越精细的变量表征和越来越高阶的交互作用效应。乍一看，这些策略似乎把一般的、文化的压力概念分解成越来越小的部分，理论上是为了以后的重新组合。例如，如果读凯斯勒、普莱斯和沃特曼在 1985 年发表的关于精神病理学中的社会因素的评论文章，你会看到很多这样的陈述：

> 在什么情况下，酗酒会从一种应对策略转变为一种症状？
>
> 例如，一位患有乳腺癌的妇女可能会通过否认最初的症状来减少她的痛苦，从而推迟治疗，减少她获得良好结果的机会。
>
> 例如，通过劝说危机受害者向好的一面看，支持者可能会让受害者觉得自己的感觉和行为是不适当的。[1]

起初，作者们似乎认为，这些压力图景中的"片段"可以脱离上下

---

[1]　Kessler，Price，and Wortman(1985：552，548)。

文得到清晰的定义：通过适当的概念化，它们将成为方程中的自变量。因此，第一个引文暗示了一个三值变量：不饮酒、饮酒作为应对、饮酒作为症状。但是作者对复杂性的坚持表明，他们并不真的相信应该把这些变量当作主效应来对待，而是把特定的压力生活作为需要理解的经验来处理。他们首先以因果论者的身份说话，认为抽象的"社会支持"实际上是某些现象的致因，但随后又因为这些抽象概念缺乏足够的叙事复杂性而否定了它们。

在更深的层面上，他们显然担心饮酒可能同时是一种症状也是一种策略，就像癌症的症状可能是假阳性一样；而开朗的支持者无论做什么都会面临批评。他们对压力文化概念的理解告诉他们，这种多义性需要阐释。这就是综摄的结果。

而文化概念通过其复杂的旁路和歧义，为这些研究者提供了无数种方式来进行这些阐释，使他们起初的简单概念复杂化。因此：

> 我们需要更多地了解当人们试图提供支持时实际做了什么，以及接受者如何看待这些行为。
>
> [研究人们如何应对不同的问题]可能会阐明，应对一个问题是否会传授给人们在处理其他问题有用的见解或技能。
>
> 如果生活事件的影响被慢性压力以这些方式改变……明确考虑慢性压力是必要的。[1]

这些关于简单情境的解释性问题直接来自压力的量化研究者所内化了的文化模式。这是他们提出假设的来源，是他们摆脱陷阱的途径。此外，正是压力的文化概念为他们提供了一些"可能的故事"，他们用

---

[1]　Kessler，Price，and Wortman(1985：550，558，540)。

这些故事提出了新的假设。例如：

> ［布朗和哈里斯］认为持续的压力会加剧生活事件的影响。这
> 可能是由于压力过载造成的，比如，当一个人当前的生活环境正
> 在使他的应对能力经受考验时，他面临着由一件意外的生活事件
> 引起的额外的困难……这类事件本身可能微不足道，但在长期困
> 难的背景下，其又有了新的含义。例如，布朗和哈里斯所研究的
> 一位女性在女儿去度假后不久变得严重抑郁。用她的话说，女儿
> 的暂时离开让她"第一次意识到有一天我会失去两个孩子。这让我
> 意识到我是多么孤独，我是多么依赖他们。"[1]

这些作者以特定的故事为基础来证明他们的理论，并且他们清楚
地理解了前面讨论过的一般文化压力概念中的理论。表现、疲劳和焦
虑这个长久存在而矛盾的框架此刻现身。

当然，从通常的量化角度来看，我在这里所谓的"综摄压力概念带
来的机遇"被解释为"阐述和检验理论建构的常规工作的努力"（引自
一位本章早期的匿名评审）。这不是问题所在。问题是，这些努力的想
法源自何处。文化概念与量化文献的关系，与艾德温·艾勃特（Edwin
Abbott）的二维平面国与三维球体的关系颇为相似。[2] 二维世界的数学
家试图"看到"三维球体，但他看到的只是一个不断地变大，然后变小，
最后消失的圆环，即球体二维截面的变化，因为它移动的那个方向（上
升）不存在于平面国。综摄所允许的是运动，允许随着这个球体进入
一个全新的维度，就好像我上一章中的游客发现了这个城市的一个全

---

① Kessler，Price，and Wortman（1985：539-540）；引自 Brown and Harris（1978：145）。
② 艾勃特（［1956］2020）。据我所知，埃德温·艾勃特（Edwin Abbott）和我没有亲
戚关系。

新区域。

　　简言之，压力的综摄概念，就像它对大众心灵的影响一样，影响和丰富了量化文献。它的复杂性在两个舞台都给了它力量。尽管文化压力概念给量化文献造成了明显的障碍，但它之所以持续存在，是因为其繁殖力远远大于那些缺陷。用第一章的说法，那些否认社会现象多义性的人，注定要重新发现它，并在这样做时得到解脱。

# 五、结论

56　　最后，我想强调这一积极的特性，扭转一种常见的立场：压力等符号的多义性在某种程度上阻碍了对它们所指现象的量化研究。根据前一章的论点，我们可以想象在这座特定的知识之城中可能会有一些新的转变。这些转变会进一步逆转在量化研究流形上的选择，这可能会把压力科学的研究者引向其他领域的研究。在1990年发表的这篇文章的早期版本中，我特别建议了三个主要的转变：选择叙事而非因果方法；在更广义的层面上使用压力的综摄，以及尝试实证主义方法本身更具阐释性的一面。看看这些建议，看看压力文献是否真的遵循了建议的方向是很有用的（我在一开始就应该清楚地指出，压力文献完全没有关注这篇文章。但新的转向很可能由文献本身产生）。在这一判断中，我依靠的是佩吉·索伊特（Peggy Thoits）在1995年发表的对压力文献的权威性回顾。

　　第一，我建议转向叙事。这本身并没有什么特别的革命性。毕竟，应对的想法产生于一种本质上是叙事性的尝试，目的是理解效应微弱的结果：分析人员问，什么样的故事可以产生如此微弱的相关性，却又能维持我们对压力的基本看法？答案在于给予受压个体某种程度的控制权，某种行动的潜力。世纪之交的心灵治疗文献重新强调了应对，再次强调了压力的一个方面：个体对压力源和痛苦采取行动的能力。对旧主题的新强调通过形式化为变量，成为一种更新了的和改进了的实证分析的基础。

但我想到的更多的是一种方法论上的转变。文献中提出的问题——测量与分析关于压力、痛苦和压力过程的其他方面顺序的问题——显然反映了［研究］依赖于处理时序数据的笨拙方法。向更复杂的随机模型和压力叙事的理想型模型的转变将有助于解决排序的问题，并部分避免特异性-交互作用的问题。[①] 然而，在后续文献中，这方面的进展相对较少。在她的评论中，索伊特仍然提出了和我一样的建议，理由也一样。文献本身已经很清楚，转向方法论叙事主义——向分形区分的另一个极移动——将有助于其进一步发展。但是还没有多少人做到这一点。

第二，我建议在"更广泛的层面上"使用压力的综摄。我指的是要对实证主义文献中压力概念的符号和修辞结构有自觉意识，因为文献特别地掩盖了某些核心的分析主题。在这方面，我首先认为，我们应该研究为什么受压个体的特定修辞形象在文化上成为主导，为什么我们要用这个形象来思考现代性。这将是一个关于压力的社会和文化批判史的项目。其次我也建议，我们可以实证地研究压力个体的修辞形象所掩盖的现象，如世俗化的到来、无意义性的问题（the problem of meaninglessness）、产生压力的社会结构和压力的社会性生成，当然还有我们对现代生活本身的矛盾心理。一些激进作者、女性主义作者还有历史作者都在探讨这些主题。但他们所考虑的问题被排除在了实证主义探究之外，因为受压个体的提喻形象被视为唯一合法的探究对象。

---

① 例如，Smith(1985)尝试了更复杂的随机模型。关于理想型的序列模型，参见Abbott(1995a)中列出的各种来源。

更大的问题要么从文献中消失，要么被揶揄为乌托邦。① 然而，关于这些问题的实证主义文献——例如，关于生活问题的另类文化表征的衰落——将为当前人们为什么会对压力做出反应的理论开辟出一系列新的替代方案。我认为，这类主题不一定是阐释学者的专属领域。它们之所以如此，是因为分形区分之间存在的选择性附属。

这也成为索伊特的建议之一（1995：56），这一事实再次表明了分形区分模型的效用——它预测了文献将在哪里看到新的机会——以及抓住这些机会的难度，把压力看作一种群体而不是个体现象非常困难。

最后，我建议在实证主义方法的总体框架内尝试更多的阐释性方法。毕竟，"阐释性"方法的引入对压力文献来说并不是什么新鲜事；事实上，这是实证主义长期以来摆脱自我限制的策略。实际上，上述提出的各种自我批评，仅仅是在一种实证主义形式化的传统中对阐释性思想的越来越详细的说明——承认应对方式，承认压力和应对之间复杂的相互作用，对由于误解而产生的社会支持的反作用的承认。②

用矛盾修饰法，我再次想到的是"实证阐释主义"（positivistic inter-pretivism），特别是运用形式化解决多义性问题的方法，如因子分析和多维标度（factor analysis and multidimensional scaling）。很少有研究朝这个方向转变。但是，尽管这些方法在文献中取得的进展相对较少，但广义的意义问题——压力源的多义性和情景性——在索伊特的回顾中，显然比十年前更多地成为文献的焦点。这个问题比以往任何时候都清楚。

因此，到 1995 年，我的三项建议都已在文献中出现了，当然，这并不是因为我的任何影响，而是靠它们自身的力量。我提出这些建议

---

① "乌托邦"的评论见 Elliott and Eisdorfer（1982：140）。涉及这些主题的激进作家有马尔库塞（[1964] 2014）、Comfort（1970）和 Ehrenreich（1983）。

② 更多示例，参见 Lazarus and Folkman（1984）。

并不是作为一个压力专家——我只是这个概念的早期历史方面的专家——而是只能作为一名局外人阅读一系列文献，并呼吁它们扭转一些简单、倾向于限制自身的分形附属。事实上，它们作为文献自身项目的一部分出现，似乎再次证实了文献内部的分形发展模型，既是一种现实，也是一种规范性的方法论承诺。

我在这一章中有几个目标。我的总体目标是支持知识的分形概念，不仅要证明习惯性的量化分析和质性分析之间的尖锐区分很愚蠢，而且要证明它究竟是如何及为什么愚蠢。许多当代作家，特别是著名的理论者，似乎都以量化对阐释、互动和多义性的故意忽视为由，敦促人们实质上放弃量化。"实证主义已死"或"我们生活在一个后实证主义时代"的论调出人意料地普遍（这是广义上的实证主义；我本人一直在狭义的严格意义下使用"实证主义"一词，而且用"量化方法论流形"作为更一般的术语）。这样的立场假定了一种一劳永逸的对立面，这与压力和压力研究的历史背道而驰。事实上，质性的关注在量化工作中持续运作，产生了新的研究思路。我提出了未来可能进一步推进这一进程的 59 三种方式，而且令人惊讶的是，所有这些方式都已成为文献中的主题。①

---

① 本章期刊版的命运很好地说明了这门学科的分形特征。在早期的评审中，有一位审稿人从哲学/科学社会学的立场出发，虽然对这篇论文感兴趣，但不建议在没有更多理论阐述的情况下重新发表如此熟悉的观点（文化对科学的影响）。另一位审稿人大概是一位压力实证主义者，他敦促我写一篇简短得多的论文，多一些时下的参考文献，少一些行话（例如，"修辞"和"隐喻"等术语）。一位第二轮评审也从这一角度出发，称论文的大部分内容"过头了"了，但同时又"几乎没有新意"。因此，从科学社会学的角度来看，这篇论文对一个熟悉的观点（即文化概念影响科学概念）的论断太过软弱，也不具理论性。从压力实证主义的角度来看，这篇论文过于极端和理论化，这是另一个非常熟悉的观点（即研究人员应该谨慎对待他们的术语）。如果这篇论文更极端一点或更谨慎一点，那就更容易发表了，因为它会很明显地定位于一个特定的子学科，具有特定的传统智慧。注意，在他们的子领域内，这些人很可能是以数据为导向的科学社会学家或相对反思性的压力实证主义者；考虑到每个子领域内重复了更大的区分，这些人将是评审的"适当"选择。

除了证明分形模型的效用这一总体目标之外，我还有三个更具体的目标。从经验上讲，我想说明的是，量化压力文献这一社会学经验主义最重要的单一文献为什么会以这样的方式发展。奇怪的是，从我第一次进行这项研究（1987年）以来的这些年里，该文献似乎失去了一些惊人的推动力；尽管仍然强大，但它不再像巨人一样主宰着《健康与社会行为杂志》（*Journal of Health and Social Behavior*）。从这个意义上说，压力研究可能在其后续中成为前一章所讨论的另一种代际范式。

　　从概念上讲，我在这里的目的是说明"理解对立面"的过程如何展开。我在第一章中已指出，胜利的范式被迫处理它们所取代的工作的概念和经验问题。在本章中，我确切表明了该过程如何及为什么起作用。压力文献不会忘记自己的方法论，也更不能忘记大众和心理学家的质性压力概念所设定的问题议程。

　　实际上，我的目标是开始确定"分形选择的反转"是多么富有成效。我想说明的是，即使是在单义系统内多义变量的微小再现，也会产生令人兴奋的新研究。正如我在上一章结束时所论证的那样，也正如它自身的逻辑所暗示的那样，分形模型既是事物发生方式的模型，也是实现真正变革的秘诀。它是一种方法的模型。

# 第三章　建构的碎片 *

上一章重点讨论了量化和质性的分形对立问题，并研究了通常定义下的量化社群，以及其内部的分形区分。上一章中分析了通常将量化和质性分隔开的几种区分之一：实证主义与阐释。在这一章中，我想把重点放在量化和质性的一般对立中的另一种区分上——实在论和建构论/建构主义的对立。而我将主要在建构主义社群中研究这一对立，建构主义社群通常被归类于更大的对立中质性的那一方。那么，我们着手研究的是同一个整体中不同的部分。在某种程度上，让我们从"另一边"（from the other side）来看待这个整体。

同上一章一样，我有几个目的。我的经验目的是追溯社会学中的两种建构主义的历史转变。在概念上，我希望详细分析第一章中指出的分衍过程（fractionation process），同时通过深入的例子来充实前期介绍的概念，如代际范式和分形循环（事实证明，分衍过程使这里讨论的两种建构主义转变之间产生了历史性的联系，其中一种建构主义的产生成为另一种极端立场的对立面）。最后，我的实质性目的是要回答这个问题：尽管从 20 世纪 20 年代至今，建构主义以这样或那样的形式存在着，并

---

* 我想感谢豪伊·贝克尔（Howie Becker，［译注］即霍华德·S. 贝克尔）、罗布·桑普森（Rob Sampson）、吉姆·林奇（Jim Lynch）、皮耶特·斯卢姆（Pieter Slump）和特雷西·托马斯（Tracie Thomas）对这个项目的各个环节所提供的帮助。我把这一章献给罗格斯大学英语副教授卡洛琳·威廉姆斯。

一直是社会学中的主流理论流派，但发生了什么，使得我们的大量或大
部分的经验工作似乎完全忽略了它，而把社会现实当作完全给定的？

我定义了建构主义的主要立场，并勾勒出它们的思想世系。我还
考虑了建构主义和反建构主义论点之间的关系。在第二部分中，我对
建构主义立场的演变做了两个扩展的分析——首先是对偏异
(deviance)的研究，其次是关于科学社会学(sociology of science)的文
献。本章最后以理论上的讨论结束。

## 一、定义和历史渊源

如同压力一样，首先界定基本的术语很有帮助，在这里先让我定
义社会建构论者的论点。该论点的第一个要素是对唯心主义或心灵主
义(idealism or mentalism)的承诺。现实(特别是社会现实)并不是简单
地存在，起码在人们对它做出反应之前，就必须解释现实或认识现
实(大多数建构主义采取了更强的立场，即互动不是认识现实的问题，
而是在此中创造和重塑现实)。第二个要素是建构主义几乎都是历时性
的(diachronic)。建构是一种过程，是一种建立或拆毁的过程，是一种
塑造或改变的过程。第三个要素是这个过程在社会互动里发生。建构
发生在日常生活的实际努力中，主要是通过对意义——共同的或对立
的意义——进行协商或发展而产生。①

在历史上，社会学中的建构主义论点有两个一般的版本，还有第

---

① 我在这里使用"阐释"一词，并不意味着将实在论者/建构论者的区分与实证论
者/阐释论者的区分在逻辑上混为一谈，这个问题将在下文讨论。然而，在实践中，建
构主义立场几乎总是假定社会符号和实体的多元性。本章附录载有大约 1990 年之前的
"社会建构"一词的历史。

[译注]由于本章人名众多，他们的中译名方式不一，所以在正文内用括号标注了这
些作者的英文全名，为检索提供便利。

三个版本来自外部。这两个内部版本之间的分歧发生在另一组熟悉的区分上，即共识与冲突之间的区分。

建构主义的共识版本认为，微观社会现实是瞬息万变、不稳定的。因此，它对人们设法建构了一个具有实质共性的社会世界感到震惊。由于这个版本认为意义处于典型的不稳定状态，所以通常是建构主义中比较激进的形式。它的哲学根源在于存在主义、现象学和实用主义。基于这些根源，它通过契约主义而非霍布斯式或涂尔干式的社会支配理论来处理共识问题。我将在下文中把这种建构主义传统称为建构主义的"构成性"版本。

我们可以快速地概括现代社会学中构成性建构主义传统的历史。自 W. I. 托马斯和罗伯特·帕克（Robert Park）之后的芝加哥学派作者，部分是靠自己的力量，部分是在他们的实用主义同事乔治·赫伯特·米德（George Herbert Mead）和约翰·杜威（John Dewey）的激发下，对知识和身份的社会基础发表了主张。托马斯在《身处欧美的波兰农民》（*The Polish Peasant in Europe and America*）和其他著作中探讨的社会经验、个人态度和社区信仰的理论联系，在后来的芝加哥传统的大多数专著中都反复出现，如帕克、约翰逊（Charles S. Johnson）和弗雷泽（E. Franklin Frazier）关于种族的著作，伯吉斯（Ernest Burgess）和他的学生关于社区和家庭的工作，以及休斯（Everett Hughes）和他的学生随后关于职业的工作。同时，米德对心灵、自我和社会作为一个单一过程的各个方面的超群展示，为布鲁默（Herbert Blumer）的符号互动主义奠定了基础，这是第二次世界大战后主导微观社会学的构成性建构主义的简史。[1]

62

---

① Thomas and Znaniecki（1918-1920）。关于芝加哥学派更广泛的研究，参见拙作《学系与学科》（1999a［2023］）第一章中列出的资料来源。

［译注］托马斯与兹纳涅茨基的《身处欧美的波兰农民》中文版根据伊莱·扎雷茨基（Eli Zaretsky）选编的版本译出，非五卷全本。

欧洲对美国这一传统的影响虽然较晚，但很重要。一个世纪以来德国的唯心主义传统提出了"社会构成的现实"（socially constituted reality）问题。康德和黑格尔后来被称为社会建构主义的前辈。马克斯·舍勒（Max Scheler）在 20 世纪 20 年代重新梳理了其中的许多论点。但社会学方面的核心作者是阿尔弗雷德·舒茨（Alfred Schutz）。他在 20 世纪 30 年代试图将胡塞尔现象学和韦伯社会学融合在一起。当舒茨的书在 1967 年被翻译成英文的时候，他的学生伯格和卢克曼已经出版了他们自己的著作。舒茨的这本书将他与米德、马克思、曼海姆和弗洛伊德精彩地组合在一起，并将"社会建构"（social construction）这个词介绍给了美国读者。舒茨的其他学生将他的理论直接运用到研究实践中——特别是哈罗德·加芬克尔（Harold Garfinkel）用他的"常人方法学"（ethnomethodology）在微观上详细研究了行为者在人际互动中所构建的各种理解。最近，布迪厄的作品也经常遵循这一传统。

社会学中的第二种建构主义论点始于一个不同的前提。它植根于传统冲突理论的关注：不是人们如何对那些看起来如此不同的事情达成一致的问题，而是人们为何对那些看起来是共同现实的事情有如此多分歧的问题。该问题引发了对社会位置如何塑造个人对社会世界认知的调查。这第二种观点最终可以追溯到马克思主义的意识形态理论，这一传统包括了曼海姆（Karl Manheim）、戈德曼（Lucien Goldmann）和豪泽尔（Arnold Hauser）这样的作者。在后面的论述中，我将把这种观点称为意识形态建构主义。[1]

在欧洲社会思想的历史上，意识形态建构主义比构成性建构主义更加强大。事实上，它的第一个名称——"知识社会学"——正是来自

---

[1]　例如，参见马克思和恩格斯的《德意志意识形态》、曼海姆（［1936］2002）、Goldmann（1964）和豪泽尔（［1951］2015）。

欧洲。其核心文本是曼海姆的《意识形态与乌托邦》（[1936] 2002），来自对舍勒的构成性建构主义论述的回应。此外，还有更公开的马克思主义对知识的情境塑造形式的研究：对文学（格奥尔格·卢卡奇 [György Lukács]、吕西安·戈德曼）、艺术（阿诺尔德·豪泽尔）和科学（J. D. 伯纳尔）的研究。它们通常是马克思主义的，不过反过来说，马克思主义关于知识的研究不一定是建构主义的。①

　　尽管有这种马克思主义的传统——在当前的社会学中，这将导致我们期待对民粹主义、反精英的强调——但知识社会学作为一个精英、深奥的领域来到了美国。当布鲁默创立了他的构成性建构主义版本，并从 20 世纪 30 年代中期开始广泛传播它时，他的同事路易斯·沃思（Louis Wirth）和爱德华·希尔斯（Edward Shils）正在翻译曼海姆。但沃思随后回到了他的都市研究中，而希尔斯则回到了他对知识分子的深奥研究中。罗伯特·默顿（Robert Merton）、伯卡特·霍尔茨纳（Burkart Holzner）和沃纳·斯塔克（Werner Stark）也在这一领域写出了在理论上很有深度的著作。经验性的工作——大量或大部分是马克思主义的经验性工作——大多从 20 世纪 50 年代开始（马克思主义在 20 世纪 60 年代被大量翻译成英文），其影响直到 20 世纪 70 年代社会

---

　　① 因此，尽管法兰克福学派的出色研究将文化和身份认同植根于社会生活中，但法兰克福学派的作者们却很少讨论互动本身。例如，阿多诺在《权力主义人格》中认为，在某种家庭结构中，在某种社会变迁的存在下，会产生一种接受法西斯主义蛊惑的倾向。知识不是在互动中形成的，而只是被明确的弗洛伊德式的人物所吸收。只有在最抽象的层面上，这些思想才被看作相互作用的（即在某种理论空间中与其他阶级的意识形态，而不是在实际的社会互动中与其他人互动）。类似的论点也是葛兰西和其他新马克思主义者的特点，他们的作品在 20 世纪 70 年代就开始出现在人们的视野中（尽管在许多情况下，其写作时间要早得多）。在这一传统的写作中，只有哈贝马斯明确地走向了知识的互动概念，而他主要是受美国思想的影响。

学界勉强接受马克思主义时才开始扩大。①

正如我将在下面详细讨论的那样，这第二种建构主义的本土化版本通过符号互动主义传统的激进政治而产生。像贝克尔（Howard Becker）这样的芝加哥学生与西克雷尔（Aaron Cicourel）这样的大陆传统的学生结合在一起，将偏异解释为在很大程度上是由观察者的眼睛来决定的，是一个标签问题。他们隐含的激进政治支持了从属者、偏异者和被鄙视者，由此这些研究将布鲁默式的构成性建构主义推向了更多意识形态上的建构主义立场。然而他们秉持了微观的特征，使这些作者不具备与社会层面的马克思主义传统相遇的条件。而且正如我们稍后会看到的那样，马克思主义作者对他们进行了全方位的斥责。

美国社会学中建构主义的两面，在彼得·伯格和托马斯·卢克曼的《现实的社会建构》（*The Social Construction of Reality*）一书中结为一体，该书于1966年首次出版。但这段结合是无爱的。该书的第一部分（"日常知识的根基"）提出了现象学版的构成性建构主义。冗长的第二章（"作为客观现实的社会"）提出了一个复杂的意识形态建构主义版本。这两部分的内容相互之间没有什么联系，尽管各自都很出色。该书的两位作者也把第一章看成哲学上的论述，而不是本质上的社会学论证。②

---

① 值得注意的是，当库克利克（Henrika Kuklick）在1983年回顾知识社会学的时候，实际上已经没有什么东西可以回顾了。她不得不写一些自认为属于艺术、科学或文化社会学家的作者，才能找到适合知识社会学标准的作品。这方面"高等"传统（"high" tradition）的主要作品有曼海姆（［1936］2002）、默顿（［1973］2003）、Holzner（1968）和Stark（1958）。实证工作包括 Goldmann（1964）、豪泽尔（［1951］2015）、Bernal（1953）和Lukács（1969）等。有意思的是，阿尔比昂·斯莫尔是马克思的早期美国崇拜者之一，尽管他的崇拜也掺杂了其他成分。然而，他确实曾说过，将来马克思会被认为是社会科学的伽利略（Small 1911）。总的来说，关于早期美国社会学中的马克思主义问题，参见Calhoun（1950）。社会学对马克思的认识远比"冷战"时期该学科所愿意承认的要广泛得多。

② 伯格和卢克曼（［1967］2019：2）。

在社会学之外，出现了第三种一般的建构主义方法。这种"结构主义"取径提供了早期社会学中的建构主义化身和当前流行的后结构主义之间的直接联系。索绪尔（Ferdinand de Saussure）曾认为，只有在言说，进而在互动中，语言才会发展。但是，他对语言变化的历时性研究由一种共时性的（synchronic）概念补充，即语言是一个通过符号之间的关系建立意义的集合体。索绪尔结构主义的后继者们非常强调他的共时性，通常忽略了历时和社会互动的一面。皮亚杰（Jean Piaget）认为，"儿童的现实建构"源于历时性的互动，但这是与实物而非社会对象的互动。在列维-斯特劳斯（Claude Lévi-Strauss）那里，结构主义转向了纯粹的共时性文化分析，而巴特（Roland Barthes）和其他文学结构主义者则利用结构主义从共时性符号之间的相互关系中获得意义，完全忽略了人的相互作用。作为回应，后结构主义试图在时间和社会空间中重新确立意义。它因此重新发现了索绪尔的另一面，随之而来的是发现其他建构主义传统中普遍存在的一些基本见解。①

考虑到建构主义的作者们经常把建构主义与其他各种论点混同（conflate），或用它来反对那些论点，澄清这些关系很有帮助（用前面几章的术语来说，在这里我希望揭开实在论和建构论之间的某些分形区分）。如果我们把建构主义看成那种唯心、历时的和互动的社会理论，那么，任何共享这些特征中一个或两个的立场都有可能被与其混为一谈。同样地，任何与其中的一个或两个特征相反的立场似乎都可能是其对立面。

①　参见列维-斯特劳斯（［1963a］2006）、索绪尔（［1966］2009）和巴特（［1967］2016）。皮亚杰（Piaget 1963）用了芝加哥互动主义者罗伯特·帕克和欧内斯特·伯吉斯在社会互动中使用的与物理对象互动的词汇（"同化 assimilation"和"容纳 accommodation"）。结构主义者转向共时性是他们更广泛计划的一部分。这种转向可能源于涂尔干的《宗教生活的基本形式》，即寻找康德的纯粹理性范畴的经验根源。

第一种混同来自方法论。美国建构主义的大量研究都是微观和观察性工作，以至于建构主义常常被假定为与微观观察方法有逻辑上的联系。现象学家和常人方法学者们把这种立场变成了教条。然而，正如关于社会建构范畴的历史工作所表明的那样，直接观察并非必要。然而在建构主义的工作中，似乎确实有一种近乎普遍的依赖，即依赖于阐释的方法，而不是实证主义的方法。这种方法论上的依赖在原则上也不是必要的。社会符号是建构的这一点，并不必然意味着它们不能被建构为单一、可测量的意义；比如说，在极端形式的建构主义下，它们会包含这样的意义。然而在实践中，除了少数特例，建构主义者都假定了社会符号和实体的多义性。

方法论上的混同直接导致理论上的混同。建构主义常常被简单地等同于阐释性分析。例如，诠释学的传统（hermeneutic tradition）使揭示多层意义成为中心。诠释学往往在文本、作者和接受者之间"互动地"工作。[①] 但建构主义在接受阐释重要性的同时，也使阐释变得从根本上取决于社会性的（而不是阐释性的）互动。对历时性的坚持——通过一种互动的社会过程来展开意义——赋予了建构主义一种对叙事的强调，一种过程感，这在纯粹的诠释学中并不总是存在。

我们不太可能将建构主义与历时性但又非唯心的互动分析混为一谈——例如，经典的小团体决策理论。在建构主义传统中，没有人会错过制造意义（而不是发现）的重要性。

为建构主义找到适当的对立面同样是一个困难的问题。根据我在这里运用的限定定义，狭义的实证主义是指对现实的评价可测量且单义。我已经论证过，实证主义与建构主义的对立是一种逻辑上的混同，

---

① 考虑到目前我们的各种分形区分之间的附属关系，这确实有些讽刺，因为诠释学最初是在像利奥波德·冯·兰克（Leopold von Ranke）这样的历史学家手中，以一种实证主义技术的形式诞生的。

由经验上的意外而产生。广义上的实证主义——我在这里所说的量化方法论流形——本质上并不是唯物论、共时的且非互动的。也就是说，它并不从本质上颠覆建构主义的所有三个定义性假设，尽管最常见的社会学实证主义的形式实际上这样做了，但例外总是存在。例如，历时性实证主义以时间序列分析（time series analysis）、事件史分析（event history analysis）和其他形式化的时间性方法为名目，变得越来越普遍。

建构主义的另一种对立面很可能是唯物论（materialism），但它也很可能是互动主义（网络分析建立在物质互动的思想基础上），或者是历时的（如大部分的结构马克思主义）。因此，既然实证主义和唯物论作为建构主义的对立面都有深刻的缺陷，我就用实在论作为建构主义的一个对立面。实在论不一定是共时和非互动的，但与其他两个词相比问题更少。[①]

因此，建构主义是一种唯心、历时性、互动性的社会理论。它一般都与阐释的方法联系在一起，但与阐释没有逻辑上的必然关系。它的对立面我称为实在论，这里指的是一种社会理论，它不仅在本体论上是实在的，而且也是倾向于共时性和非互动的社会理论（涂尔干的《自杀论》也许就是一个很好的例子）。正如我所指出的，社会学中的建构主义有两个主要的分支，一支强调知识由情境来决定（situational determination），另一支强调共同意义的不稳定性。

67

在分形系统中，我们期待着建构主义与实在论的二分法在其内部得到复制。在第一章中，我论证了这个过程会随着时间的推移导致分形循环。但我认为，有时分形循环会因为二分法中一极内部的分化迅速扩散而被延长，这个过程被称为分衍，它可以使一个主要的极点对

---

① 在此，我忽略了与罗伊·巴斯卡尔（Roy Bhaskar）联系最为密切的"实在论"社会理论（参见 Bhaskar［1986］）。巴斯卡尔的主要对话者和主要受众是哲学家，而不是试图解释实际社会事件的社会分析家。

另一个主要的极点的反应停滞。我想用建构主义的历史来考察和说明的正是这种分衍过程。20 世纪以来，建构主义论点在社会学和社会科学中爆发过几次。但它们并没有产生持久的影响。我在这里的目的是要弄清楚为什么会出现这种情况，以及其在多大程度上要归因于分衍。

## 二、标签理论的兴衰

在过去的四十年里，建构主义占据了社会学中两大领域的主导地位：一是对偏异和社会问题的研究，二是对科学的研究。事实证明，这两个领域之间存在着一个松散的链条。

### (一)标签理论的发展

20 世纪 60 年代初，一群年轻的社会学家将建构主义的许多元素融合到一种统一的观点中，称其为标签理论(labeling theory)。对他们来说，偏异始于某些行动，然后通过对这些行动的交互式定义，最终给个人贴上被社会污名化的标签，表示"偏异"的人。因此，标签理论完完全全是建构主义的：对定义的坚持是唯心的，对过程的坚持是历时性的，以及对行动者和定义者的关注是互动的。

作为 1961—1965 年《社会问题》(Social Problems)杂志的编辑，霍华德·贝克尔征集了许多这方面的作品。约翰·喜津濑和亚伦·西克雷尔(John Kitsuse and Aaron Cicourel 1963)与凯·埃里克森(Kai Erikson 1962)撰写了核心立场论文，而该刊的相关专刊《另一边》(The Other Side 1964)则成为有影响力的读物。与此同时，贝克尔在芝加哥的同学欧文·戈夫曼(Erving Goffman)在 1961 年出版了《精神病院》(Asylums)，而贝克尔本人则在 1963 年出版了《局外人》(Outsiders，在其中他创造了"道德提倡者"这个词)。1966 年，埃里克森写出了《不易管教的清教徒》(*Wayward Puritans*，关于巫术)，托马斯·舍夫(Thomas Scheff)出版了《成为精神病》(*Being Mentally*)，西库雷尔的《少年司法的社会组织》(*Social Organization of Juvenile Justice*)出版于 1968 年。

　　毋庸置疑，到 1970 年时，标签理论已成为关于偏异的主流观点。68事实上，通过将身体障碍、精神问题、疾病、短暂的同性恋、使用大麻和白领犯罪等不同的现象归纳在同一个概念体系下，标签理论可以自称发明了偏异的概念。它还确立了观察作为研究偏误的首选方法，这种偏好源于标签理论在芝加哥大学、加州大学伯克利分校和洛杉矶分校等具有浓厚的民族志传统的院系中的发展。[①]

　　标签理论有一些直接的思想根源。弗兰克·坦南鲍尔(Frank Tannenbaum)的《犯罪及其共同体》(*Crime and Its Community* 1938)和埃德温·莱默特(Edwin Lemert)的《社会病理学》(*Social Pathology* 1951)都提出了这样的论点：偏异通过被观察者的行为来定义，也同样由观察者的眼睛来决定。而该理论的许多重点——尤其是作为主地位(master status)的偏异和偏异性职业的概念——直接来自埃弗里特·休斯(Everett Hughes)，他曾是贝克尔、戈夫曼和该传统内许多其他人的老师。

　　在政治上，坦白说标签理论是民粹的。它与《社会问题》杂志密切相关，该杂志本身由社会问题研究学会(Society for the Study of Social Problems，SSSP)发行，这是一个中西部协会，成立的初衷是激怒和羞辱精英主义的、"科学的"、非常东岸的美国社会学学会（ASA）。[②] SSSP 和 ASA 之间的斗争在许多方面展开。它是芝加哥大学与哈佛大学和哥伦比亚大学之间的对决。它是民族志与量化研究的对决。它是

---

　　① 关于标签理论视角的普遍主导地位，参见 Cole(1975)。
　　② 具有讽刺意味的是，《美国社会学评论》(*American Sociological Review*)作为 ASA 的主要期刊成立于 1936 年，旨在摆脱当时所谓精英主义者、"科学派"和芝加哥大学主导的 AJS。参见《学系与学科》([1999a] 2023：116-118)。

公开的政治争论对抗奥林匹斯式的超然。它是非形式化对抗形式化。在一种非常真实的意义上，它是贫穷与财富的较量，因为帕森斯和其他东岸建制派控制了基金会的钱袋，并通过它们主导了许多社会学研究（然而，贝克尔等人通过将期刊作为书籍出版，设法让标签理论支付了 SSSP 的租金）。[①]

虽然乍一看，这种政治联系似乎并非计划中的产物，但它表明了一项核心事实。建构主义的论点常常被那些缺乏某种知识资源的人所采用：没有资深职位的年轻人，缺钱来从事昂贵工作的研究人员，攻击社会现象的文化权威定义的局外人，缺乏某种技术技能的业余爱好者。建构主义使这些人可以简单地忽视他们缺乏的技能、金钱、合法性或地位，而得以展开进攻。首先，建构主义的论点不仅适用于研究对象，如偏异者，而且适用于反对者的论点（因此，它使原本会被认为是[*ad hominem*]诉诸人身的论点合法化了）。其次，正如我们将看到的，建构主义论证允许使用者把对手工作的语义（*semantics*）——术语和概念、对日常事件的阐释、统计学方法——放在一边，理由是这些工作不加批判地接管了被研究者的语言（请注意，以第一章的术语而言，这是为了避免在摄取外来物质方面产生困难而采取的一种方式）。

标签理论呈现出我在第一章中所说的代际范式的许多特征。它始于对偏异现象的主流阐释的一次反叛。它的到来伴随着大量新的理论工作和令人兴奋的经验研究。它至少部分源于将旧的概念重新映射到新的领域——例如，将休斯式对工作的分析转化为对偏异的分析。这种映射使我们长期以来熟悉的概念（这些概念在芝加哥传统里由来已久）重新焕发了活力，但又赋予了它们新的形态和阐释。标签理论显然

---

① 关于 SSSP 的历史，参见当年 SSSP 周年纪念卷中 Skura（1976）和 Lee and Lee（1976）及其他文章。

是当时接近中年的一代人的工作，得到了莱默特等少数资深学者的帮助。它也伴随着对该学科中占统治地位的权威的相当明确的攻势。

(二)关于官方统计数据的争论和向受害调查的转变

对标签理论家来说，智识上一个直接的实质性攻击目标是犯罪学中的标准研究传统(由于"偏异"的概念本身就由标签理论家固化下来，所以之前并没有"偏异"的传统)。犯罪学建制通过政府和私人的资助而富裕起来。他们使用统计数字而变得具有技术性。他们通过在有实力的部门任职和教授席位而获得了权力。他们研究青少年被捕的社会关联性等现象，并将其视为理所当然。因此，在标签理论家们对建制的众多攻击中，难免会有一种对官方犯罪统计数据的贬低。标签理论家们认为，由于这些统计数字只捕捉到了完全被标签化的犯罪偏异，因此阶级与犯罪活动之间的相关性——这也是文献的基本结论之一——是无稽之谈。文献的意思其实是说，底层的人更容易被贴上偏异的标签。

然而，当时正统的犯罪学传统已经在官方统计上陷入了危机。但与其说是因为这种阶级偏见，不如说是因为在正统派看来，统计数字明显不可靠。1962 年，当芝加哥的新任警察局长将警察职业化时，该市的犯罪率在一年内上升了 83%。即使是最强硬的实在论者也知道其原因是报告标准的变化。1960 年时，塞林和沃尔夫冈(Thorsten Sellin and Marvin Wolfgang)已经获得了一个对"测量违法行为"的大规模实证主义项目的资助，这个项目对犯罪的传统定义进行了非常仔细的重新组合，尽管没有采取标签理论的方法。在他们发表的报告中，塞林和沃尔夫冈确实引用了标签理论的经典著作(当时刚刚出现)，但他们认为这些著作提出的只是测量问题，而不是理论问题。[①]

①　参见 Sellin and Wolfgang(1964)，特别是关于喜津濑和西克雷尔的讨论。

因此，正如典型的分形模式中那样，不仅正统派和标签派之间存在着实在论者/建构论者的争论，而且在正统派传统内部也存在这种争论。但是，标签派以建构主义的理由攻击正统派的犯罪统计仅仅是更大的批判的一部分，而正统派内部的攻击则使用建构主义的论据，将旧的"真实"数字放在一边，以支持新的数字。逮捕的统计资料只是社会产物；它们与"真的玩意"不够接近，因此包含了错误。

这种对官方的统计数字的双重批判导致了对受害情况进行调查(victimization surveys)的想法。对于正统派的批评者来说，这类调查试图回溯犯罪过程的源头，重新聚焦于"真实活动"，以避开因不同的警察执法方式所引发的筛选效应。关于犯罪行为的自我报告调查同时出现，也是出于同样的目的。然而，受害情况调查确实暗含标签理论提供的更广泛的建构主义视角。因为他们希望完全避免引用标签(由警方提供)，因此受害就成为一项指代性概念，对一个学派来说是一回事，对另一个学派来说是另一回事。[1]

---

[1]　几乎没有直接证据表明，对标签的关注推动了受害情况调查。在前三次受害情况调查(作为 1967 年犯罪委员会报告的背景研究出现)中，NORC 对全国范围内受害情况的一般调查由一位农业经济学家 D. 盖尔·约翰逊(D. Gale Johnson)所提议。他当时担任芝加哥大学社会科学学部长。在听到芝加哥著名的 83％的犯罪率增长后，约翰逊问 NORC 主任彼得·罗西(Peter Rossi)，难道没有办法通过直接调查的方式做得更好？(Ennis 1967：2)另一组调查由艾伯特·比德曼(Albert Biderman et al. 1967)进行，他是一位私营部门的调查研究者，出于对更好的社会指标感兴趣而亲自提出(Biderman 1966)。第三组调查来自艾伯特·赖斯(Albert Reiss)，他是一位传统的犯罪学家，他对官方统计的不信任得到了塞林和沃尔夫冈刚刚出版的研究的证实。和芝加哥的比德曼博士一样，赖斯(Reiss 1967)遵循了一种松散的意识形态建构主义，强调制度结构(在这里是指警察部门)在生产知识方面的重要性(大家都很清楚，犯罪率的上升对警察部门的预算非常有帮助)。赖斯和比德曼都知道喜津濑和西克雷尔的工作(Biderman and Reiss 1967)，但他们认为这只是在重复标准的抱怨，而不是要求对偏异进行激进的再理论化。(转下页注)

实在论的观点显然取得了胜利。在后来的受害情况文献中（例如，McDonald 1976），受害情况已成为一种坚实、未被构建的"事实"，就 71 像（在逮捕中显示的）犯罪活动在早期的犯罪统计中是一个"事实"一样。这种情况首先发生在 20 世纪 60 年代进行的大规模（且持续不断的）受害情况调查中——全国犯罪调查（National Crime Survey，NCS）。在 1976 年进行第一次重大评估时，NCS 在概念上已经与其设计初衷要取代的统一犯罪报告（Uniform Crime Reporting，UCR）无异了。1976 年美国国家科学院（NAS）组织的小组评审并没有就犯罪标签的模糊过程进行任何理论讨论。[1]

因此，虽然最初 NCS 和 UCR 的区别可以理解为将逮捕统计视为社会建构的统计数字和将其视为透明的社会事实之间的差异，但到了 1976 年，在实在论研究框架内接受的建构主义，最终产生的只是另一种实在论分析，这已变得很明显。这种向实在论的倒退反映了对"一个数字"的需要，即对"真实的犯罪率"的需要，而社会政策及其姿态可以以此为基础。在某种程度上，它反映了定量研究中常规做法的巨大影响。一项每月访问六万人的调查，旨在寻找相对罕见的受害事件，确实需要明确控制流程，同时潜在的混淆需要明确的编码和决策标准。从这个意义上说，建构主义的教训在于其消极性。用实在论的方式提出一道建构论的问题，你会得到一份实在论答案。

然而，在 1976 年 NAS 对 NCS 的评估中，我们发现了一串讨论，

---

　　[译注]NORC 全称是 National Opinion Research Center，是位于芝加哥大学但独立的社会调查机构/公司。始建于 1941 年，与芝大的各学术部门联系密切。除了上文提到的受害情况调查，NORC 最为社会学者了解的可能是 GSS（综合社会调查）和 NLSY（美国青年纵贯调查）。

　　[1]　NAS 小组评审见 Penick and Owens（1976）。

讨论的是一系列骚扰行为是构成单一事件(在总数中算作一件)还是一组不连续的事件(算作一件以上)。我们找到了对暗示性问题所带来的危险的讨论。我们发现对问题进行封闭式筛选(closed-form screening)往往会使 NCS 数据看起来像 UCR 数据一样,这引发了担忧。这些问题本质上都是社会建构的问题——受访者和访问人对现实的建构。而这些问题会产生令人兴奋、详细、深刻的反思性讨论,探讨如何建构社会。在纯粹实在论的巨腹中存在着丰富的建构主义分析。[①]

这再次表明了建构主义与其许多反对者之间的对立分形特性。在最一般的层面上,到了 1976 年,NCS 已经简单地变成了实在论项目,尽管它在这一普遍的实在论方法中提出了一个建构主义的问题。然而,即使在它的实在论框架中,我们发现分析人员也再次分裂成了那些敦促用宽松的形式来提问的人(这种形式可以避免对答案进行过度的预设),以及那些敦促用严格的形式来实现"可比性"的人,和那些把事实仅仅看作等在那里待发现的人。在建构论/实在论二分法的每一极中,都会有对立双方重新出现。

(三)标签理论的消亡

20 世纪 70 年代末,标签理论受到了三次打击,第一次来自定量实在论者,第二次来自建构主义者,第三次来自左派。

量化实在论者对标签理论进行了无休止的经验性嘲讽。一批犯罪学家将 UCR 和 NCS 统计数字的日益趋同解释为对标签化过程的否定。标签论者的回答是,反对者们对理论的解释过于严格,他们提出的是可以直接检验的简单化经验预测。每当一个标签假说被检验并遭拒绝

---

① 这些讨论出现在 Penick and Owens(1976)。

时，标签论者都会提供另一种可能的标签化叙事，暗示相反的假说。有时，标签论者会在他们的实在论对手的地盘上提出一些公然藐视的观点（例如，舍夫讨论了戈夫对自己和他人数据的误读）。但总的来说，实在论似乎取得了胜利。到了1982年，当哈里斯和希尔对这一领域进行回顾的时候，他们可以得出这样的结论：从经验上说（也就是说，在实在论对标签化的"测试"范围内），标签理论已经死了。[①]

这种胜利在犯罪学中表现得最为明显。传统的犯罪学家们在回应标签理论和反对那些主张以自我报告作为犯罪测量标准的人时，都强调了他们对严重犯罪的一致判断。他们认为，世界各地的研究都复制了塞林-沃尔夫冈的"严重性"量表，在受害者和逮捕数据中，当考虑这种"严重"犯罪而不是构成大多数自我报告的琐碎犯罪时，犯罪与阶级相关性都成立。对这些说法的唯一有效的回应是驳斥统计技术本身，就像考克森（Anthony Coxon）、伯雷奇（Michael Burrage）和其他人对唐启明（Donald Treiman）的职业声望"普遍"量表所做的那样。但是，这种辩护需要技巧，而标签论者缺乏类似的技巧，所以辩护从未被他们提出来。[②]

当受到实在论威胁时，通过一项似乎具有建构主义特征的举动，贝克尔为标签理论进行了广泛的辩护。他称标签理论不是一种理论，而是一种观点，强调其对行动和定义的简单分离，强调其对统计学的去神秘化作用，强调其暗示道德性立场的意愿。但是，虽然该论点相当不错地回应了实在论者的质疑，但对来自非实在论的攻击没有什么帮助。首先是来自左派（或者，正如贝克尔所说，"来自左外野"）的攻

73

---

[①]　例如，参见 Scheff(1974) 写的 Gove(1970) 对自己和他人数据的阐释。另参见 Harris and Hill(1982)。

[②]　关于职业声望的论证，参见考克森和琼斯的著作（如 1978、1979）以及伯雷奇和科里的优雅论文(1981)。关于后世对标签的技术性辩护，参见 Hagan and Palloni(1990)。

击。在阿尔文·古德纳看来，标签论者像动物园管理员一样研究落魄者，为的是后者的娱乐价值，把他们留在"印第安人保留地"，以示怪异。这削弱了被剥夺者可能构成的激进威胁，从而维持了现状。①

虽然古德纳的说法很极端，但有一定的依据，因为标签理论文献强调的社会问题范围十分狭窄。产生标签理论的社会问题文献在其历史上一直集中在有限的范围内，最主要的是种族和族裔关系、严重和轻微的犯罪、身体和精神疾病、家庭和性别、职业和工作、教育和法律问题。在这份列表中，公众印象中最主要的社会问题显然没有出现：首先是战争问题，其次是劳工和经济问题，如生活成本、失业和税收等。只有在种族和族裔问题上，两份列表的意见一致。②

但古德纳并不太关心社会问题文献与公众之间是否契合，毕竟公众态度远远偏向于该文献的右翼，而他更关心的是社会问题文献与他自己理解的左派之间的不契合。事实上，到了 20 世纪 70 年代中期，一种"批判犯罪学"已经成长起来，它打着新一代的旗帜进入了偏异领域，现在贝克尔等人已经成为建制。那面旗帜当然是马克思主义。标签论者的建构主义在批判犯罪学派（以及其他对偏异感兴趣的马克思主义者，如斯卡尔［Andrew Scull］）的眼里是失败的，因为它虽然左倾，但远远不够（我们将看到在对建构主义的信仰程度方面也有类似的分衍）。但是，尽管批判犯罪学的原始理论陈述具有相当大的智识力量，但在经验层面上，批判犯罪学运动却以粗暴的方式研究犯罪，只接受犯罪统计数字的表面（实在论的）价值，然后简单地将其解释为压迫的

74

---

① 贝克尔对标签理论的辩护是 Becker(1974)，其中包括典型的精彩引述，将古德纳的批评形容为"来自左外野"。古德纳的攻击见 Gouldner(1968)。

［译注］"左外野"意指让人摸不着头脑、古怪、不合情理。

② 我自己已经做了针对该领域的统计。另见 Henslin and Roesti（1976）和 Lauer(1976)。

标志。这种"左"与建构主义的脱离，使批判犯罪学失去了盟友（尤其是女性主义盟友），并导致了其早早消亡。①

就我的目的而言，更有意思的是到了1978年，标签论者因其持实在论立场而受到了攻击。贝克尔认为，贴标签做法的整个意义只是为了跨越两种二分法：（a）某种行动实施与否，（b）是否将该行动贴上偏异的标签。对一些人（如波尔纳［Melvin Pollner 1978]）来说，考虑第一种二分法——任何把行动当作"真的存在"的行为，超越了行动的简单建构——根本就是一种错误。在反对实在论者，并为自己做辩护的时候，贝克尔以一种相当常识性的方式接受了现实（"仅仅因为有人被贴上了'举手人'的标签，而认为他们只是让人把手举起来是愚蠢的"）。② 对波尔纳来说，这样的话是实在论的铁证。

20世纪70年代末的这种新建构主义有两个来源。来源之一是常人方法学，一支社会学家的小宗派，他们追随哈罗德·加芬克尔对舒茨的改编。这个派别规模小、强度大，而且脾气暴躁。令人震惊的是，亚伦·西克雷尔长期以来被许多外人认为是常人方法学的创始人之一，

① 关于批判犯罪学，见 Taylor，Walton and Young(1973)和 Quinney(1977)。关于女性主义和犯罪学，见 Melossi(1985)和 Rafter(1990)。请注意，成为一名建构论者但又不"左"是可能的（迈克尔·波兰尼（[1958] 2000)就是一个例子），但左派很难不成为建构主义者。建构主义作为一种弱者的武器是如此诱人，以至于左派中的相当一部分人总是会持有建构主义观点。但这种规律性必须依赖历史条件，因为马克思主义本身就具有深刻的实在论色彩。在如何认真对待非经济的物质事实，或更极端一点，对待意识形态等非物质事实的问题上，马克思主义本身就已经分裂成了不同的派别。在19世纪，"左"的意思是指现在所说的实在论的某种形式。

② Becker(1974：42)。

［译注］原文是 It would be foolish to suppose that stick-up men stick people up simply because someone has labeled them as stick-up men. Stickup men 在当代英语里是强盗劫匪的意思，而 stick up 拆开也可以理解为"把手（杖）举起来"。

却被该方法的内部团体"认为不符合常人方法学的主流"①。

常人方法学更多地借鉴了大陆哲学的建构主义，而不是标签理论背后的实用主义传统；舒茨的根源在于胡塞尔和其他现象学家。但是，建构主义对标签理论的另一重主要攻击来自美国本土，一个非常接近于标签理论本身的来源。它正是"社会问题"文献。标签理论建立在社会问题的语境中：由《社会问题》期刊的一名编辑支持，主要由 SSSP 的成员进行研究，关注文献中的经典问题。但是，在 1970 年左右标签理论达到顶峰的时候，社会问题领域也出现了危机。

这场危机的第一个方面来自政治。曾经风靡一时的 SSSP 当时已经安定于专业主义的苦差事，而这正是该组织成立时想要避免的。在社会学的鼎盛时期，该组织曾因标签理论的成功吸引到了学生，甚至获得了资金。到了 1970 年，SSSP 最初的领导层认为该组织变成了另一个 ASA，没有政策研究的重点，没有政策立场，没有跨学科的特色。一系列尖锐的批评抨击其刊物《社会问题》——在这里，像贝克尔和戴维·戈尔德（David Gold）这样的编辑们创造了标签理论——认为它只是另一份标准化的同行评议期刊。这种攻击方式超出了古德纳的论点；社会问题工作不仅缺乏实质上的激进，甚至在学科上也不再是激进的了。②

第二个毫无疑问也相关的危机来自智识方面。SSSP 内外的许多人终于注意到，该组织（及其成员）所定义的社会问题与公众所定义的社

① Atkinson（1988：443）。同样具有讽刺意味的是，正是大号行为主义者唐纳德·布莱克（Donald Black 1984：14）认识到了从标签行为到他所称的社会控制的纯粹实在论理论，或常人方法论者所认为的纯粹标签行为的直接连接。人们可以基于建构主义或行为主义的理由而忽略起源行为。关于常人方法学的早期结构，参见 Mullins（1973），第八章。

② 关于 SSSP 的大辩论出现在其二十五周年纪念之际；参见《社会问题》第 24 卷第 1 期的论文。

会问题之间产生了脱节，而公众对社会问题的印象在 20 世纪 60 年代末就已经被重造了。20 世纪 70 年代初，探讨社会问题的定义和社会问题文献真正范围的文章层出不穷。在这批文献中，出现了一个新的焦点。

这一新焦点的设计者是约翰·喜津濑(一位皈依了的标签论者)和马尔科姆·斯佩克特(Malcolm Spector)。在 1973 年的一篇精辟的文章中(后来被扩展成一本书)，两人拓展了赫伯特·布鲁默早期关于社会问题是集体运动的推测。民权运动和反战运动都使人清楚地意识到社会问题显然可以通过活动来"制造"。布鲁默将这种活动当作一种"自然历史"，采用了自罗伯特·帕克以来芝加哥社会学中的传统框架。[1] 喜津濑和斯佩克特只是扩大了这一框架。他们将自己与标签论者割裂开来，将社会问题是否"真的存在"搁置；就像波尔纳一样，他们只看建构本身，不看原始的"真实"行动或事实。因此，新的"建构中的-社会-问题"("constructing-social-problems")文献将标签理论的一代人定义为实在论者。具有讽刺意味的是，他们如此热烈追随的自然历史术语，与贝克尔对偏异的职业分析一样，都来自同一个源头。此外，斯佩克特和喜津濑声称在他们版本的建构主义里，贝克尔的芝加哥同学约瑟夫·古斯菲尔德(Joseph Gusfield)是虽稍被误解但重要的先驱，而贝克尔却毫不意外地将他视为标签主义伞下的互动主义者。[2]

整场事件有时似乎是关于预设和标签的斗争，对研究的影响不大。主要的研究转变来自方法论：从微观、观察性的研究转向相对历史性的、往往是激进的研究(当然，这种转变在当时社会学的其他领域也普遍存在)。主要的问题在于新的历史研究到底是用贝克尔([1963]

76

---

① Blumer(1971)。

② Kitsuse and Spector(1973)。关于古斯菲尔德的论点在 Spector and Kitsuse (1987：89ff)和 Becker(1974：47)中细化了。

2011)的"道德提倡者"概念进行理论化，还是用更一般的自然史概念(贝克尔的概念本身就来自于此)。事实上，喜津濑和斯佩克特也可以像布鲁默一样轻易地引用贝克尔本人。

到了 1985 年，新建构主义的社会问题研究方法已经成为该领域的标准。但是，尽管新建构主义观点对标签理论"狭隘的实质关注点"进行了攻击，但在 1975—1985 年，建构主义关于社会问题论述的巨大扩张实际上主要来自相当传统的实质性领域。虽然新的建构主义者的论述范围比标签论者要宽泛一些，但他们仍然没有进入战争和失业等问题。文献继续研究被压迫者，但又以新的、更积极的激进主义为题材，强调了被压迫者的赋权性质。①

因此，标签理论的历史很好地说明了影响代际范式的诸过程。在开始时，标签理论将互动建构主义那旧有的、熟悉的观念重新映射到了新的偏异领域。它以理论和经验工作轰轰烈烈地开场，激发了社会学家们长达二十年的兴趣。虽然它并没有打败自己的实在论反对者，但它在实在论内部类似的分形分裂中促成了受害调查的产生，然而该调查最终也屈从于实在论。(尽管如此，即使是调查分析的细节也显示出对建构主义问题的关注)。最后，标签理论的陷落是一则典型案例。第一，标签论者缺乏在自己标准方法论的领地上攻击实在论者的量化技巧。第二，分衍过程将标签论者重新定义为激进主义的保守保本，既受到新的激进派威胁，也受到主流的保守派威胁。第三，分衍的另一个层面将标签理论重新定义为建构主义中的实在论版本，而新生代则采取了更为坚决的建构主义路线。标签理论被推向了中心，但仍然与主流对立，因而失去了定义和辩护性。

---

① 关于这一文献的回顾，参见 Schneider(1985)。还有其他的社会问题的处理方法，主要是马克思主义的方法，如 Scull(1988)的著作。

然而，到了 1985 年，标签理论在建构主义中的主要对手——社会问题文献——因其实在论而自己遭受了攻击。这种攻击来自科学社会学中的常人方法论者。

## 三、建构主义的科学社会学

### (一)新的科学社会学

20 世纪 70 年代，科学社会学成为意识形态建构主义在社会学内的主要发源地。在这之前，科学社会学(当时在默顿的领导下)认为科学知识与社会知识有本质的区别，因此不受意识形态分析的制约(关于默顿的立场有一些不同见解，参见吉伦[Gieryn 1982]及相关评论)。但在 20 世纪 70 年代中期，在英国出现了一批年轻的社会学家，他们致力于将科学知识当作由情境决定的知识并直接对其进行分析。1975 年在约克的一次会议聚集了许多核心人物：奈杰尔·吉尔伯特(Nigel Gilbert)、斯蒂芬·沃格(Stephen Woolgar)、哈里·科林斯(Harry Collins)、迈克尔·马尔凯(Michael Mulkay)、理查德·惠特利(Richard Whitley)和唐纳德·麦肯齐(Donald McKenzie)。这场运动在德国引起的反响是一个受哈贝马斯启发的团体(由沃尔夫·舍费尔、格尔诺特·伯梅、沃尔夫冈·范·登·代尔、雷纳·霍尔菲尔德和沃尔夫冈·克伦组成的施塔恩贝格团体)，他们追求类似的智识目标。[①]

巴里·巴恩斯(Barry Barnes)和大卫·布鲁尔(David Bloor)发表了

---

① 约克会议在《科学社会研究》(*Social Studies of Science*)第 6 卷第 3 和第 4 期中得到了讨论。关于施塔恩贝格团体见 Schäfer(1983)。

[译注]德国团体诸译名为：沃尔夫·舍费尔(Wolf Schäfer)、格尔诺特·伯梅(Gernot Böhme)、沃尔夫冈·范·登·代尔(Wolfgang Van Den Daele)、雷纳·霍尔菲尔德(Rainer Hohlfeld)、沃尔夫冈·克伦(Wolfgang Krohn)。

主要的宣言。两人都反对默顿的科学例外主义。<sup>①</sup> 巴恩斯的主要依据是库恩(Thomas Kuhn),认为科学至少有一部分由社会决定。布鲁尔则更多地依靠维特根斯坦(Ludwig Wittgenstein),对数学陈述在不同的社会背景下的不同意义进行了详细的分析。因此,新的科学社会学在很大程度上借鉴的是那个拆解了逻辑实证主义科学的哲学体系:不仅有库恩和维特根斯坦,还有蒯因(Willard Van Orman Quine)、波普尔(Karl Popper)、拉卡托斯(Imre Lakatos)和费耶本德(Paul Feyerabend)。

像许多代际范式一样,新的科学社会学通过把这些"外部"的来源带到自己的主场从而定义了自己。然而,他们提出的问题并不完全是新的。事实上,默顿派曾对科学知识的建构性表示不安,他们最喜欢引用的是晶体学家迈克尔·波兰尼(Michael Polanyi)的《个人知识》(*Personal Knowledge*[1958] 2000)。波兰尼的书预见到了新的科学社会学家的大部分激进论点,但并没有催生出经验研究的传统。相反,这本书在建构主义中给了默顿派一个临时居所,帮助他们在那里占据了一席之地的同时,却没有分散他们对制度的真正兴趣(新的科学社会学家处理波兰尼的方式非常简单,就是忽略他。为了在分形区分的系统中创造新意,人们可能不得不忽略现有的分形区分,认为它们走得不够远)。<sup>②</sup>

尽管新的科学社会学着重强调了哲学,但就像早期的标签理论

---

① Barnes(1974);Bloor(1976)。具有讽刺意味的是,马克思作为意识形态建构主义的奠基人,曾特意将自然科学排除在建构主义范围之外,这其实是预见到了默顿的立场。

② 波兰尼([1958] 2000)。夏平([1994] 2002:24)说波兰尼的工作"一直不为……所知"。Lynch(1993)给了他半页的篇幅,而给维特根斯坦和哈贝马斯的几十页。波兰尼继续被广泛引用,但都在新科学社会学之外。

[译注]在夏平著作的中译本中,波兰尼译为"米歇尔·波朗依"。

一样，其真正的优势在于经验研究。这些研究（在科林斯［Collins 1981］中有一份早期研究的清单）往往着眼于微观，而且往往是历史性的，但有时也涉及更大的制度问题。然而到了1981年，这个团体内部出现了尖锐的哲学断裂，这与十年前的偏异研究中出现的哲学断裂很像。此时，一群激进的建构主义者与他们指责的那些或多或少的实在论者形成对峙。事实上，这时已经出现了四个不同的流派。

其中，"兴趣"派最接近于传统的知识社会学，它的重点是相对庞大的知识结构及其社会渊源。这一派以最初的爱丁堡"强纲领"为中心，79包括了巴恩斯、布鲁尔、麦肯齐、史蒂文·夏平（Steven Shapin）和安德鲁·皮克林（Andrew Pickering）等人。另一个英国小组将相对主义发挥到了极致，因此被驱使着去研究"对实验数据阐释的灵活性……关于阐释的潜在的无休止争论，其作用的机制是有限的"，坚持认为像爱丁堡学者那样的工作只能算初步。[1] 这就是"相对主义的经验计划"（"empirical program of relativism"或EPOR），由科林斯和特雷弗·平奇（Trevor Pinch）所论证。还有另一派，即以马尔凯和吉尔伯特为首的话语分析家认为，即使是EPOR也未能达到真正的预设。有必要对科学家的确切语言进行分析（也许还需要模拟），以了解阐释的真实展开情况。

卡琳·诺尔·塞蒂纳（Karin Knorr Cetina）敦促制定了第四项，即"建构主义"方案。这里的重点是在实验室中建构知识，正如EPOR和话语分析所做的。但是，研究的模式是当代的民族志，而不是历史重建或文本分析。核心人物是沃格、诺尔·塞蒂纳、布鲁诺·拉图尔（Bruno Latour）、约翰·罗（John Law）、罗布·威廉斯（Rob Williams）和迈克尔·林奇（Michael Lynch），每个人都与特定的实验室民族志相连。"建构主义者"包括一个深受常人方法学影响的群体，他们

---

① Collins（1981：6-7）。"强纲领 strong programme"一词起源于 Bloor（1976：7）。

现在已经对科学产生了浓厚的兴趣。[①]

正是这最后一个方案发起了对新科学社会学的鼻祖——爱丁堡学派——的公开进攻。1981年，沃格攻击了强纲领的"自然主义"企图和它以兴趣为中心的特点。自然主义假定要研究的是一个非反思性的现实世界，兴趣被"非反思性地"归结为外部理由。科学社会学家应该"把我们的注意力转向对科学论证实践中解释策略的管理"[②]。巴恩斯代表爱丁堡小组回应道，关注"为什么"(爱丁堡学派)与关注"如何"(常人方法学、建构主义等)并不冲突。[③]

这是典型的分衍攻击；攻击者认为爱丁堡学派走得不够远。此外，同标签理论的历史一样，攻击也来自实在论的一方，来自社会学的大主流。但是，主流派攻击标签理论是因其极端，而攻击爱丁堡学派则是因其熟悉。在为早期主流版本的科学社会学——默顿的"制度"立场——发言时，吉伦曾声称，强纲领的哲学论证与其经验工作没有什么联系。事实上，默顿曾写过科学的社会与文化根源，写过科学知识中的疑虑和犹豫不决，甚至写过范式等事物的存在。吉伦认为强纲领是对核心经验性问题的退缩，问题是科学与其他形式的知识(包括历史上的和同时代的知识)之间的差异。[④]

对吉伦的回复，精确地揭示了连续分衍过程中出现的分裂。科林斯回答说，对于EPOR而言问题的选择是一个品味的问题，EPOR决定把科学看成知识的原型，正是因为如果它能被证明具有社会性，那么显然任何形式的知识都是社会性的。话语分析家马尔凯和吉尔伯特急忙说，虽然吉伦所说的一切可能对EPOR和建构主义者而言都正确，

80

---

[①] 关于建构主义，参见 Knorr-Cetina(1983)。
[②] Woolgar(1981：365)。
[③] Barnes(1981)。
[④] Gieryn(1982)。吉伦最近更多的是往后现代方向发展。

但它们并不适用于话语分析，因为话语分析涉及"……科学家如何建构他们对科学中正在发生的事情的看法"。对于建构主义者，诺尔·塞蒂纳的回答区分了"认识论相对主义"（假定对自然界的阐释基于历史地点和时间）和"判断论相对主义"（认为现实不存在）。建构主义甚至不假设前者，更不用说后者了，因为建构主义把所有对现实的关注完全置于一旁（也就是说，它只谈论建构本身；参见波尔纳对标签理论所做的常人方法论攻击）。如同建构主义在偏异研究中的历史一样，最激进的那种相对主义——完全无视现实问题的相对主义——看上去与纯粹的经验主义或现象学并无二致。通过放弃二元性，极端建构主义重新创造了传统实在论的单一特性。[①]

## (二)谁是真正的建构主义者?

因此，在回应（相对的）保守派的时候，每一种科学社会学都不遗余力地证明自己比其他的科学社会学少一点想当然。事实上，到了20世纪80年代中期，科学建构主义者们觉得自己已经足够强大。他们在这个问题上攻击了社会问题文献，指责它不是真正的建构主义。很显然，科学社会学已经厌倦了内部的分衍，开始重新走回主流。当然，在此道路上的第一个对象是社会学中下一个最偏建构主义的群体——社会问题理论家。

81

这就像我说过的，知识之城内的两组游客在傍晚时分相遇，开始争论他们是否真的路过了相同的城墙。一组人认为自己看到了城墙。另一派则不屑一顾，回答说，一个人要想走出迷宫，就必须一直向左转，转得越多、越左越好，而前一组人确实向右转了几次。

---

① Mulkay and Gilbert(1982：314)；Knorr-Cetina(1983)。关于一元化建构主义的观点已经由 Freudenthal(1984)明确提出。

就这样，在 1985 年，沃格和帕鲁斯（Dorothy Pawluch）指责社会问题建构主义者是实在论者，犯了"不公正地改划本体论"（"ontological gerrymandering"）的错误。喜津濑、斯佩克特、古斯菲尔德、施耐德（Joseph Schneider）和一长串的其他人只是"质疑了被选中进行分析和解释的某些事态的真实性，同时淡化或忽略了同样的问题也适用于其分析所依赖的假设的可能性。"①。他们是在驳斥别人，但不是针对自己。

对于旧的知识社会学——建构主义理论的意识形态血脉——的读者来说，这当然是个熟悉的问题。曼海姆在《意识形态与乌托邦》中提出了它，并以"无所归属的知识界"（free-floating intelligentsia）概念进行了回答，这个概念能够超越其知识的社会决定性。② 尽管这个概念在黑暗的 20 世纪 30 年代也许可行，而且确实必要，但它似乎并没有真正说服曼海姆本人，更不用说他后来的读者了。伯格和卢克曼以存在主义的颂歌回答了同样的问题，在被拆毁的幻想的残骸中，孤独的个人自豪地假设了意义。这也没有说服力。

事实上，这个问题是一个关于分形世系中极端位置的一般逻辑问题。尽管它们的一致性赋予了它们在面对对手时的坚不可摧，但它们永远无法对抗自己。例如，如果我们僵化地服从于理性选择假设，那么搭便车问题就不可解决；在这种情况下，人们必须假定一个解决方案（关于该问题的一个例子，见赫克特［Michael Hechter 1987］第三章）。同样，"所有的知识最终都必须脱下自己的面具"这一激进论点，

---

① Woolgar and Pawluch（1985：216）。读者会认识到这句话几乎是对 1970 年古德纳那句话的逐字重复，而古德纳的这句话本身又是对埃文思-普里查德在 20 世纪 30 年代的一句话的粗略翻译。这个立场没有任何新意。

② ［译注］术语参见中译本第三章第四节，请注意在沃思和希尔斯的英译中，该术语被翻译成了 free intelligentsia(p. 10)。但在英语文献中 free-floating 是标准用法。参见，如 Heeren, John, "Karl Mannheim and the Intellectual Elite," *The British Journal of Sociology* 22，no. 1 (1971)：1-15。

在日常逻辑中也没有可以想象的答案。即使讨论这个论点的真实性，也需以它存在错误为前提，因为这个论点本身认为不存在任何标准可以指导这样的讨论。因此，那些提出论点的人必须在写作的行动中总是预设它的反面。一则具有讽刺意味的例子来自沃格对实证主义者斯莱扎克(Peter Slezak)的回应，即由人工智能机器完成的科学可能会挑战新科学社会学普遍接受的兴趣观、科学观和建构观。沃格说："我和其他人一样赞成'读者写出文本'。尽管如此，这些批评家们似乎就是不明白文本的意义，这相当令人沮丧。"[1]虽然分形区分中极端立场的优势在于其一致性，但弱点在于其自我否定的特性。[2]

但是，就像抗癌药一样，极端立场在杀死好的论点之前，就应该先杀死坏的论点。因此，沃格和帕鲁斯通过详细分析社会问题作者史蒂文·福尔(Steven Pfohl)的一篇建构主义文章，有力地扩展了他们对不公正改划本体论的分析。在沃格和帕鲁斯看来，标签论者(社会问题小组将他们描绘成实在论者)比社会问题建构主义者更正确，因为他们"对困扰自己的理论视角的概念问题表现出了更多的兴趣"[3]（由此可见，其含义是，至少标签论者知道有问题，而社会问题建构主义者，因为从来没有被批判过，所以从来没有看到问题）。

但随后，与大多数激进建构主义的拥护者不同，沃格和帕鲁斯最终承认，激进建构主义的批判适用于他们自己的论点，即人们事实上

---

[1] Woolgar(1989：662)。

[2] Slezak(1989)。将一个特别好的外部立场变成现实的例子是一些经济学系和商学院的做法。它们给每位教师分配一定数量的"钱"，然后让教师们竞标所有的公共服务——秘书助理、复印等。这里提出的自我批评的问题对自由市场极端主义而言似乎可以幸免。当然，人们可以根据微观经济模型来解释为何自由市场思想被采纳，认为经济学家对数学的偏好高于社会学家。或者我们可以推断，经济学教授的工资比其他学科的教授高得多是因为正统经济学思想很愚蠢，因此在公共场合拥护这些思想很尴尬。

[3] Woolgar and Pawluch(1985：222)。

必须假定客观的东西是给定的，因为"理论上的张力……是客观事实与这些事实的表象之间的持续博弈的表现，而这种博弈是所有这类解释的特征"①。然后，他们推测，人们可以把他们的分析看作：（1）一本如何撰写社会问题类型解释的手册（即如何改写本体论），（2）一份谨慎对待改划本体论的提醒，或者（3）一项对这一不可避免的问题进行更深入思考的鼓励。在以野蛮和讽刺开篇后，他们最后基本上说的是，需要更多的研究。

在回应中，福尔大声否认了所有的实在论成分。他引用了世系，说他也读过马克思、涂尔干、尼采、莫斯、弗洛伊德、葛兰西、阿尔都塞、巴特、克莉斯蒂娃、德里达、鲍德里亚和斯皮瓦克。他接着说：

> 在构建我的社会学叙事时，我以隐喻的方式将对社会实践的分析浓缩为对"因素"和"力量"的讨论。在以这种方式来讲述我的故事时，我把一个不确定的动态过程冻结成术语，这些术语似乎暗示着"事物"的恒定性——如障碍、妨碍、阻碍、挂碍等。沃格和帕鲁斯终止了这种隐喻性的凝结。他们抓住概念冻结的行为作为证据，推测（暂时的）背景化是一般解释工作的构成性特征。②
>
> ［社会学必须是一种］反思性的社会学分析，它把自己理解为正在实现的一种地方性知识（*provisional knowledge*），由它与其他实践的关系的力量来定位。③

在这赘语下是任何有思想的经验主义者都会告诉学生的一些朴素真理。事实上，它们是实在论的一般反应；为了解释，就必须简化；

---

① Woolgar 和 Pawluch(1985：224)。
② Pfohl(1985：230)。
③ Pfohl(1985：231)。

为了解释，就必须打破哲学上的鸡蛋，才能做出解释性的煎蛋卷；所有的知识都是暂时的。即使是在建构主义的边缘地带，实在论和建构主义的争论也采取了与其他地方完全相同的形式。①

## 四、关于建构主义的一些结论和最后的理论注解

建构主义的这些历史很好地说明了分衍的特殊动态。在分形世系的某个时刻，理论舞台被极端和一致的立场所夺取。其结果是在整个分形世系的一小个分支内产生突然和迅速的分裂。最后，我想对这一过程的来源和后果进行推测。

随着分形区分在社会科学中的展开，我们可以称为交替（alternation）的过程似乎比分衍更常见。一项研究传统以一种方式进行，直到一个极限，然后再尝试另一种方式。这个过程是上一章的重要主题之一。② 因此，人们可能会把社会世界视为真实，直到异常现象迫使人们转向建构论。事实上，这样的举动也推动了受害研究的发展。建构主义理论本身的确就允许"转向"实在论。客观化的过程意味着，在任何时候，社会世界的许多东西都具有名义上的客观性。如果行动者将某一社会行动建构为理性行动者之间的游戏，那么短期内将其建模为理性行动者博弈是研究它的最佳方式（因此，在诸如现代国际关系等方

84

---

① 可以肯定的是，福尔最终确实主张真正的相对主义。他曾一度说，在他的著作中，"甚至连现象学那安全的经验实在论也被抛在一边"（1985：231）。于是，20世纪80年代的强硬建构主义就这样也在困扰建构主义偏异理论的分衍中消磨了它的能量。

② 大多数社会科学的分析人员都集中于研究者如何知道已经到达这些极限这一问题。我愿意假设一个库恩式的答案，即当反常似乎阻碍了进步时，极限就会出现，而我愿意抛开为什么有些研究者比其他研究者更早看到极限的问题。我之所以这样假设，是因为使我更感兴趣的在于，为什么对一些人来说，解答这种极限不是意味着选择分形区分的另一支分叉，而是意味着选择了当前分叉的一个更极端版本。为什么是分衍出现而不是交替出现？

面，理性行动者模型是有效的）。同样，实在论者也不自觉地允许转向建构主义。"寻找更好的测量标准""使用特定语境的指标""将态度和行为分开"，都可以被视为建构主义的转向。

然而，在特定的情况下，对极限的反应就不是交替，而变成了分衍。如果我们再想想一群旅行者在探索城市的一个维度——一条主要的林荫道——其结果就不难预料。在分衍发生的地方，我们在一个方向上看到庞大的主流（正统）群体，在另一个方向看到了极端群体。在主流群体中，研究者们遵循着交替的策略，因此，相互之间会混杂不清。在分衍的极端群体中，研究者总是坚持一个方向，因此，该群体与主流方面的距离迅速拉大。在极端派和主流派之间，开始出现了一片未被探索的空白区域。正如我在前一章中指出的，该章的一位原审稿人（一位科学社会学家）说，这本书由陈词滥调组成，而另一位（显然是压力研究者）则说，这本书由极端主义废话组成。对其中一个人而言，它还不够极端，但对另一个人而言，它太极端了。[1]

分衍的产生，部分源于重要的智识美德。要成为建构主义者中的
85　建构主义者，就是要严格地保持一致。做一个无情的实在论者或绝对主义者中的选择论者，就是要简约、具有逻辑性。这种简约的极端立场不仅具有强大的力量，而且在智识上也是品行高尚、令人敬佩的。此外，就像任何不被玷污的名声一样，极端的一致性只需要一次错误的步骤就意味着完全妥协。一名学者一旦对实在论做出一次妥协，此后的绝对建构主义就没有什么意义了。这也会在极端立场与妥协交替

---

[1]　参见本书第二章脚注。可以肯定的是，极端的立场可能更多的是修辞策略，而不是实际的研究指南。例如，在科学社会学的碎片化争论之下，这个子学科继续产生了主张各种理论的学者们都能接触到的经验工作。也许它缺少了 20 世纪 70 年代——代际范式的早期——的最大活力，但它仍然是稳定而坚实的实证工作。在这一点上，我要感谢贝克尔的坚持。

的主流策略之间形成一片空白区域。

分衍的另一个重要根源在于极端立场倾向于采取强势的政治姿态。这在经验上是一种反复出现的模式，尽管涉及的是各种差异极大的政治。当极端立场在政治上属于非正统的时候，其政治立场明确，对自己和对他人都是如此。因此，"政治正确"一词最初出现在知识分子左派内部，是为了给那里的许多极端主义政治立场排序；后来才被主流所接受。但是，当极端立场持有正统的政治立场时，这种政治一般是隐含的，因为根据定义，正统在智识探究中描绘自己时不用涉及政治。极端的理性选择立场说明了后一种现象，因为它们体现了美国文化中的一种强烈意识形态，即"人真的就是这样"。

与政治的混同加剧了分衍，因为它使掺杂在其中的情感更加高涨。例如，两位科学社会学家和女性主义者伊夫林·福克斯·凯勒（Evelyn Fox Keller）之间有过一次交流，前者攻击后者的女性本质主义，因为她相信"女性化的"科学方法。凯勒回答说，她的攻击者把生物学上的性别误当作文化上建构的性别。这个论点虽然正确，但与问题无关。然而，攻击者非但没有指出这种无关性，反而进一步反驳说，他们自认比凯勒假设得更少，认为更多东西是被建构的。[①] 核心但并未明言的问题是，女性建构主义或简单的建构主义是不是解构科学正统立场的适当工具。[②] 实质性的女性主义政治的掺入无疑提高了争论的激烈程度。

---

① Richards and Schuster（1989）；Keller（1989）。

② 正如我在上文指出的那样，女性主义和新犯罪学之间出现了同样的辩论，争论如何解构正统的犯罪观。这场辩论实际上是在讨论一个实质性的政治问题——谁在"忽视妇女"或"把霸权主义正统观点视为理所当然"？当然，在正统内部，这样的问题是可以被忽略的——不是因为正统学者们没有揣有多样的政治承诺，而是因为成为正统意味着不必谈论自己的政治。另外，对于极端的立场，正统的一切行为都被视为是政治性的。正如根据这种观点，本研究也是如此。这种立场和所有极端主义立场一样，都在全称谓词（universal predicates）的终极宿命性问题上分崩离析。参见上面的论点和本书第七章。

最后，分衍还源于我们所称的"非常规带来的乐趣"（pleasures of unconventionality）。那些参与极端的分衍群体的人以一种疏远而又骄傲的蔑视来看待主流。我们可以从社会学理论家谈论"后实证主义"的言论中感受到这种情感，而此时政府和私营企业每年在实证主义社会科学上投入数亿美元。围绕着对这种主流的强烈反对来定义一个群体，会带来一种令人愉悦的感觉——孤独的启蒙反对折中主义的混沌不清；当然，折中主义总是被描绘成一种霸道的正统，而不是主流的纠结交替选择。这些反对的乐趣使反对本身成为分化的群体的主导价值，并将最高的群体内地位授予那些最强的反对派。①

因此，分衍部分由智识美德所驱使，部分来自一种成为恶习的自以为是。把极端的论点与政治混为一谈，使这种情况更加严重。

所有这些力量在前面所回顾的建构主义的历史中确实都很清楚。也许最明显的是政治承诺的力量。正如阿尔文·古德纳所清楚地看到的那样，标签理论暗地里对它书写的各种偏异表示敬佩。而且，尽管他们偶尔也会否认，但新的科学社会学家们显然对客观认识世界的项目——在他们看来是如此自鸣得意、如此富有、如此傲慢的科学——

---

① 有时，令人目眩的快乐在于与某些外部行动者对立。科学社会学家们在与科学这个现代世界的范式和巨无霸对抗时，竭尽全力地发挥着自己的勇气。然而，他们往往在最后一刻才出手。Epstein（1996）关于艾滋病的书就是一个很好的例子——充满了对科学推理的倾向性攻击，但最后他却认为，艾滋病活动家（破坏了一些重要的临床试验）只能对科学家们起到咨询、纠正的作用，因为科学家们确实做了最重要的贡献。有趣的是，这本书从未考虑过一个纯粹的科学论点，即如果将"妥协的"研究嵌入模拟退火框架（或一个序列贝叶斯系统）中，通过做许多这样的微小、"脏兮兮的"研究，或许可以比坚持做几个不妥协的临床试验更快地得出正确的答案；也就是说，整个巨大、已完成的临床试验模型背后的概率理论在科学上可能就错了，而不是单纯的伦理上和政治上的问题。

［译注］simulated annealing 模拟退火是一种优化算法，用以在一个搜索空间内寻找最优解。

嗤之以鼻。但是在这些案例中，我们看到并不仅是政治。在标签理论和新科学社会学案例中，我们还看到了推动分衍的一致性所蕴含的巨大力量，这种一致性最终产生了许多重要的经验工作。在这些案例中，我们也看到了反对所带来的强烈乐趣，以及围绕谁能够最充分享受这种乐趣的明确的地位之争。

我在前文中提出，分衍的长期命运是被重新吸收。我想就建构主义的长期命运来讨论这个问题。

很显然，有一些重要的力量在推动着社会科学家走向实在论。所有这些力量都源于塞缪尔·约翰逊（Samuel Johnson）对贝克莱主教（Bishop Berkeley）的踢石头反驳的变体。我们没有人真的相信不存在某种现实世界；唯一的问题是，我们认为现实到底具有多少"黏性"或多"建构"？随着社会科学已经成为现代生活中成功的，甚至是有影响力的一部分，我们不得不承认，社会研究的机制往往偏向于实在论。大型研究确实能给出比较一般化的结论，而大型研究需要分工合作，这使得一致的智识决策变得极其不稳定。这样的研究过程更容易进行，更容易控制，也更容易在实在论者的条件下得到论证（这表明，建构主义的论证必然是手艺人式的，这是一项有趣的假设）。实在论对接收者也有巨大的吸引力——尤其是对那些消费大多数社会科学的政治家和营销人员。它给出了简单的答案，这些答案具有简单的意义。它有一种透明的特质——对建构主义者来说，它有一种可恶的建构性。倾向于实在论的力量——无论是作为研究实践还是作为社会本体论——确实强大。古斯菲尔德（Gusfield 1981）对酒后驾驶研究的华丽分析很好地说明了这一点。

我们可以换一种说法，即建构对接收者具有吸引力，但建构主义没有。公众总是为新的社会建构做好了准备。[①] 同值同酬（comparable worth）就是一个很好的例子。"一天工作的价值"无疑是一种社会建构的事实。而早期关于劳动价值建构中的性别化的建构主义论点，在确立"可比价值"的新建构中起到了关键作用。然而，一旦先前的观点被推翻，干过脏活的建构主义论点就被人遗忘。新的、政治上所希望的现实，以那些利用建构主义论证来实现它的人所满意的方式建立起来，至少对他们来说，现在是时候把他们所制造的新建构当作真实了。这就是建构主义的一大问题；它实际上并没有政治性。建构主义作为一种论证，它因其清洗力、破坏力而吸引了人们，直到为特定人群实现特定目标为止。而一旦目标实现，建构主义就会成为这些人智识上的尴尬。

88

　　同值同酬的案例表明了建构主义论证的终极效用。它赋予无权者以权力。一旦目标达成，它便消失不见。建构主义通过否定强权者的关键资源——他们的方法、他们的语言、他们的研究资本——来为人们赋权。[②] 但很难想象建构主义会是社会科学中的一种霸权论点。也就是说，人们无法想象在整个智识领域中，所有的术语都会以足够快的速度不断地相互融合，快到阻止了某种形式的客观化。这就是后现代主义者告诉我们即将到来的现实。但他们自己的表现却显露出不止一点的实在论痕迹。像其他人一样，他们也依赖权威论证。更重要的是，他们参与到一门表面上由规则支配的社会科学中，意味着他们隐

---

　　① Kohn(1976)认为，我们可以对这些建构产生很大的影响，即使对它们背后的社会问题没有影响。

　　② 尽管如此，如果建构主义者拥有一些这样的资源，也很有帮助。事实上，许多新的科学社会学家以前都是科学家，这意味着他们拥有智识工具，而这些工具是标签理论家们所缺乏的，能用以对抗主流的经验偏异研究者。

隐地相信这样的事业。[1]

那么，在社会科学中，建构主义注定了永远只是一连串的骤燃。但是，这些骤燃带来了重要的结果。标签理论吸引了一代人进入社会学，尽管这代人中的大部分很快就转向了其他事物，其中包括实在论分析。同样，建构主义可以开启奇妙的新经验研究传统，就像它（部分地）开启了对受害的研究和对科学实践的新分析一样。今天，我们在职业分析领域看到了令人兴奋的新建构主义转型的开端，因为德罗西埃（Alain Desrosières）、施雷泽（Simon Szreter）、安德森（Margo Anderson）等人开始解构我们的职业统计数字。所有这些作品最终都将回归实在论分析。因为最终，建构论在[与实在论]交替工作时表现得最好，让实在论走出经常陷入的泥淖。当我们让分形区分不断地自我发挥时，它能带来最大的成就。外部的立场神圣而崇高，但也无用且虚妄。[2]

89

---

① 为什么建构主义不能成为一种霸权主义的智识观点？这是个非常有趣的问题，我在此不能完全论述。在我看来，关于建构论的纯粹的知识观点似乎要归结到约翰逊博士"那现实怎么办？"的观点。这样的智识系统怎么会有什么"体系"呢？它除了是一种没有可比性的永久发生的思想迁移之外，还能是什么呢？换个不那么乌托邦式的说法，以建构主义为基础的社会科学怎么可能产生出在政治家、营销商和消费社会科学的公众眼里值得信赖的结果？归根结底，告诉国家司法研究所"犯罪只是我们想象中的东西"，这对左派或右派都没有任何帮助。

[译注]约翰逊博士指的是前文出现的 18 世纪英国作家 Samuel Johnson（一译"约翰生博士"）。贝克莱主教坚定地认为物质不存在（主要观点可参见《人类知识原理》），而约翰逊博士不以为然，他一脚踢向块大石头，并被反作用力推回来，以此来说明外部世界当然存在。这段公案参见詹姆斯·鲍斯威尔撰写的《约翰逊博士传》（上海三联书店 2006 年版，第 106 页）。

② 参见 Conk(1980)，Desrosières and Thévenot(1988)，Szreter(1993)。

[译注]Margo Anderson 也曾用 Margo Anderson Conk 的名义发表研究成果。此处引用的即是她的文献。

## 五、附录：到 1990 年为止的"社会建构"的历史

"社会建构"（social construction）这个短语及其各种亲属（socially constructing，socially constructed）似乎始于伯格和卢克曼 1966 年出版的著作。他们没有为这个短语提供任何来自前人的参考文献，并且早在第一页他们就使用了这个短语。人们可以很容易地追溯对这本书和这个短语的引用历史（我自己统计的）。1966—1970 年，该书每年的引用量为二十次左右，20 世纪 70 年代初，每年的引用量为五六十次。在 1974—1975 年，每年的引用量突然跃升至一百二十次左右。1981 年，引用量达到一百六十次的高峰，之后略有下降，到了 20 世纪 90 年代，平均每年一百四十次。

至于标题中带有"社会建构"（以下简称 SC）字样的论文，在 20 世纪 60 年代末一篇也没有，1970—1974 年每年有一两篇。1974—1975 年又突然增加到每年五篇左右，这个数字一直持续到 1979—1983 年，每年有七到九篇。1984 年突然间每年有十六篇，此后这个数字就再也没有低于十四篇（1987 年）。至于著作，杰拉尔德·萨特斯（Gerald Suttles 1972）是继伯格和卢克曼之后第一个使用这个词的人，他告诉我，他没有读过他们的书。在 20 世纪 70 年代末，这个词被社会学家用在关于科学和社会问题的书名中，后来也进入了其他领域。

对于 1974—1975 年引用量和相关书名的突然跃升，没有一个简单的解释。伯格和卢克曼的书没有新版，也没有（据我所知）关于这本书的任何重要会议。喜津濑和斯佩克特 1973 年的论文发起了社会问题建构主义，但并没有引用伯格和卢克曼，尽管后来的许多文章在这一传统中引用了。无论如何，正如引用历史所表明的那样，到 1974 年，这个短语已经进入了一般的社会学词汇。例如，劳尔（Robert Lauer 1976）在使

用"现实的社会建构"这个短语时没有加引号，也没有引用任何文献。

我们可以通过对 SC 文章的主题进行编码，对这一概念所涉及的领域有一定的了解（表 3.1）。为了使子领域的趋势更加清晰，我将数据按五年期进行了分组。

在这里，首先引人注目的是这些数字与旧社会问题文献的模式相一致——以偏异、身心疾病、家庭和教育问题为主（直到 20 世纪 80 年代末，种族都不重要，是这种一致性的唯一例外）。其次引人注目的事 *90*实是，在短暂的时间段内，人们对这一论点的集中关注。心理学家在 20 世纪 80 年代初谈论建构主义，教育领域的学生也是如此。相比之下，关于心理和身体疾病、经济、性别和种族等方面的作者在 20 世纪 80 年代后期才开始使用这个词。最有趣的是，没有任何证据表明这一时期社会学中建构主义最强盛的领域也许是科学社会学。科学社会学家往往坚持用自己特有的术语（有几种）来进行建构主义的论证。

表 3.1

| | 1966—1975 年 | 1976—1980 年 | 1981—1985 年 | 1986—1989 年 |
|---|---|---|---|---|
| 偏异（包括严重及轻微犯罪） | 2 | 5 | 2 | 4 |
| 医学/疾病 | 0 | 1 | 3 | 5 |
| 精神病理学 | 1 | 0 | 2 | 4 |
| 心理学/发展/情感 | 0 | 3 | 14 | 5 |
| 家庭 | 1 | 1 | 3 | 2 |
| 性别 | 0 | 1 | 3 | 5 |
| 种族 | 0 | 0 | 0 | 4 |
| 教育 | 0 | 3 | 5 | 1 |
| 经济 | 1 | 1 | 2 | 6 |
| 一般情况 | 3 | 12 | 16 | 26 |

综上所述，这些证据表明，伯格和卢克曼为社会建构主义贡献了当下的名称，而引文统计也为他们的这一贡献提供了支持。但他们书的内容却没有什么影响。那本书的构思很像欧洲旧版的意识形态建构主义，即所谓的知识社会学。开篇的构成性建构主义只是被嫁接到了这本书上。相比之下，建构主义在社会问题文献中占主导地位的版本恰恰是构成性的建构主义，它与标签理论的一般来源相同。而且，尽管新科学社会学的原始来源是意识形态建构主义，但随着该领域的发展，这种强调很快就消失了。因此，尽管伯格和卢克曼的著作无疑是辉煌的，但似乎是对意识形态旧困境的最后一次优雅陈述。它是一个结束，而不是一次开始。

# 第四章　历史的统一*

第二章对分形摄取的分析和第三章对分衍的分析都强调了分形区 91分在时间中展开时产生的影响，这种影响强大而又有时令人困惑。在本章中，我将分析一元论的问题。当某些群体刻意地去跨越分形区分的界限时，甚至将我们的一个基本二分法综合为（synthesize）单一概念时，会发生什么？

我将通过对另一个例子的详细调查来研究这个问题。从 1965 年到 1990 年，历史学科与各种社会科学之间发生了复杂的交会。在一个又一个领域里——经济学、政治学、社会学，甚至人类学——历史问题都被推向了中心舞台。我在此探讨其中的一次交会，即史学与社会学之间的相遇。

我们可以把这种相遇想象成一个有两个方面的分形过程。第一个方面是叙事和分析的对立，这决定了两个领域的问题和方法。从广义上说，作为学科，史学和社会学之间的区别在于提出问题的方式。历史学家以叙事的方式提出问题：奴隶制为什么会消失？第一次世界大

---

* 本章没有特别的致谢；在这一章中，我是自己的研究助理。我自己统计了人名、发言人和博士学位获得者。这一章最初是应埃里克·蒙克宁（Eric Monkkonen）的邀请，作为 1990 年在明尼阿波利斯举行的社会科学史学会会议上的演讲而写。经过适当的调整，它于 1991 年出版。读者会注意到，我是这里所讨论的辩论的积极参与者，而不是像在前面两章中那样是旁观者。我将这一章献给芝加哥的伊利诺伊大学历史系教授丹尼尔·斯科特·史密斯。

战如何开始？社会学家更多以分析性的方式提出问题：社会流动的原因是什么？哪些变量与宗教原教旨主义有关？这种叙事与分析的区分一直延续到方法领域。历史学家一般选择叙事性方法，社会学家则选择分析性方法。

同时，叙事与分析的区分也可以看作对社会生活本质的时间性和静态性两种不同视角的区分。在这种情况下，它关注的并不是提出的问题或技术，而是探究的对象。具体来说，我们可以把这种区分看成认真对待旧数据和忽视旧数据之间的区别。但是在更抽象的层面上，这一区分更易理解：一方面假设社会生活不断变化，另一方面假设变化只是社会生活永恒规则中的一幕前景（foreground）。正如我们将看到的那样，关于探究对象的各种假设会以令人困惑的方式与技术纠缠在一起。

20 世纪六七十年代发生的一切在技术的世界中产生了反转，特别是在方法世界里。一些史学家开始运用分析方法来解决以叙事方式提出的问题。不久之后，一些社会学家开始对一些单一的事件提出分析性的问题，如资本主义的兴起等，这就需要用更多的叙事方法来解释。于是，在一边出现了社会科学史（social science history），在另一边出现了历史社会学（historical sociology）。

人们可能预计此次相遇会产生一种综合或一场明确的冲突。而在社会学内部，人们可能预计与历史的相遇会彻底转变这门学科。事实上，这次相遇既没有产生综合，也没有产生冲突，更没有产生转型。在本章中，我将说明为什么产生社会科学史和历史社会学的分形过程未能促成综合的结果。我首先追溯了促使一些历史学家走向社会科学和一些社会学家走向史学的反叛。然后，我详述了社会学中历史工作的制度结构。这种结构在 20 世纪 70 年代和 80 年代出现，是对这些早期反叛的回应。在这一制度分析中，我的目的是展示当几种分形区分在具体的研究群体中交会时产生的复杂性；我们并没有观察到所有分形选择的可能组合，而是观察到了这些组合中非常有限的样本，体现在几个稍许成功的代际范式中。[①]

我的结构分析引出了对历史社会学家之间立场声明的详细讨论。在这里，我确切地说明了历史社会学家们如何止步于依叙事来重新认识社会过程的道路。如同第二章一样，我在结尾处回顾性地讨论了本章早先发表的版本所引起的反响，以及当前关于史学和社会学的争论。

与前几章一样，这一章有几个目的。从经验上讲，本章讨论了美国社会学中的一种特殊的代际范式。该考察比前几章的分析更加详细，无论关于结构和网络的数据，还是关于特定文本的明确分析都是如此。另外，我自己也是这个故事的参与者。在这一章中，比起其他任何一章，描述和处方的混合更接近完整的程度。

从概念上讲，本章强调了用任何的一元论论证来实际地解决分形二分法是极端困难的。历史社会学和它的表亲社会科学史的故事，至少到目前为止是一场失败的结合。这场失败带来了大量非常有用的经验和理论写作。但这种写作并没有解决，甚至没有真正回应最初的问题。

## 一、社会学与史学中的反叛

史学和社会学之间的边界团体最初作为攻击学科正统的代际范式

---

① 我从制度分析入手，部分原因是我自己是制度主义者；部分原因是据我所知，尚没有人这样做过。相比之下，历史社会学的概念性研究，大多数都或多或少带有处方意味。这一点相当普遍（如 Skocpol 1984b；Tilly 1981，1984；Sztompka 1986；Hamilton and Walton 1988）。但更重要的是，制度性分析表明了为什么历史学家和社会学家在一起产生的成果比他们分开时产生的成果要少得多。在智识层面，综合的项目尚未被打败。恰恰相反，它从未得到尝试。

而出现。像大多数类似的反叛一样，他们涉及一组联盟，由占统治地位的一代中的一个小规模外群体与正在崛起的一代中的大部分人组成。他们也反映了自身所处的时代（20 世纪 60 年代），从激进的政治中汲取了一些力量。

在社会学中，20 世纪 60 年代的正统是帕森斯的功能主义。尽管功能主义具有值得称道的跨学科性和理论上的一致性，但它从未产生过任何实证研究项目。此外，它与英国社会人类学的前辈们有着共同的特点，即对社会的变化极端漠视。对帕森斯功能主义的反对意见主要来自芝加哥学派的残余和后人身上，他们专注对偏异和社区的研究，其典型方法是田野观察和个案研究。这些议题和方法对宏观变化也缺乏足够的关注，尽管芝加哥学派的鼻祖最初建构互动主义正是为了研究宏观变化的效应。[①]

然而，功能主义留下的经验真空仅有部分被个案研究和观察的文献填补了。社会学中的第三股力量是量化的经验主义，不久之后即占据主导地位。它逐渐占据了这一真空的其余部分。奥格本（William Ogburn）曾以他的"社会趋势"观念首创了这一流派。"社会趋势"是对个体指标的简单加总，这很难被认为是历史性的。拉扎斯菲尔德等人从 20 世纪 30 年代开始发展的问卷调查（survey research）方法，在 20 世纪 60 年代邓肯和布拉列克（Otis Dudley Duncan and Hubert Blalock Jr.）从生物学和经济学中借用路径分析之后得到了数学上的推动。一般线性模型（general linear model）突然在社会学中占据了主导地位，

---

① Schwartz（1987）认为芝加哥学派比我所以为的更加公开地反历史，而 Hamilton and Walton（1988）则更同意我的判断。至于我的观点，见《学系与学科》（［1999a］2023），特别是第七章。

［译注］作者的这篇文章即 1992 年的 ASA 索罗金讲座，其中译文的一个版本可以在本书译者的网站上获取。

它驱使这门学科迅速脱离了宏大理论(有人会说是完全脱离了理论),并通过威斯康星地位获得模型(Wisconsin status attainment model)建立了研究社会事务的基本范式和方法。威斯康辛模型密切关注微观,只在最松散的意义上才能被认为是历史性的。真实的行动者被变量所取代,叙事因果被具体化的变量因果所取代,真实的时间被变量的顺序所取代。①

历史社会学出现在 20 世纪 70 年代,从理论和方法上攻击了这些正统。虽然它的领导者包括了帕森派的同代人(如查尔斯·蒂利),但他们都属于激进年代的学生。从理论上讲,历史社会学对他们而言是一种攻击帕森斯派框架最薄弱环节的手段——它对社会变革的取径——同时也是将马克思引入社会学的一种方式。在方法论上,历史社会学谴责了地位获得模型对微观的关注、反历史和反结构的特征,以及其具体化与科学主义。至于芝加哥的互动主义者们,正如我们已经看到的那样,他们通过标签理论对建制社会展开了深入的批判,历史社会学选择直接绕过他们。

对历史社会学来说,最重要的是向"历史"借用那庄重而体面的声誉。史学那无可指摘但略显晦涩的方法论,以及其对大量事实的掌握,成为否定威斯康星学派世界观的依据。尽管史学的广泛视野与帕森斯的正统学说相似,但其对事件和宏观变化的关注则成为拒绝帕森斯的理由。最重要的是,史学的体面救赎了历史社会学家们的激进政治。即使作为一名进化论者,马克思也比帕森斯更具历史感。写《路易·波

---

① 这种观点是如此主导,以至于它的论调甚至影响了那些最积极寻求推翻它的历史社会学家们。我对这一方法的全面分析见 Abbott(1988a, 1998),Bernert(1983)写了关于这一观点的有用历史。

*95*

拿巴的雾月十八日》的马克思是一位不折不扣的说书人。①

总之，20 世纪 70 年代的许多社会学家，特别是年轻的社会学家，转向了历史社会学，因为它使人们能够同时对帕森斯理论的保守主义和线性模型家那误置的具体性（misplaced concreteness）进行批判。② 这些"历史社会学家"构成了我们见过的明显的代际范式。这一范式来自对一种分形区分——叙事与分析——的简单反转，但又发生在单一的学科内。历史社会学与社会学主流之间的区别，概括了史学与社会学本身的区别。

但是，虽然各种智识力量产生了一个群体，他们成功地认领了"历史社会学家"这一标签，但至少在原则上，还有其他几种想象或构成历史社会学的方式。历史社会学也可以被定义为涉及历时数据的社会学工作；或者是对社会过程进行理论化的学者；或者是自觉地考察昔日的社会群体的社会学工作。每一种选择都体现了与分析、因果主义不同的理解社会生活的方法，而且每一种方法都像"官方的"历史社会学一样，包含了一系列的工作和一群人。

在社会学中，随着方法论的变革终于放缓到旧的数据集可以支持

①　约翰·霍尔（John Hall 1989）指出，历史社会学在英国出现的情况有些不同。在那里，先前马歇尔（T. H. Marshall）、戴维·洛克伍德（David Lockwood）、罗恩·多尔（Ron Dore）等人的社会学传统从未接受过帕森斯理论，也从未与 E. P. 汤普森和雷蒙·威廉斯等历史学家失去联系。这种老一辈的传统一直被早期历史社会学中的美国人如莱茵哈德·本迪克斯（Reinhard Bendix）、马蒂·李普塞特（Marty Lipset）和巴林顿·摩尔（Barrington Moore）接受。因此，年青一代虽然受到结构马克思主义的强烈影响，但他们对早期的工作进行了扩展而不是攻击。此外，英国在历史社会学方面也有一个长期的经验主义传统——剑桥历史人口学小组——他们对史学和社会学的贡献无疑是巨大的。比霍尔的文章早十年左右，斯特德曼-琼斯（Stedman-Jones 1976）认为虽然历史学家们对社会学思想的借鉴较多，但英国社会学家对此的接受程度要低得多。也许斯特德曼-琼斯描述的是这门学科的一般态度，而霍尔描述的则是从未忽视历史的特殊学术路线。

②　我使用的是怀特海（[1925] 2017）想表达的技术意义上的"误置具体性"，即错误地把自己抽象误认为是世界上真实的东西。见 Abbott（1988b）。

当前技术的地步，涉及历时数据的工作得以在社会学中普及开来。但是，向旧数据或面板数据的转变并没有伴随着敏感性的变化。人们很难将标准化的"1972—1982年劳动人口中的黑人"这类文章视为"历史社会学"。这样的文章仅仅是以时间作为指标变量进行的横截面分析。它关注的是趋势和计数，对历史背景或偶然性的敏感度不高，对所分析的社会类别或属性的质性变化敏感度更低。然而，也有学者开始相信，为这种分析而设计的技术有效地融合了史学和社会科学。①

另一组潜在的历史社会学家是许多对社会过程进行理论化的学者。然而，他们中大多数对"历史变化"的思考很少。直接关注偶然过程的社会学家通常是微观理论家，如互动主义者和常人方法学者，他们普遍假设一个不变的"社会先验"，而这种假设在通常意义上并不具有历史性。尽管如此，这类过程理论家显然理解史学长期以来对偶然、意外和过程的强调，即使他们忽视了史学对一般化程度所施加的限制。②

还有一种观点，即历史社会学包括那些自觉地研究昔日的社会群体或文化的人。虽然这个定义显然包括前面讨论过的历史社会学家，但同时也包括了许多其他的人，他们散布在社会学的各个领域（历史人口统计学家就是最明显的例子）。下面我将更详细地研究这些"非官方的历史社会学家"。

----

① 其中最主要的是事件史分析的拥护者，这种方法将历史解构为等待时间，直到特定事件发生。这些方法具有深刻的效用，但只在有限的问题范围内。对这种方法的分析，见 Abbott(1990a, 1992b)。对历史的更好的理解可以在社会学相对匮乏的形式化时间模型文献中找到，这个文献由詹姆斯·科尔曼、哈里森·怀特等人开创，但从未在该学科中真正强势过。

② 我在下文中论证，正是这种双重的历史感，击倒了历史社会学家们。他们理解了过程理论家们遗漏的东西——限制一般化的必要性——但最终还是遗漏了其他人所理解的对偶然性和过程的强调。

在社会学内部，有一些群体在向史学的方向发展。其中最自觉的是我们通常认定为历史社会学家的群体，也就是我前面提到的标准分形循环中出现的那个群体。然而，其他潜在的历史社会学家群体并不是由分形循环产生的——微观互动主义者可能是一个例外，他们不管怎样都以其微观、强烈的现象学立场为显著特征。因此，自觉的对立群体抢占了先机有其道理。

97 　　奇怪的是，这些历史社会学家们所接受的史学正统，在许多方面都是他们同时代的历史学家们试图逃离的那一种。20 世纪五六十年代的历史正统，首先是一种体裁和风格的正统。由于鲁宾逊(James Robinson)和比尔德(Charles Beard)那旧的"新史学"在战争时期和战后"美国高点"(American High)的压力下已经回落了，这门学科重新转向"共识史"(consensus history)。① 尽管意识到了年鉴学派(Annales school)的贡献，但美国历史学家们并不愿意效仿其独特的(对美国人的口味来说是奇怪的)历史和社会科学的混合体。美国史学的政治基调是平等和保守，广泛接受路易斯·哈茨(Louis Hartz)提出的"自由主义传统"。出于后见之明，当时存在明显的变化迹象，但即使到了 1980 年，史学的转变迹象充其量也并不明确。②

　　量化史学(Quantitative history)——直接借用了社会科学的方法——是对这种正统的反抗。量化史学的第一个研究分支是政治。它产生于 20 世纪 50 年代的爱荷华大学，威廉·艾德洛特(William Aydelotte)、艾伦·博格(Allan Bogue)和塞缪尔·海斯(Samuel Hays)在那里建立了一个"行为"史学的项目，并改编了格特曼阶式分析(Guttman

---

　　① "共识史"作为一个短语来自 1959 的约翰·海厄姆([John Higham]参见 Hofstadter 1968，第十二章)。"美国高点"这个短语来自威廉·奥尼尔(William O'Neill 1986)。我关于史学和社会学中的正统论的说法得到了 McDonald(1996b)的呼应和强化。
　　② 哈茨([1955] 2013)。关于不明确的变化，参见 Kammen(1980：29)。

scalogram analysis），从方法论上对其进行了修改。在其他人的帮助下，爱荷华小组在密歇根大学建立了 ICP(S)R(政治与社会科学校际数据库联盟)历史档案馆，1969 年蒂利的到来巩固了其在量化史学的中心地位。[①]

量化史学的第二个研究分支是经济。该领域起源于普渡大学，产生了量化史学中最引人注目的作品。罗伯特·福格尔(Robert Fogel)用反事实论证了铁路对于美国经济增长来说不是必要的，他和斯坦利·恩格尔曼(Stanley Engerman)对奴隶制历史的修订也引起了争议。在整个 20 世纪六七十年代，关于反事实分析的争论让计量史学(cliometrics)一直处于学科的视野中。[②]

第三个，即量化史学的"社会"分支来得较晚，也比较分散。定量 98 技术长期以来一直是人口史的核心，但斯蒂芬·特恩斯特伦(Stephan Thernstrom)在 1964 年对人类学家劳埃德·沃纳(Lloyd Warner)所做的马萨诸塞州纽伯里波特的分析发难，是社会史中第一个非常显眼的量化研究。从手抄本人口普查和传记数据库中生成可用的数据所需的努力，显然拖累了定量技术在这一领域的应用，尽管这一努力最终取得了可观的成果。[③]

在制度上，量化史学取了"社会科学"史之名。事实上，它所涉及

---

① 20 世纪 60 年代和 70 年代带来了方法论上的摇摆，被认为从纯粹描述性的标度转向回归分析(回归被认为是"因果性的"；参见 Alter 1981)。这个因果与描述之间的问题已被证明是史学、社会学及其跨学科的后代之间关系的核心。因为虽然社会科学史学家相信因果通过转换而产生，而历史社会学则相信因果通过追溯传承而产生，但他们对因果关系的理解却截然不同。我的量化史学简史有几个来源，主要的是 Bogue(1983，1990)、Kousser(1980)，以及 Swierenga(1970)中的各篇论文。关于量化史学的定量评价，见 Sprague(1978)。

② 参见 Fogel(1964)；福格尔和恩格尔曼([1974] 2016)。关于反事实的更一般化论述，参见 Gerschenkron(1967)和 McClelland(1975)。

③ Warner and Lunt(1941)；Thernstrom(1964)。

的社会科学相当有限，一般是以定量方法为基础，特别是以标准的线性模型为基础的社会科学。因此，社会科学的许多内容被抛在了社会科学史之外。年鉴学派所特有的序列史的特点，在美国从来没有得到过重视。尽管微观经济学本身具有高度的（社会）科学性，而且以其本身的方式高度量化，但它只影响了社会科学史中的经济学一翼。而且无论如何，这一派和其他人一样，都依赖线性模型进行经验分析（理性选择理论是在更晚的时候才进入史学的）。人类学理论虽然同样属于社会科学，但似乎在 20 世纪 80 年代完全绕过了社会科学史。[①] 只有在后现代主义全面出现在学科系统的其他地方之后，它才将人类学写作带入了社会科学史的世界，开启了新的分形循环，其转变仍在继续。

　　社会科学史学家在方法论上对史学和社会学之间空隙的探索，得到了实质性介入的补充，这体现在各种"新史学"中。其中有些强调了传统史学中被忽视的、关注这个或那个焦点的实质性群体：心理史、气候史等。但在 20 世纪 70 年代，更重要的是各种激进历史。虽然这

---

①　尽管有这些表象，但人们可能会认为，史学联系上社会科学的意义，与其说来自理论，不如说来自方法。McDonald（1990，1996b）不仅通过分析制度来追踪这种借用——他显示了 SSRC 报告中关于史学和社会科学方法论的核心重要性——而且也通过对 1940—1985 年城市史文献中引用社会科学文献的方式进行了简洁的分析。在某种程度上，McDonald 的方法夸大了这一点；作者们几乎总是为常见的理论标注引文，而对常见的方法却没有这样做。但其他作者也主张将"理论史"与"量化史"分开，认为这是对传统做法的背离。例如，在德国，这两者代表了截然不同的传统（Kocka 1984）。在英国也是如此，理论上的借鉴似乎比方法论上的借鉴更有力量，至少在人口学派之外（Stedman-Jones 1976）。

从长远来看，有人评价社会科学史是成功的，也有人评价它失败了。量化训练已经进入了全国大约一半的研究生课程（Kousser 1989），但 Floud（1984）认为，对量化史的争议减少，更多的是因为人们相信它可以被安全地忽略，而不是担心它的实践者不能有效地回答问题。

最后，我应该指出一个人类学从社会科学史学的世界中缺席的实质性原因。社会科学史学家们最重要的会议——SSHA 会议——常常与美国人类学会的会议会期冲突。关于年鉴学派，见 Bourdelais（1984）。

些团体也认为历史的某些方面被忽视了，但他们把这种主张变成了政治性的主张；无知乃刻意为之，而不仅仅来自智识。这里有复杂的发展过程。与社会学的历史转向不同的是，史学转向社会科学的时间早于激进主义。① 特恩斯特伦的书，像福格尔和恩格尔曼的书一样，缺少了后来的社会史（和社会科学史）中那种公开的辩护。但是，如果说20世纪五六十年代初历史性的一代人发现量化史学是抛开上一代人的有效工具，那么对他们的许多学生来说，量化史学更多地成为一种政治工具。

在美国，马克思主义（或新左派）史学研究始于威廉·阿普尔曼·威廉斯（William Appleman Williams）的学生，他们于1959年创办了《左派研究》（*Studies on the Left*），并提出以"公司自由主义"为名，阐释内战以来的美国历史。在更微观的层面上，赫伯特·古特曼（Herbert Gutman）、戴维·蒙哥马利（David Montgomery）和他们的学生们对一个又一个城市的工人阶级群体进行了详细的研究。尤金·吉诺维斯（Eugene Genovese）对奴隶制进行了精辟的分析，其对文化的关注在很大程度上归功于 E. P. 汤普森的《英国工人阶级的形成》。该书本身就是以拉斯金学院的历史研讨会（History Workshop of Ruskin College）运动为中心的，已经成为英国广泛的马克思主义历史运动中最引人注目的一部作品。②

---

① 因此，我不同意 Skocpol（1987）的说法，即两者同时出现。量化史学是"新社会史"的第一波，而且非常明显地与任何激进无关。另见 Skocpol（1988）。

② 历史马克思主义在英国的据点是历史研讨会。它源于工党的拉斯金学院为成人学生举办的研讨班，这决定了它对个人经验和工人阶级历史的强调（Samuel 1980）。相对而言历史研讨会对社会科学史的借鉴较少，而且相当反量化。事实上，它的重点倾向于文化，继汤普森之后，以葛兰西为理论支柱（Hall 1978；Floud 1984）。除了文本中给出的资料来源之外，我还使用了诺维克（[1988] 2009）、Wiener（1989）和 Higham（1989）作为激进史的背景资料。我还翻阅了《历史研讨会》杂志的全集寻找相关资料。

左派史学界因一些问题而产生了分歧，其中的大部分也是史学与社会学之间更普遍的争论的核心。约翰逊（Richard Johnson）、塞尔伯恩（David Selbourne）和其他一些人谴责了历史研讨会、汤普森，甚至吉诺维斯，因为他们强调经验，不相信理论，不愿意做大的阐释性陈述，甚至对过去进行浪漫化。另一些人在美国马克思主义者们刚开始的专业主义中也看到了同样的问题；随着激进的社会史学家相当成功地进军了学界，一些批评家认为他们的工作放弃了理论上的关注，而专注于经验主义的"好微之风"（microquarianism）。托尼·朱特（Tony Judt）和其他一些人愤怒地抗议了这后一种倾向，他们认为研究细节是"忽视政治"。于是马克思主义者某种程度上在经验主义和理论之间，在微观和宏观之间产生了分裂。事实上，这两项区分往往同时出现，这种混同在历史社会学中反复出现。①

另一种探索史学与社会学之间分歧的新史学是妇女史。妇女史始于 20 世纪 70 年代初，以伯克希尔会议（1973 年起）的组织形式出现。在主要的历史期刊上，关于妇女和妇女问题的文章从 20 世纪 60 年代末的 1％激增到 1980 年的 10％以上。与马克思主义史学一样，早期的妇女史也与激进主义紧密相连；同样与马克思主义史学一样，近年来，妇女史的专业和激进两翼之间也出现了一些冲突。逐渐制度化的妇女史也出现了思想上的转变，从早期的注重支配地位，到 20 世纪 80 年代

①　参见 Johnson（1978）、Selbourne（1980）、Judt（1979）。更一般地参见诺维克（[1988]2009：605）所引用的资料来源。马克思主义历史学家与社会科学史学家一样，推进到了许多相同的领域。事实上当两者在劳动史的领地上相遇，一些评论家（如 Floud 1984）想知道为什么两者之间没有更多的合作。然而，如果说马克思主义史学类似于社会科学史，介于历史学和社会学之间，那就失言了。相反地，马克思主义史学走向了一种激进的学术，它与标准社会学一样脱离了标准史学。正如我们将看到的，这种激进的极点也吸引了历史社会学家。然而，它并没有把历史学家和社会学家紧密地联系在一起。

初强调独立的妇女领域，再到 20 世纪 80 年代末重新关注冲突和差异。[①]

因此，自 20 世纪 60 年代起，量化史学、马克思主义史学和妇女史是三个最明显的分支，代表着历史学走向社会科学或与社会科学中的重大运动并驾齐驱。这三个分支最终都与历史社会学的各个部分形成了联系。但这些联系反映了上述讨论的不同背景。历史学家和社会学家们因为相当不同的原因转向了对方。

101 社会学家主要包括一批将史学——不管激进与否——当作一种攻击功能主义的方式的年轻人。他们不管在思想上还是政治上都不喜欢功能主义。对他们来说，历史意味着对特定的伟大事件或系统的比较研究，他们的英雄与其说是讨论数字和变量的查尔斯·蒂利，不如说是巴林顿·摩尔（Barrington Moore）和佩里·安德森（Perry Anderson），与他们的比较案例和意气相投的政治。[②] 当时在社会学中占主导地位的量化是他们希望摆脱的梦魇。因此，他们将历史社会学定义为一种被理论浸润的分析，这种分析是定性的，但并不完全是叙事。

在史学方面，量化历史学家在早先一代人的带领下，纯粹以智识理由攻击了历史正统。他们及其学生对功能主义没有什么偏爱——特恩斯特伦的《贫困与进步》（*Poverty and Progress*）就是对功能主义的攻击——但对于宏大叙事，无论其理论性有多强，他们同样也没有偏爱。

---

① 关于妇女史的背景资料包括 Vogel（1991）、诺维克（［1988］2009）和 Lerner（1989）。

［译注］Berkshire Conference 的全称是伯克希尔女性历史学家会议，在马萨诸塞州的伯克希尔丘陵定期举办。

② 当然，蒂利不能被忽视，他是历史社会学中的"大师"之一，在该领域内被仔细研究过了（参见 *Vision and Method in Historical Sociology*［Skocpol 1984a］）。他在制度上的重要性和一连串的重要学生使他不可避免地成为历史社会学的核心，即使他的工作并不真正符合后来被确立为"比较历史社会学"的模式，即自觉地以韦伯式和反量化的方式来进行研究。

对福格尔和诺斯(Douglass North)来说，理论意味着微观经济学理论，而对李·本森(Lee Benson)等人来说，理论意味着行为主义——也就是今天所说的理性选择。与此同时，马克思主义史学家也出现了分裂。随着20世纪70年代的发展，一个较老的群体活跃度降低了。他们从事的是针对政治和经济制度的一般理论和解释方案。另一个较年轻的群体，越来越多地主导了学术界的马克思主义。他们专注于微观层面，倾向于文化主义和对生活经验的研究。这最后一个群体是女性主义史学的核心，因为后者在20世纪70年代后期发展了分离领域(separate spheres)的概念。

于是，游荡在知识之城的游客们的舞台就这样搭好了，他们完全绕开了彼此。社会科学史学家拒绝了历史的有意叙事，却接受社会科学中理论性和分析性的因果关系。他们还将史学中宏大、往往是政治性的故事，替换为社会科学对经济与社会、微观与未研究的事物的广泛兴趣。他们从社会科学的角度来理解因果关系，但接受了史学对事实的掌握，接受了史学对解释地点和时间局限性的坚持。相比之下在马克思主义历史学家中，是那些强调大规模研究的群体认可了理论与因果(以及在某些情况下，跨历史的一般化)。而激进的社会史学家研究的是人们生活、微观经验中"事情的真实面貌"，通常只给出有限的阐释。女性史学家也有类似的分裂，尽管她们普遍认为女性主义理论源于实际生活经验，这在这些二分法之中又增添了新的变化。 *102*

就历史社会学家而言，他们从史学中接受了限制一般化和掌握细节带来的积极价值，但与社会科学史学家不同的是，他们从质的方面重新解释了社会科学的因果关系信念。此外，我们将在下文中看到，他们与传统的、为数众多的马克思主义史学家一样，接受了政治和政治经济学占中心地位的信念。

表4.1概括了这些立场。一般化与特殊化、量化与质性、激进与

非激进、政治与社会、宏观与微观：史学和社会学中的每一个群体都代表了这些二分法中某种独特的选择组合。这些不同的选择组合告诉我们关于分形区分概念的两件非常重要的事情。首先，它们告诉我们，虽然可能存在的选择组合数量巨大，但事实上，在任何特定时期，

一个领域中活跃的研究传统只运用了其中的少数几种可能性，因为选择的混同往往会在所有二分法中产生系统性的对立，正如我们在量化和质性的一般方法论流形中看到的那样。即使想稍稍偏离这些标准混同（几乎所有这些群体都说明了这一点）也非常难。

其次，这些模式告诉我们，转向因果的叙事组与转向叙事的因果组所抵达的区域非常不同（比较表 4.1 中的社会科学史和历史社会学群体（HS1）各自所在的行）。行动者本身就很清楚这两者的区别。例如，让我们考虑截至 1990 年的情况：ASA 罗列的历史社会学教材中（包括二十六份教学大纲和十一份参考书目）没有实质性地引用罗伯特·福格尔、威廉·艾德洛特或李·本森的著作。[①] 这些社会科学史学家的著作只出现在关于方法的一般书目中。事实上，在六份关于历史社会学方法的教学大纲中，没有一门讲授了他们的著作，也没有讲到任何量化技术。马克思主义者在某种程度上得到了较好的代表——汤普森是历史社会学家的"伟人"之一——但古特曼和历史研讨会类型的微观工作远没有人们所期望的那么显而易见。在另一个方向上，无知的情况同样严重。举个例子，社会科学史学会对比较-历史社会学家所特有的理论密集型论文并不友好。直到 1992 年才有一个网络将这些论文带入议程中。在穿越社会知识之城的过程中，社会科学史学家和历史社会学家并没有到达同一个街角。

---

① 1987 年的 ASA 历史社会学资料由 Roy(1987a)编辑。

表 4.1 不同组群在不同二分法上的立场

| | 宏观/微观 | 叙事/因果 | 历史的观念 | 科学/专家理论 | 政治经济学占中心地位 | 自觉的实体政治 | 量化或质性 |
|---|---|---|---|---|---|---|---|
| 传统史学 | 宏观 | 叙事 | 主叙事 | 专家 | 是 | 自由主义 | 质性 |
| 社会学理论化，20世纪60年代 | 宏观 | 因果 | 无 | 科学 | 否 | 自由主义 | 质性 |
| 社会学实证主义，20世纪70年代 | 微观 | 因果 | 无 | 科学 | 否 | 无 | 量化 |
| 社会科学史 | 微观 | 因果 | 时段 | 科学 | 否 | 无 | 量化 |
| 历史社会学群体1(HS1) | 宏观 | 因果 | 主叙事 | 科学 | 是 | 无 | 质性 |
| 历史社会学群体2(HS2) | 微观 | 因果 | 时段 | 科学 | 否 | 无 | 量化 |
| 宏观马克思主义 | 宏观 | 因果 | 主叙事 | 科学 | 是 | 激进 | 质性 |
| 微观马克思主义 | 微观 | 两者兼有 | 时段 | 两者兼有 | 是 | 激进 | 两者兼有 |
| 女性主义 | 超越 | 超越 | 主叙事 | 专家 | 否 | 激进 | 质性 |

注："两者兼有"的意思是两种选择都有代表；
"超越"的意思是该群体声称超越了此二分法。

## 二、历史社会学的制度结构

历史社会学和社会科学史走到了如此不同的地方，这暗示了左转右转的城市形象并不像看起来那么有用。但到目前为止，我们在很大程度上忽略了另一批自认为是历史学家的社会学家。这些人研究的是过去的社会群体——家庭、职业等——由于各种方法论或实质上的原因，他们并不属于先前概述的"历史社会学"运动的一部分。这些人构成了"历史社会学家"群体2（以下简称"HS2"），他们是对上文讨论的最初群体（"HS1"）的补充。与其他游客不同的是，这些社会学家中的大多数确实到达了一个相当接近社会科学史的区域。

也就是说，社会学的历史转向本身就被分成了两个独立的群体。在某种程度上，这是由一个群体（广义的历史社会学）内部的分形分裂所产生的，而这个分形分裂本身又来自另一重分裂（对史学感兴趣的社会学家从该学科的其他部分分裂出来）。然而，虽然分形分裂增殖的思想带来了分析上的便利，但在这种情况下，它的历史值得怀疑。HS1 和 HS2 的划分可以追溯到"历史社会学"作为一个标签最早出现的时候。事实上，它反映的是导致 HS1 出现的叙事/分析之外的其他分形上的差异。正如我们将看到的那样，这些其他的差异迫使史学和社会学在实质性的领域内联系起来。它们转移了人们的注意力——对沿着叙事思路激进地重新思考社会学的一般理论问题的注意力。要看清这种分离和转移注意力的现象究竟如何发生，一个简单的程序是研究与这两个历史社会学家群体联系最紧密的组织，即 HS2 的社会科学史学会（Social Science History Association，SSHA）和 HS1 的美国社会学学会的比较与历史社会学分会（American Sociological Association Section on Comparative and Historical Sociology，ASACHS）。分析这些群体，将有助于我们看到分形结构如何在最细致和个体的层面上发挥作用。

SSHA 成立于 20 世纪 70 年代，是量化史学制度化的一部分。20 世纪 60 年代成立了 ICPSR 历史档案馆，1967 年又成立了《史学方法通讯》(*Historical Methods Newsletter*)。1970 年，实质性的《跨学科史杂志》(*Journal of Interdisciplinary History*)开始出版，艾伦·博格与杰尔姆·克拉布(Jerome Clubb)一起鼓动成立量化史学学会。1976 年，SSHA 及其期刊《社会科学史》(*Social Science History*)正式成立。该协会围绕着共同感兴趣的"网络"展开：方法、家庭、人口、劳动、城市、农村、经济等。这些网络以小组为单位规划学会未来的议程，使 SSHA 基本上由会员驱动。有些 SSHA 网络从一开始就与社会学有着密切的联系。例如，在 SSHA 的众多国际联系中，就有一个与英国历史人口学家相关联。由于历史人口学不是 HS1 的一部分，但在 HS2 中占据相当核心的位置，因此 SSHA 与 HS2 的联系可以追溯到其成立之初。①

历史社会学的另一个机构是设置完全不同的 ASA。ASA 是一个比 SSHA 大得多的组织(与 SSHA 不同的是，它是一个学科性的学会)。自 1970 年以来，ASA 已经分裂成了三十多个分会(section)，成员有不同程度的重叠。这些新的分会通常是较小、专门的团体，它们将政治上的分裂(马克思主义社会学)或方法论兼智识上的分裂(文化和世界体系的政治经济学[PEWS])制度化。卡佩尔和古特博克(Charles Cappell and Thomas Guterbock)用分会联合成员数据证明，ASACHS 是由联合成员紧密地捆绑在一起的七个分会之一(其他六个分别是世界冲突、集体行为、理论、马克思主义、世界体系的政治经济学和政治社会学)，

---

① SSHA 的史料散见于许多资料中。大体上可参见 Bogue(1983)。

并与其他分会相对隔离。与其他分会相比，这个小组的成员总体上左倾、理论导向、反量化。[1]

ASA 分会的重要性在于它们控制着约三分之一的 ASA 议程（program）空间。ASA 的大部分议程由主席主导，主席的议程委员会通过个人网络松散地控制着专题和一般性研讨（thematic and general sessions）。由于不允许提交小组提案（panel submissions），外人要想在智识上连贯的小组进行发表讨论，唯一的途径就是通过分会，而分会根据其成员的比例来划分剩余的议程空间。大多数新的分会因此围着新的范式渴望着合法性和议程领地。[2] ASACHS 也不例外。在近十年的时间里，HS1 一直主导着它。

作为证据，我们只需从 ASA 议程中列出自 20 世纪 80 年代中期开始，所有在 ASACHS 中担任过职务，或组织过分会研讨，或在分会会议上发表过论文的人员名单。我们还可以把一般（非分会的）的 ASA 历史社会学研讨的组织者和发言人也包括在内，尽管这些研讨对普通会员也开放。有了这些名单，我们可以比较一下从同时期的 SSHA 的议

---

① 关于分会的变化，参见 Ad Hoc Committee（1989）。标度研究参见 Cappell and Guterbock（1986）和 Guterbock and Cappell（1990）。Daipha（2001）利用后来的数据对该研究进行了复制。

② 这一事实或许可以解释为什么有七个紧密联系的 ASA 分会在进行基本上是共同的智识计划。不同的分会在某种程度上"专攻"正统的不同部分，以拒绝正统。马克思主义分会拒绝了保守政治，理论分会拒绝了实证主义，等等。这种专攻解释了为什么历史社会学可以明显地反量化，而无须提出对所涉问题的深刻分析；理论分会照顾到了这个问题（参见 Skocpol 1984b）。这也解释了为什么会有像世界体系的政治经济学这样的专业分会[作为七个分会之一]。读者会注意到，用第一章的术语来说，分会体现了"实质性的分化"。它们似乎表明，分化可以在稀缺性（议程空间）的背景下发生。但正如 Daipha（2001）明确指出的那样，新的分会往往只是旧分会的自我复制，以期获得更多的议程空间。与此同时，ASA 随意增加了议程空间（现在有超过三分之一的 ASA 成员出现在议程中）。为了避免稀缺，ASA 无休止地膨胀了自己的智识货币。ASA 的实际稀缺性在于缺乏接收者/听众（audience）。

程中抽取的论文发表者名单中被认为是社会学家的人。[①]

随之产生的"历史社会学家"名单几乎没有交叉。在同一时期，只有四人在两个会场同时出现过四次或更多。相比之下，有十八人在SSHA会议上出现了四次或更多，但这些人在ASA的特定研讨会上出现的次数小于四次。相对的，有十四人在ASA研讨会上出现了四次或以上，但他们在SSHA中露面少于四次。

SSHA小组包括查尔斯·蒂利和他的学生、历史人口学家、研究家庭和性别的小组及其他一些不同的人。ASA的演讲者包括ASACHS早期（当时它只关注韦伯）成员、研究整个社会的宏观社会学家，以及写过西欧或美国资本主义及其一般影响的人。在这两份名单中，唯一的交叉者是两位宏观社会学家（西达·斯考切波和安·奥尔洛夫[Ann Orloff]）与两位性别和家庭历史社会学家（芭芭拉·拉斯利特和索尼娅·罗丝[Barbara Laslett and Sonya Rose]）。[②]

---

① 这两份名单涵盖了1983—1989年的ASA和1981—1989年的SSHA；SSHA的时间较长，反映出要有足够多的可比数字。我省略了名字的细节，所有的名字都已在本章最初的论文版本中给出。在谈话中，Margaret Somers曾质疑我为何用20世纪80年代来确定HS1和HS2的成员。她认为历史社会学的真正形成在20世纪70年代末，来自诸如在哈佛大学举行的历史社会分析方法会议（Conference on Methods of Historical Social Analysis，Skocpol[1984a]进行了报告）等活动中。这很可能是真的，尽管在没有进行更详细的历史工作之前，我无法评价这个判断。由于我的目的是记录这两个群体的存在，所以从20世纪80年代开始更符合我的目的。

② 这些数字在一定程度上掩盖了这种脱节的绝对程度；大多数参加过四次或更多ASA的人只在SSHA出现过一次或两次，大多数SSHA发言者只参加过一次或从未参加过ASACHS。那么，我们有充分的理由认为HS1和HS2是互相独立的群体。西达·斯考切波显然是将历史社会学定义为一个子学科的主导人物。她的重要性体现在制度建设方面（比如说在1979年的方法论会议上）和她关于革命的精彩著作（[1979]2013）。正是出于这个原因，而不是出于我的某种阴谋论，她在这篇文章中的地位如此突出。令人惊讶的是，斯考切波在1988年说，性别作为一个核心社会变量的重要性说服了她。这种说服力可能与两位研究性别的历史社会学家在ASACHS和SSHA高度活跃有关，（转下页注）

　　这种区别在两个会议考虑的实际议题中继续存在，这些议题相当清楚地显示了两个组织各自的历史。1983 年在韦伯派下台后，ASACHS 便集中到民族国家的宏观政治社会学。历史社会学的微观领域（人口学、家庭、劳动、城市等）除了几场关于不平等类型的研讨外，在 ASACHS 中几乎没有什么代表。[①] 从 1983 年到 1989 年，该分会主办了七场一般性研讨（如"历史社会学的复兴"），六场方法论研讨（如"历史社会学中的概念与方法"），四场关于国家或国际宏观社会学问题的研讨（如"国家与经济"），六场关于各类不平等和社会问题的研讨（如"比较历史研究与当代社会问题"），三场关于文化相关的专题研讨（如"文化变迁的比较历史研究"）。从方法上看，该分会强调的是具有强烈理论性或准理论性的比较工作，很少关注定量工作，不管是传统的人口学或较新的领域（如时间

----

（接上页注）也与性别最终成为 ASACHS 会议的研讨主题有关。在过去的二十年里，性别问题一直是 ASA 政治中的核心问题，也是社会学中最核心的研究课题之一。因此，性别社会学家在历史社会学中提供了重要的联系，这也就不足为奇了。自从我最初进行了这项研究之后，性别也成为 SSHA 的核心问题。我还应该注意到，在 SSHA 会议上进行 HS1 型工作的人逐渐增多。最终在 1993 年会议的议程主席玛戈·安德森（Margo Anderson）和我本人的要求下，一个包含这些研究工作的网络正式形成了。

　　① Cornell(1987)也提到了这种集中，尽管除了宏观政治学之外，她看到的工作比我看到的更少。另见 Goldstone(1986：83)。当他们成立 ASACHS 分会时，罗纳德·格拉斯曼（Ronald Glassman）等人将比较历史社会学定义为类似于韦伯所做的经验性工作，并赞助了对韦伯和他的理论同行的研讨；然而，在 1983 年的一次激烈的业务会议上，韦伯小组被赶下台，议题变成了这里提及的那些。拉里·格里芬（Larry Griffin）在那次会议上提出了量化工作的重要性，但尽管他的论点可能有助于赶走韦伯小组，但对该分会未来的发展方向影响不大。

序列、事件史)。①

　　社会学的大部分内容在这份专题清单中消失了。有些领域之所以不见，是因为它们成立了自己的协会；关于科学、医学和宗教等的历史社会学的主要会场在 ASA 之外。但是，令人惊讶的是，出现在 SSHA 中的主要领域没有在 ASA 中出现。这些领域包括历史人口学、家庭与移民的研究、劳动史、城市史和农村史；甚至是关于教育、犯罪和偏异的历史社会学。②

　　SSHA 的历史同样明显地刻在了在其中占主导地位的社会学工作之上。在 1992 年之前，SSHA 没有宏观历史或宏观政治网络，因此这类工作相对较少(20 世纪 80 年代 SSHA 的"政治分析"指的是投票研究)。在 SSHA 出现的工作相对于 ASACHS 会议上提出的工作而言是定量的，而且相当多地与原始数据联系在一起。③

　　HS1 和 HS2 之间不仅在人员和议题上存在差异，在来源上也有所不同。如果按博士生毕业学校和时间来考虑上述名单，就会发现，在 SSHA 中活跃的社会学家里，最主要的大学是芝加哥大学和密歇根大学，然后是北卡罗纳大学教堂山分校和哈佛大学。西海岸大学明显缺

--------

　　① 我应该明确自己的立场。SSHA，而非 ASA，一直是我的历史社会学研究场所(在上面的名单中，我在 SSHA 上出现过七次，但从未在 ASA 上出现过)。由于我的实质性工作涉及职业——用 ASACHS 的术语来说，是一个微观的话题——所以该分会对我的工作不感兴趣。SSHA 的劳动史学家对我的研究同样没有什么兴趣，因为他们强烈的马克思主义倾向认为专业人士"不是真正的工人"。但是，我在叙事方面的量化工作受到了 SSHA 的热切欢迎，而对 ASACHS 来说也许没有那么有趣，因为我的工作是量化而非性的，是叙事而非因果的。尽管如此——这突出了我后来的判断，即 HS1 和 HS2 并非完全不同的——我在这一领域的第一篇论文(Abbott 1983)出现在 Roy(1987a)的几篇参考书目和提纲中。

　　② 令人震惊的是，在科学的研究中，跨学科的群体表现出的融合哲学、社会学、历史学和科学的观点的能力远远大于历史社会学。

　　③ SSHA 的两个长期网络——人口学、家庭史和妇女史——为 SSHA 提供了在会议上发言的大部分社会学家。SSHA 与蒂利的联系反映了蒂利(和其他密歇根教员)在启动和维持该组织方面的作用。20 世纪 90 年代，宏观政治学的情况发生了很大变化；见上文注。

席，这无疑反映出 SSHA 的区域性特征。

在 ASA 名单上，情况就完全不同了。在这里，哈佛大学和芝加哥大学占据了压倒性的优势，显然，这两所大学都反映出了西达·斯考切波的存在。西海岸的主要院系根据他们在该学科的一般地位表现出更好的代表性。而事实上缺席的是强大的定量学系——威斯康星大学、印第安纳大学等。因此，除了芝加哥大学在两个组织内共同的突出地位之外（拉斯利特是唯一一位在两个组织内都突出的芝加哥博士毕业生），这两个群体无论在模式上还是细节上都没有什么共同之处。①

在 HS1 和 HS2 之间确实出现过一个共同的模式：1975 年前后，历史社会学的博士人数激增。在 SSHA 组中，在那之前只有八位博士出现，而光 1976 年就出现了四位。在 ASA 组中，只有七位博士出现在 1974 年之前，而 1975 年和 1976 年各产生了五位。因此，历史社会学显然有代际特征。

我们可以相当简单地总结一下这些证据。历史社会学在 20 世纪 70 年代中期有了很大的发展，大约是在量化史学和马克思主义史学产生重大发展之后的十年，与妇女史的发展大致同步。它因其代际和政治渊源而被赋予强烈的色彩。20 世纪 80 年代在 ASACHS 赞助下出现的工作主要来自一个定义明确的群体，即 HS1。它强调比较宏观社会学，通常是关于国家并以政治制度为中心。HS1 对付社会学的量化正统的方法就是忽略对方。然而，从更广泛的意义上说，当时出现在 ASA，但置身 ASACHS 和明确的"历史社会学"研讨之外的大量或大部

① 进一步的最终证据来自前面提到的 ASA 教学资源中心收集的历史社会学教材。在该文件所载二十六份教学大纲中，有一半涉及一般专题：三份涉及一般历史社会学，四份涉及历史社会学的"大师"（如韦伯），六份涉及"历史比较方法"（我在上文中已经注意到，这些方法论的教学大纲是多么的古板）。在十三份专门的教学大纲中，有七份涉及阶级、资本主义、发展和政治社会学的相关历史问题。思想、人口统计学——家庭、城市，甚至性别等方面只占了一门。再次强调的重点显然是资本主义的宏观社会学和政治。

分"历史社会学"，通常出现在其他分会的研讨中：人口学、性别、犯罪学等。这些都是 HS2 在 ASA 中的分会场。

然而，体现 HS1 和 HS2 的制度结构显然在 20 世纪 70 年代之前就已经有了根基。因此，这仅仅是一种分析性的排序，即社会学家首先分为认真对待历史和不认真对待历史的人，而前者随后又分为遵循主流理论与遵循主流方法论的人。分形分裂的叙事顺序更可能反过来：理论占主导地位的群体和经验主义占主导地位的群体中各自独立地产生了对历史的关注。前者生成了 HS1，后者催生了 HS2。

但是，这些慢慢扩散、交叉的二分法模式最终在这两门学科之间（学科本身就是巨大、结构化的劳动力市场），以任意的交会形成了各种桥梁。这些连接似乎遵循了一个相当简单的规则。依照表 4.1 中各列所标示的"二分法空间"，当不断增加的二分法中产生的子群相互之间的距离较近时，它们就会连接在一起。

因此，正是 HS2 提供了社会学与社会科学史学家的主要联系，并在相当程度上提供了与更普遍的史学的联系。HS2 与社会科学史联系的产生，其原因在表 4.1 中是显而易见的；二者在所有的二分法上同构。[1] 在许多情况下，唯一的差异是在博士毕业的学系上的任意差异；例如，查尔斯·蒂利培养的密歇根博士既是历史学博士，也是社会学博士。因此，在社会学与现代国家宏观社会学以外的历史上的实质性领域——职业、性别、组织、人口、家庭等方面的研究中，正是 HS2 群体的实质多元化提供了社会学与实质性领域之间的主要联系。这种联系往往是分段式的。许多从事当代犯罪研究的社会学家都知道罗杰·莱恩（Roger Lane）和埃里克·蒙克宁（Eric Monkkonen）的工作，

---

① 这些人还提供了历史社会学本身与社会学和史学中的量化社群之间的主要联系。看来，希罗（Daniel Chirot）在 1976 年的预言相当正确，他说"[关于量化方法对历史社会学是否有效而产生的冲突]是如此根本，以至于不可能得到解决"（1976：235）。

但很少有其他社会学家知道。

这种跨学科联系的实质性基础还体现在，性别研究将历史和社会学联系在一起的重要性日益增加。性别研究在历史上有自己独立的机构渠道，像《标志》(Signs)这样既发表历史著作又发表社会科学著作的期刊、跨学科会议等。但是，由于计量史学的衰弱，SSHA 对因果分析、科学理论和定量方法的承诺越来越少，性别研究在 SSHA 内部走向了中心舞台。再一次，立场的交会塑造了研究群体之间的实际联盟。[①]

马克思主义史学和社会学之间的联系，就和性别研究中的情况类似，部分在历史社会学内部，部分在历史社会学之外，就像女性主义一样，存在跨学科的马克思主义学者会议，也有马克思主义期刊。但在实质性领域内也有许多直接的联系。例如，在 HS1 和 HS2 内部，都有与新劳动史直接相关的历史社会学家。然而，即便如此，也有人抱怨马克思主义历史学家和劳动社会学家并没对彼此的实践产生根本性的影响。[②]

*111*

因此，史学和社会学之间的联系往往沿着特定的实质性路线展开，而不是沿着一般的理论路线。这种趋势很可能是将社会学作为一个整体进行历史化的核心困难；这两门学科之间的关系在一个个按主题(或

---

① 事实上，1990 年关于社会科学史现状的小组会议(以及其他一些不明显的指标，如各网络会议的规模等)似乎表明，SSHA 对量化的着重正在减弱，该组织正在走向新的跨学科领域，其中妇女研究以其多样化但很少有量化的方法和途径，将发挥更重要的作用。

然而，令人惊讶的是，史学对社会学在性别领域造成的净影响似乎并不大。在社会学的新期刊《性别与社会》(Gender and Society，1987 建刊)的头三年里，只有大约 20%(51 篇中的 10 篇)的文章包含任何时间性的成分。在这些文章中，有几篇是标准的"趋势和计数"的定量文章，涵盖了最近的时期。这是一种熟悉的社会学文章形式，与一般的史学和妇女史无关。"历史"文章的实际水平可能接近 10%，与其他社会学期刊刊载的历史文章的数量差不多(McDonald 1990a)。因此，性别问题可能并不像人们所期望的那样是史学在社会学中发挥影响的有力途径，特别是考虑到有两位性别社会学家同时出现在 HS1 和 HS2 的名单上，而且性别问题学者在 HS2 中的代表性很强。

② Kimeldorf(1991)。

按方法)划分的基础上形成。这种联系在很大程度上是临时的，因为在学科内部的分形划分的稳定过程中抛出了足够接近的群体，（在它们的"二分法轮廓"中)形成了直接的联系。

到目前为止，似乎两门学科内部的再分化产生了大致相当的群体，然后跨越学科边界结盟(我们应该把这作为一个分析性的序列，而不一定是时间性的序列；学科差异之所以优先，是因为如学术劳动力市场这般的主导性社会结构遵循学科界限，而不是因为这些差异在历史上必然先于学科)。但在这个模型上，理解 HS1 在史学中的对应关系就变得很重要。HS2 与社会科学史学家联系在一起(按实质领域划分)，马克思主义和女性主义社会学家与马克思主义和女性主义历史学家联系在一起。那么，HS1 与谁联系在一起？

在某种程度上，答案是完全没有。当特伦斯·麦克唐纳(Terrence McDonald)对 1957 年以来(广义的)历史社会学中的四十八篇立场论文做了一次引用分析时，他发现，被引用最多的二十五位作者中只有四位历史学家(斯特德曼-琼斯、布洛赫、汤普森和卡尔)。被引用最多的作者本身就是历史社会学家(或有时是理论社会学家)：蒂利、斯考切波、吉登斯、斯廷科姆、柯林斯和斯梅尔瑟。[①]

造成这种孤立的原因之一可能是史学方面缺乏合适的候选者，这一点在表 4.1 中很明显。显而易见的候选人因关键差异被排除在外。社会科学史学家们太过量化，往往太过微观。马克思主义的主导派别——新劳动史学派和历史研讨会学派——在其方法上明显是微观的，

---

① McDonald(1996b)。

[译注]斯特德曼-琼斯指 Gareth Stedman-Jones，布洛赫指 Ernst Bloch，卡尔指 E. H. Carr，柯林斯指 Randall Collins，斯梅尔瑟指 Neil J. Smelser。

落在理论/事实之争中经验和事实的一方。[①] 与社会科学史家一样，新
马克思主义者比一般的 HS1 更少地与全球政治分析产生联系。像温斯
坦(James Weinstein)、科尔科(Gabriel Kolko)甚至蒙哥马利(David Mont-
gomery)那老一辈、做大规模分析的马克思主义史学家或许更有可能与
之相匹配，但他们的人数较少，在新一代马克思主义史学家中不占主导
地位。HS1 的韦伯主义制度遗产也可能阻碍了双方的联系。

　　相比于社会学和相关社会科学中的其他历史学派与或多或少的左派
学者，HS1 的主要制度附属与史学关系较少。在社会学范围内，这意味
着他们构成了美国社会学会的少壮派(现在年龄在中年晚期)群体的七个
分会。在社会学之外，HS1 还与其他社会科学学科，特别是政治学等志
同道合的成员建立了联系。另一个关系密切的群体是他们的英国同行，
这现在是一个跨越多门学科及多个国家的多元群体，包括佩里·安德
森、德里克·塞耶(Derek Sayer)、迈克尔·曼(Michael Mann)等人。然
而，令人惊讶的是，所有这些群体与史学界之间的联系都很薄弱。[②]

———————————

　　① Samuel(1980)回忆到，戈夫曼式互动主义对历史研讨会产生了决定性的影响，这
一点很有启示意义；正如我们将在下文中看到的那样，HS1 认为戈夫曼显然不属于史学。

　　② 通过扫视这些群体的主要期刊《理论与社会》(*Theory and Society*)和《政治与社
会》(*Politics and Society*)的编委会名单，可以看清这种制度结构。HS1 在《理论与社会》
的编辑部有很强的代表性。在我之前计算的 ASA 活跃小组中，有九人自 1980 年以来
一直担任《理论与社会》的编辑或通讯编辑，而 SSHA 小组中仅有三人，他们都同时出现
在 ASA 名单中。虽然《理论与社会》在早期相当跨学科，但它的编委会逐渐由社会学主
导。其中包括许多不在 HS1，但活跃在理论/历史/政治领域的社会学家。相比之下，
《政治与社会》更跨学科，然而与《理论与社会》一样，尽管几乎每篇文章都透着历史感，
但历史学家在编辑委员会中的代表性极少。

　　与作者名单相比，编委会名单提供了更清晰的联系信息。曾有过 HS1 和 HS2 小组都
发表论文的期刊，《社会与历史比较研究》(*Comparative Studies in Society and History*)和
《跨学科史学杂志》(*Journal of Interdisciplinary History*)是主要的例子。然而在这两种情况
下，这两个学派走到一起，都是由两个学派之外的活跃编辑促成的。其中一位是雷蒙德·
格鲁(Raymond Grew)，另一位是西奥多·拉布(Theodore Rabb)。我感谢查尔斯·蒂利提醒
我注意到这一点。

到了 1990 年，史学与社会学之间的联系似乎大部分都在有限的领域内——要么是在马克思主义、女性主义等特定的分析方法内，要么是在人口学、家庭研究、劳动史、犯罪学等特定的实质性领域内。至于 HS1 中明显定义的"历史社会学"，尽管它对某些伟大的历史学家有明显的推崇，但它与史学中的任何特定群体都缺乏直接的联系。

## 三、缺失的综合

113        这一讨论使我们对分形区分系统的演变有了比前几章更真实的认识。诚然，这个系统由单一的分形区分所支配，即对社会现实的分析方法和时间方法之间的区分。而这种区分确实很强大。

然而，一个沿着分析性/时间性去划分和细分的社区群体的形成，也受到了其他同时发生的过程的影响。其中重要的因素有几个。第一个是制度结构和物质结构。例如，ASA 的组织结构（分会制）为发展代际范式和分衍的子群提供了强有力的激励。或者再如，HS2 这种有点量化的模式预先定义了 SSHA，从而降低了 HS1 与史学通过 SSHA 联系的可能性。制度结构的重要性表明，我们可以考虑这些结构本身是否具有分形特征。这是我将在下一章中讨论的主题。

第二个重要的因素不是制度结构，而是其他的分形区分。这段历史清楚地表明，不同学科中群体之间的联系在这些群体的轮廓——在一整套的分形区分之下——接近于一致时发生。性别问题成为史学和社会学之间的核心联系，并不是因为研究性别问题本质上有什么革命性可言（至少是相对于这些二分法来说），而是因为这两门学科的性别研究群体在表 4.1 中罗列的诸种区分下以一致的方式排成了一行。在二十年前，类似的列队——不是在细节上，而是在紧密程度上——使人口学成为一项重要的联系。我们可以在社会科学的其他领域看到类似的现象。例如，在对科学社会学、科学哲学和科学史的研究中涌现出异常强大、跨学科的团体。

我们还可以从这个案例中了解到，哪怕是把各种分形区分之间通常的附属关系稍稍进行反转也会产生非凡的力量。在第一种情况下，将基本的量化方法应用于历史数据，在一个又一个领域中结出了丰硕的果实。HS1 的历史转向也是如此，它在其他方面仍然非常接近传统社会学。

但与此同时，这个例子也很好地说明了其中涉及的主要分形区分那非凡的持久性。尽管说了这么多，但从来没有人真正在理论上直接试图解决社会过程在叙事和分析立场之间的不同。社会学和史学之间 *114* 的联系一般都发生在特定的领域内，这意味着史学和社会学本身究竟是在研究同一件事或者不同的事，这个核心问题从来没有得到过持续的理论探讨。[①] 最有机会进行这种探讨的群体显然是 HS1。他们拥有［历史社会学］这个名字、动机，也有精力去理论化这两个领域之间的联系。事实上，他们的前辈韦伯本人很好地完成了这两方面的研究。然而，HS1 却未能将史学与社会学的联系理论化，因为他们以分形的方式，在自己内部重新创造了同样的史学—社会学二分法，而这种二分法首先造成了学科的分裂。事实证明，这两门学科的不同体现在一种非常深刻的分形意义下。通过观察"史学"和"社会学"这两个词如

---

① 当然，有很多论文说这应该成为一项调查课题，并通常提供几个例子来说明这种必要性。这个领域中的每个人在其职业生涯中至少都曾写过一篇这样的论文。有些人还养成了这样的习惯（尤其是吉登斯，他花了很多时间告诉我们事情有多重要，而很少真正向我们展示如何去做）。我自己的版本是 Abbott（1983），但欢迎读者阅读吉登斯（［1979］2015），或 Abrams（1982），或 Aminzade（1992），或 Sewell（1992），或 Griffin（1993），或 Somers（1996）。

何被 HS1 的代言人用来划分知识界的领地，我们就不难看出这一点。①

1987 年，威廉·罗伊(William Roy)在反思历史社会学与社会(科学)史的关系时，认为"历史"意味着一般化必须关于特定的时间和特定的地点(generalizations had to be time and place specific)。在同一研讨会上的发言中，斯考切波也采取了基本相同的立场。社会史学家必须向历史社会学家学习理论(以及有看到"大局"的意愿)；他们必须变得更加"因果"，少一些"描述"。② 斯考切波认为，对于历史社会学家来说，他们必须使得理论关联于特定的时间和特定的地点，避免具体化，不再以西方为中心。因此，史学通过强调变化的因果宇宙来限制一般化，而社会学则提供了可移植的因果论证。③

后来加里·汉密尔顿和约翰·沃尔顿的分析使这一领地的划分更加清晰：

> 第一，历史社会学包括各种分析风格，这些分析风格合在一起看，并没有穷尽所有有效的或有用的社会学探究形式。社会学在任何简明意义上都不是"内在"历史性的。第二，隐含地讲，历史社会学也有正当合理的非历史的社会学形式。这些形式，如戈夫曼发展起来的情境分析，与史学的工作并不必然不相容，只

---

① McDonald 的优秀论文(1990)详细讨论了这个问题的前史。史学提供事实而社会学提供理论这个想法非常古老，也许是因为在它的假象之山上并非没有一丝真理。

② Roy(1987b)；Skocpol(1987)。值得回顾的是，斯考切波的论点被早期的社会科学史学家用来证明他们从标度方法(scaling)转向回归分析(regression)的理由。当然，这两种论点都是 HS1 的反面教材。这分别表明两者对"因果关系"的含义存在着很大程度的误解；他们对这个概念的理解处在不同的分形层面上。

③ 关于这一论点的"元理论"版本，参见 Knapp(1984)。从标准社会学角度来看，这实质上是一个论点，即"认真对待时间"意味着"控制时间和地点"——在其最简单的版本中，是控制变量的问题。与此相反，我将在下文中论证，认真对待时间意味着关注过程而非因果关系。

是有区别。①

这番话不仅理所当然地认为历史社会学仅仅是关于过去的时代和数据的旧式社会学，作者还明确否定了吉登斯、艾布拉姆斯（Phillip Abrams）等人的论点，即所有的社会学（更广泛地说，是所有的社会科学）本质上都是历史，尽管除了学科实践的差异之外，他们几乎没有为这一判断提供什么理由。②

这里有一个核心难题。戈夫曼的工作是关于互动的"历史"。为什么这个事实没有引起汉密尔顿和沃尔顿的注意？这是因为在不知不觉中，他们完全以一种分形的方式运用了史学/社会学的区分。他们假定，人们可以把这种区分挪用到任何一个分析的层次和单位，然后用"社会学"来表示在这个层次和单位内以某种系统性的方式对变化的现象进行因果研究，而用"历史"来表示更大的参数，这些参数的不变性定义了这个层次和单位。由于他们自己主要关注的是宏观社会学，而且由于戈夫曼在更短的时间框架内研究互动，所以汉密尔顿和沃尔顿认为他的研究理所当然是非历史的。

但是如果把分形缩小，我们可以看到，戈夫曼的作品在前面提到的一种意义下具有深刻的"历史性"。戈夫曼关注过程。他认为所有身份的协商都在时间里完成。他认为没有什么完全固定不变。此外，人们可以把时间的关注点缩小到这样的程度，即每一个戈夫曼式的互动都有其内在固定的结构、不断变化的形势（conjunctures）和琐碎的事件；人们可以在这个"小时代"里看到布罗代尔的所有三种时间性。而如果我们再次延伸感兴趣的时代，在之前一个狭窄的时间焦点中似乎

---

①　Hamilton and Walton(1988：189)。
②　吉登斯([1979] 2015)；Abrams(1982)。

是互动仪式的固定结构，就会像诺贝特·埃利亚斯(Norbert Elias)考虑的这种仪式的历史一样，以一种形势的甚至是"基于事件"(événémentiel)的方式变化。那么，认为社会史应该设定历史社会学所能写出的因果性解释的限度这种观点，只是在某种新的层面上重复了旧的史学/社会学二分法。而它之所以会崩溃，是因为其论点同样适用于自身。当我们转到一个较短的时间尺度时，每一个"特定的时间和空间"的一般化都可以证明，它会以非历史的方式来进行。

　　当然，有些社会学研究会界定时间常态的区域，并在其中进行"纯社会学"分析。我们不能将其排除。而时间常态就是布罗代尔对结构、形势、事件的区分。但作为一般性策略，这样的程序并不合适。一个例子可以说明原因。假设我们想知道为什么在 1880 年，95％的美国精神科医生(psychiatrists)在精神病院工作，但到了 1930 年，只有不到 50％的人仍在那里工作，我们可以分析年度同比的流动情况——工资、职位空缺、市场，并看到促使医生流动的近似力量。我们也可以分析在五到十五年，主要城市中强大的精神科医生地方社群的成长。这些地方社群的结构和诱因驱使了个人的流动，但这些社群同时也由个体流动所创造。我们可以分析精神病学知识的转移，从有机的转化为弗洛伊德范式的。这种发展也由微观和中观的变化所调节和规范，但却在一个更长的时间框架内发生。我们可以分析精神病学的社会控制功能的改变——这种改变可能比知识的改变需要更长的时间——部分由找工作的精神科医生所推动，但也由社会的巨大变化所推动。简言之，精神科门诊服务的发展产生于一个过程之中。这个过程的几个层次的移动速度不同，但却互相影响。①

　　一种将时代性时段隔离出来的分析策略——在这些时段中"社会学"因果关系的判断成立——将无法分析这样一个系统。然而事实上，历史学家和社会学家研究的大多数过程恰恰具有这种形态。社会学/史学关系中的一项核心智识挑战是如何处理社会过程同时在许多层面上运动这一事实性问题。将多层次的社会过程理论化的最简单的策略是每位历史学家都熟悉的——叙事性地思考。亨普尔（Carl Hempel）对史学中覆盖律（covering law）论证的坚持，唤起了长期以来为"叙事性知识"辩护的杰出文献。

　　事实上，通过叙事来理论化社会过程是史学和社会学的深厚传统。如果说有什么思想是历史思维方式的核心，那就是事物发生的顺序有别。现实不是像基于时间的快照那般发生，其中的"致因"相互影响（快照因此受制于上述分形意义下的"社会学"）；现实作为故事发生，是事件的倾泻。在这个意义下，事件既不是单一的属性，也不是简单的事物，而是复杂的形势，其中复杂的行动者遇到复杂的结构。

　　许多古典社会学理论正是以这些相同的见解为核心。芝加哥学派专注于城市的社会变迁，并围绕社会过程组织了他们的教科书。他们的学生——符号互动主义者——正是就变量的无意义性问题与正在崛起的经验主义者进行了斗争。而韦伯本人也坚持认为，社会学的基础在于社会行动，在于结构内的动因（agent）之间的相互作用，并主张将理想型

---

① 对这个问题有一个标准的经验主义的答案，那就是把一般现象或"大事件"分解成小事件的总和。知识的变化就变成了"现在 20% 的人相信弗洛伊德主义，现在变成了30%，现在是 50%"等。很少有严肃的历史学家认为可以通过这种手段使问题消失。无论如何，经验主义的解决方案也有其自身的问题，参见 Abbott（1990a：144）。这里讨论的经验主义问题来自我的论文（Abbott 1982）。由于我一直没有想出如何处理这个问题，所以没有发表。我目前对此的思考在 Abbott（1999b）中。一个难得的正视多层次问题的定量研究的例子是 Padgett（1981）。

叙事作为中心的方法论，而不是以具体化的"因果分析"为中心。①

　　然而，历史社会学家们拒绝了叙事传统，也拒绝了任何叙事性的一般化概念。在《国家与社会革命》一书的开篇，斯考切波明确地将她的"比较历史学"计划与"自然史学家们"的计划区分开来，其中最典型的例子是莱福德·爱德华兹（Lyford Edwards，芝加哥社会学博士、罗伯特·帕克的学生）。她认为，比较-历史社会学是关于致因的，而自然史是关于阶段的序列。虽然自然史学家们都谈到了致因，但"并没有努力去通过历史案例的比较来证明这些"。她的目的是"识别和确证原因，而不是进行描述"。斯考切波认为，"即使在革命期间发生冲突的性质和时间不同，例如，即使某一案例在保守性的反动中达到顶点，另一案例则没有出现这种情况（根本没有出现或以同样的方式出现），分析上类似的系列原因也可能在每一案例中发生作用"。因此，斯考切波的关注点以经验主义社会学而言相当传统：事件的流动并不是她的核心关注点，就像涂尔干不关注自杀的叙事一样。因此，HS1 的历史社会学家并没有真正解决叙事/分析二分法的问题。史学与社会学的联姻仍然未实现。换句话说，叙事与分析的分形关系太有用了，也太被不假思索地接受了，因而无法解决。②

118

---

　　①　Blumer（1931，1956）。

　　②　斯考切波（[1979] 2013：38-39）。蒂利有时也对自然历史学家"叙事性一般化"的尝试表现出了深感失望的蔑视，尽管他所期望的比较实质上是对叙事的比较，参见 Tilly（1984）。同时，人们应该记得蒂利从一开始就反对建立一种具体的"历史社会学"，他说："如果这个词从来没有被发明出来，我会更高兴。"（1981：100）他经常认为，所有的社会学都应该是历史性的，即关注社会过程。而且，有必要回顾一下，正如许多人（如 Burawoy 1989）所指出的那样，斯考切波在《国家与社会革命》中的做法，实际上远比她的方法论序言所承诺的要"叙事"和复杂得多。但可以肯定，对密尔的求同法与求异法（被斯考切波所采用）的通常判断是，这些方法根本行不通。例如，参见 Ragin（1987）或 Burawoy（1989）。历史社会学家们把大部分的方法论弹药都用在了比较上，而不是叙事上（例如，Bonnell 1980，Tilly 1984，Lloyd 1986，Ragin 1987，McMichael 1990）。（转下页注）

作为这一章基础的 1992 年的原始论文在结尾处做了一些预言。我主要说了[社会学]会越来越倾向强调广义上"文化"的史学漂移。我曾预言，建构主义会更强，会出现一个关于文化的丰富的历史社会学。这个预言是如此明显，而且已然应验，所以在此讨论它没有什么意义。

但我当时也看到了，这种发展带来了一项重要的副产品，就是将"历史"与"文化"混同，甚至将它们当作一码事。也就是说，很多人所说的"历史转向"，被认为不可避免地强调了社会建构、意识形态、符号、精神面貌和其他文化机器。事实上，对于这篇文章的早期版本——迈克尔·哈纳根（Michael Hanagan）和路易丝·蒂利（Louise Tilly）将我的工作描绘成蹑手蹑脚地走在通往实证主义的玫瑰大道上——最强烈的反响是，认为此文连接了史学和社会学之间讨论身份的叙事性建构的新工作，是一座关键的桥梁。这种相对强烈的将历史调查与文化主义假设并置的做法，成为一种新的防卫，以拒绝任何直接反思叙事与分析的关系，或拒绝企图创建一个综合、一元论的理论框架以清除这种区分。①

119

---

（接上页注）这种对比较的强调反映了历史社会学家对更高层次的一般化的渴望（Bonnell 1980），尽管有些人认为历史社会学有一种（相当传统的）方法论倾向，即专注于特定的历史问题（Goldstone 1986）。

　　文献引用提供了一项有用的指标以表明历史社会学家对叙事问题的漠视。20 世纪六七十年代产生了半打以上的文学理论家对叙事的经典分析。罗兰·巴特的《S/Z》（［1974］2012）、西摩·查特曼的《故事与话语》（［1978］2013）、热拉尔·热奈的巨著《叙事话语》（*Narrative Discourse* ［1980］1990）、弗拉基米尔·普罗普的《故事形态学》（［1975］2006）、罗伯特·斯科尔斯和罗伯特·凯洛格的《叙事的本质》（［1966］2014）、茨维坦·托多罗夫的 *Grammaire du Décaméron*（1969）和《散文诗学》（［1977］2011）。20 世纪 80 年代带来了保罗·利科的三卷本《时间与叙事》（*Time and Narrative*）。如果我们在 1987—1989 年的社会科学引文索引中检索一下，就会发现没有任何历史社会学家引用了这些作品。

　　① Hanagan and Tilly（1996），Abbott（1996）。

可以肯定的是，文化论者不可避免地"重新发现"物质社会现实的时候到了。我们很快就可以期待我们的学生来告诉我们，我们已经愚蠢地忘记了社会结构和物质决定论，甚至也许忽略了系统性的因果结构。这一切都需要被"带回来"。但是，史学和社会学的综合，似乎离我们一如既往地遥远。[①]

在本章中，我研究了另一组分形循环和代际范式。上一章研究的是分衍，这一章的重点是研究一个系统的运作，在这个系统中，几种不同的分形区分相互对立。我特别尝试展示了在我的"分形城市"的众多维度中，分析人员的移动方式；以及在什么条件下，他们会设法相互勾连（hook up）。正如我们所见，这些联系在某种程度上受实质性驱动，但更多的是相对偶然的发展，这些发展将不同的调查者群体通过不同的轨迹与自己的领域联系在一起，进入一个共同的分形位置，即在各种相关的分形区分上的一组特定立场。他们通过不同的路径到达这些共同的立场——通过与其他分析人员不同的分歧历史——这意味着，正如我们所见，发现自己和别人在一起并不一定会产生共同的理解。细看一个个案例，我们会开始发现新的学术理解背后的复杂条件。

但本章也有一个实质性的结论。它的总体教训是：认真对待时间和地点与忽视时间和地点，这两者之间的划分是学术生活中非常有益的组织实践。历史学家的整个劳动力市场围绕着时间和地点来组织；而对社会学家而言，劳动力市场围绕着社会生活的范式、方法和"稳定的"舞台来组织。它见证了"历史"在社会学中的地位（仅仅作为一种方法的地位，而不是一种普遍的承诺），即使历史社会学作为一个雇佣领域正在萎缩，而理性选择——这在社会学中可能是最非历史的范

---

① 读者不可能错过这一小节的论战。我应该坦率地承认，我自己的计划仍然是"概述一种对社会过程进行一般化的方法，这种方法不是基于假象的属性的连续性，而是基于中心或因果上重要的事件的可见连续性"（Abbott 1983：141）。

式——正在慢慢地扩大（以很好的分形方式而言，理性选择的学者们不喜欢我的工作，他们的理由恰恰与哈纳根和蒂利给出的相反）。物质结构本身已经强烈地反对了史学和社会学的重构。

随着认识到劳动力市场重要性的认识，我再次回到了分形社会结构的可能性。也许，不仅文化系统是分形的，社会系统也是分形的。作为接近这一主题的一种手段，我将在下一章中讨论学术学科的社会结构——这是一个过渡话题，以过渡到更普遍的自相似的社会结构问题。因此，第五章为本书的第一部分提供了实质性的结论。果然，最重要的学术社会结构并不是自相似的，或者说，自相似性不是它们最重要的特征。但是，我们有必要先用对社会结构的讨论来完成对学术社会科学的实质性分析，然后再推进到第六章和第七章，对自相似性论点进行概括。

# 第五章　学科的情境[*]

　　有很多人认为，今天的智识世界正处于一段特殊的发酵期，一段几十年来一直不为人知的发酵期，它正以前所未有的方式跨越学科：英语教授进行人类学工作，并称其为文化研究；经济学家进行社会学工作，并称其为家庭经济学。

　　否定这种末世想象的社会学家必须提供一些替代方案。到目前为止，我提出的分形区分模型就包含了这样一种替代方案的一部分。它表明这种发酵很古老，而且就其自身而言相当有规律。但是，分形区分模型是不完全的。第一，我只谈论了文化结构。我在第一章就曾论证过，社会科学中的智识生活围绕着持续的争论组织起来。争论产生了激增的世系(lineages)，而世系具有自相似性、自我复制性和无根性等奇特属性。我在随后的章节中描述了这种由持续争论所产生的漂变和重新发现(drift and rediscovery)的过程。[②] 但这些描述都没有触及学科的社会结构。第二，我没有讨论这些分形辩论发生的大情境。诚然，我偶尔也曾提出过分形比较的外部情境会对一个子世系的内部发展产

---

　　[*] 这一章已经有好几个版本，但它的第一个完整版本是我于 1998 年 1 月 9 日提交给密歇根大学跨学科组织研究联合会(Interdisciplinary Consortium for Organization Studies, ICOR)的那份。我把这一章献给已故的芝加哥大学社会学系 Lawrence A. Kimpton 杰出服务教授莫里斯·贾诺维茨。

　　[②] ［译注］drift 在作者的研究中既有"向远处移动"(漂移)，也有"子代基因从亲代中抽取样本时产生的偏差"(漂变)之意。这两个译名依语境出现。

生重要的后果，但我尚未进行过一般性的讨论。

在本章中，我将更系统地考虑情境和社会结构，将我对智识生活的文化结构理论与学科的社会结构模型，特别是学科情境模型联系起来。我将把各类学科视为我在别处所说的一种互动领域（interactional field）。鉴于第四章的实质性主题，人们的第一个倾向是询问，这个互动领域是什么样子，然后再问它从何而来。这种倾向有点讽刺。但目前关于学科的文献，基本上都是非历史的。我们最好从历史，即学科的历史开始。我们已经用了四章的篇幅来研究学科的不断变化。现在，我们必须思考学科社会结构（disciplinary social structure）那令人意想不到的外在停滞。①

———————

① 我在 1992 年的索罗金演讲中首次使用了"互动领域"这个词。该演讲首次发表于 1997 年，在修改之后作为《学系与学科》（[1999a] 2023）的第七章重印。此处宜列出几篇关于学科的论文。一般来说，这类论文都集中在他们所看到的：（1）学科之间知识界限的模糊或消失，（2）纯粹学科知识的狭隘性，和/或（3）被作者们认为正在改变学术界的密集专业化。Geertz(1980)给出了一个著名的论证，采取的是边界变模糊的版本；他强调了对文本和符号的重新关注。对于我们这些经受住了博弈论冲击的人来说，这听起来很片面。Dogan and Pahre(1989)强调了学科内的专业化和子学科之间的混合（跨越学科界限）；他们发现了重要的现象，但缺乏解释这些现象的理论。Becher(1987)写得更宽泛，强调了他认为各种领域的决定性（和持久性）属性。这些领域有纯粹的和应用的、"硬的"和"软的"。关于欧洲社会科学的学科结构出现的比较视角，见 Wagner and Wittrock(1990)。关于学科之间的引用也有大量的文献。

总的来说，我觉得这些学科文献遗漏了美国学术界最重要的基本事实。首先是在美国存在着一个格外稳定的学科社会组织与一个格外流动的学科文化系统间的耦合。其次是"学科"文献中内容几乎恒定不变。至少从 20 世纪 20 年代以来，"学科"文献就一直在抨击学科的狭隘，敦促跨学科的形成，并预见到流派之间的模糊化。对学科内专业化的批评也一直是一个持续的主题。此类文献往往忽视了不可避免地产生分化的物质力量（如战后学术体系的爆发）。（学科文献的这种持久不变性是我不大量引用它的原因之一，这是另一份分形的文献）。真正的挑战是发展出一种能够解释这些基本的社会结构和文化事实的关于学科的理论。

# 一、学科系统

在美国，过去的一个世纪里学科的社会结构版图一直惊人地保持不变，即便与其对等的文化结构版图——知识的格局本身——已经发生了很大的变化。美国大学的院系结构（departmental structures）自 1890 年创建以来，基本没有变化。诚然，在大多数大学中，生物学已经分裂成了许多院系。但这种分化更多地反映了流入生物学研究的巨大资源，而非内部的变化（参见第一章）。在人文和社会科学方面，院系版图在过去的六十至八十年来只显示出小规模的变化。语言学、比较文学和其他几个小领域是仅有的也是偶然的新进成员。[①]

因此，学科的基本版图非常令人熟悉。在人文学科中，我们找到了英语、其他各种语言专业（罗曼语言和文学、日耳曼语言和文学、斯拉夫语言和文学等）、艺术（音乐学、艺术史及与之相伴的表演和制作室工作）、哲学和古典学。少见的重大变化包括古典学的凋零速度惊人地缓慢，以及语言学和比较文学的陆续出现。在社会科学中，我们有经济学、政治学、社会学、人类学、史学（通常被列入人文学科）和心理学（通常被归入社会科学，尽管它有单独的分析层次）。社会科学的变化也不大：社会学和人类学在一些地方和时间点上合并或分离，统计学和语言学偶尔出现在社会科学中，但除此以外几乎没有其他变化。此外，大学教员在这些院系中的相对比例出奇地稳定，尽管应用或半应用领域（fields）的稳步增长——教育、传播、商业、会计、工程等——使得传统的文理科（liberal arts and sciences）教员在整体教员中

---

① 关于现代大学在美国出现的权威历史仍然是 Veysey（1965）。我在这一节中也一直依赖 Ellingson（1995）所引用的资料。

的比例变小了。[1]

在国际上，学术劳动所具有的这种持久的社会结构很独特。这更令人惊讶。院系结构只出现在美国的大学里，尽管自 20 世纪中叶以来，它已逐渐扩散到欧洲和其他地方。事实上，美国意义上的学术学科——由具备可交换资历的教授组成的小组，置于强大的协会中——直到第二次世界大战以后才真正出现在美国以外的地方。

看一看其他例子可以帮助我们解释为什么美国的制度具有独特的力量。在其鼎盛时期，德国高等教育的目标是通过强烈的学术研究来培养个人修养（Bildung），并把其他的一切都置于研究事业之下。大学被划分为各个学院（faculties），每个学院都有若干个独立的教席（chairs）。大多数教学人员——"非常"教授[2]和讲师（Privatdozenten）——都受讲座教授（Ordinarien）的正式控制。讲座教授们还组织和控制着研究机构，这些研究机构不像美国的学科那样涵盖广泛，而是只涉及组织者自己特别感兴趣的领域。德国有许多所大学，每所大学的规模都相对较小且各自独立。大学的扩张很缓慢。总的来说，这些生态和结构性的事实意味着，学术生涯的发展需要获得讲座教授的赞助（patronage），通过不断的校际流动来寻求更高的职阶。新兴的学者们获得的是一般领域的博士学位——哲学或艺术博士，而不是英语或经济学博士，因为这些一般领域的博士学位可以提供更广泛的就业机

124

————————————

① 我所依赖的数字来自芝加哥大学社会科学学部前副部长罗纳德·邓福德（Ronald Durnford）开发并由他提供的数据库。

② ［译注］非常教授来自德语 Außerordentlicher Professor，英译为 extraordinary professor。18 世纪晚期德国大学文化从功利的 Brotstudenten（直译为面包学生，意指依赖教育成就事业的人）转向修身的 Bildung，这被历史学家们认为奠定了德国大学崛起的重要基础。一个经典讨论见 Sorkin, David. "Wilhelm Von Humboldt: The Theory and Practice of Self-Formation (Bildung), 1791-1810." *Journal of the History of Ideas* 44, no. 1 (1983): 55-73.

会。在校际流动时，教授们往往会改变自己的领域（例如，从生理学教授转为哲学教授）[1]，即使他们的研究兴趣可能变化不大或根本没有变化。因此，德国的制度产生了强烈的研究献身精神，但并没有产生像美国那样的学科领地分工。在大学内部，地方性的学术分工反映了讲座教授相对随意的兴趣差异。德国人对小区域进行了高强度的耕耘，而后这些区域被大片空白的智识空间包围。此外，不存在全国的可比性，政治经济学在不同的大学里可能意味着完全不同的东西。[2]

在法国，19世纪末的大学教育往往是职业性的，而一般文化由高中（lycée）教授。与德国一样，教席往往具有巨大的权力和影响力。但是，法国缺乏研究所这一结构。学术生涯的发展通过人员在各省之间的流动来推动，目的是最终回到巴黎。这样的学术生涯可能游走在大学、高中甚至公务员队伍中的其他领域。此外，与大学平行且比大学更有声望的"大学校"（grandes écoles）制度意味着许多人在没有上过大学的情况下就开始了学术生涯。与学术生涯发展关系最为密切的是赞助人团体或集群，这些团体和学术生涯一样，往往跨越多个组织。涂尔干的团体就是一个很好的例子。因此，在法国也没有什么学科基础。[3]

125    在英国，杰出的大学在19世纪和20世纪初都强烈地反职业，甚至更多时候反研究。大学作为法人机构几乎是无力的，被其中的小学院（colleges）所支配。如同德国的研究机构和法国的赞助人集群一样，牛津和剑桥的诸学院是组织个人的中间机构，既在大学以内也在大学

---

① 参见 Ben-David and Collins(1966)。

② 关于德国大学制度的基本资料是 McClelland（1980）和 Jarausch（1982）。Jarausch(1983)中有关于各国大学的论文。

③ 关于19世纪末法国的大学制度，见 Weisz(1983)。关于精英教育，具体见 Suleiman(1978)。另参见 Clark(1973)。

之外。学术生涯一般在特定学院的赞助结构中展开。这个结构延伸到中学、各职业的诊所和办公室、公务员、教会及大学内的其他学院。此类学术生涯直到最近才有了正式的资格证书。在知识方面的分工，与其说由学科结构决定，不如说由奠定本科生学术生涯的考试内容决定：牛津大学的荣誉学院（honors schools）和剑桥大学的荣誉考试（Triposes）。这些都不太可能成为学科专门化的基础，因为它们大多是教学统一体（如牛津大学的哲学、政治学、经济学［PPE］或现代经学［Modern Greats］），与特定的研究群体没有联系。①

然而在美国，一种特殊的形势促进了学科作为社会结构的发展。第一，与德国一样，大学数量众多且分散。第二，在现代学科形成的整个时期，教员的就业率一直在扩大，其速率在 20 世纪 60 年代见顶，此后再也未见。第三，作为自身流动项目的一部分，有抱负的职业开始将文理科学位视为专业学校教育的先决条件。所有这些力量的共同作用意味着美国大学文学院和理学院的迅速扩张，但同时缺乏真正的内部结构。这些学校被认为是遵循英国模式的本科教育机构（但规模要大得多），同时又是遵循德国模式的研究生研究机构。双重功能和快速发展决定了某种内部组织结构的必要性。德国大学的绝对层级制度，即使是法国大学的有限层级制度，也是民主的美国所不能接受的。美国大学通过设立平等的院系进行了妥协。从德国借来的博士学位，变成了专门化的"某某学科"博士。这种特定的学科学位提供了不同大学的特定分支单位之间的交流媒介。这样，就形成了一个结构和交流的子系统，对内组织大学，对外提供了广泛而有条理的生涯流动。与大 *126* 学的这一院系化完全吻合的是全国性的学科协会的形成，学术界逐渐将知识的业余爱好者排除在外，尽管后者往往在这些协会的创始人中

---

① 关于英国大学制度的讨论，参见 Rothblatt(1968)和 Green(1974)。

显得十分突出。①

美国学科系统的非凡韧性就在于这种双重制度化。一方面，学科构成了教员劳动力市场的宏观结构。正是在全国性的学科会议上，学者们交流工作岗位，而学科网络提供了求职者候选人。职业生涯发生在学科内部远甚于在大学内部。另一方面，这个系统构成了每所大学的微观结构。所有的文理学院都或多或少地包含着相同的院系列表。这种双重性意味着没有一所大学可以在不剥夺其博士毕业生学术前途的情况下，挑战整个学科系统。卡内基-梅隆大学也许是美国唯一一所以非传统院系为组织的重点大学。它成功了，但也很独特。即使像芝加哥大学的社会思想委员会这样跨越边界的单一院系，也会给毕业生带来巨大的就业问题，因为他们被剥夺了特定的学科市场。大学或许可以在这里或那里取消一个系，或许可以合并某两个系（比如社会学和人类学）。但即使是这些小动作，反映的也是资源的波动，而不是挑战基本就业结构的意愿。最近最著名的社会科学合并——哈佛大学的社会关系（[Department of Social Relations]合并了社会人类学、社会心理学和社会学）——在其创始人塔尔科特·帕森斯退休后就解散了。②

此外，学科的双重结构也意味着，即使所有大学都同意取消某一个或另一个特定的学科，它曾经占据的知识（和课程）空间也只是将被其他学科填补。也就是说，这个学科系统，很容易在一个甚至几个学科要素被破坏的情况下生存下来。我们可以说这是一种"起泡式"的

---

① 除前文提到的资料来源外，还参见罗斯（[1991] 2018），Oleson and Voss (1979)。

② [译注]社会学内部对这段历史的探讨可参见 Johnston, Barry V., "The Contemporary Crisis and the Social Relations Department at Harvard," in *The American Sociologist* 29, no. 3 （1998）：26-42。此外，乔尔·埃萨克的精彩著作 *Working Knowledge*（Harvard Univerity Press 2012）则从思想史的角度讨论了这段时期，见第五章和第六章。

劳动分工(division of labor via "bubbling")。在这种分工中,学科就像许多油滴,或多或少地均匀滴落在某一表面,并向着对方扩张。

简言之,只要学科学者依然是大学的主要招聘代理人,他们就会只从自己的学科内为自己院系寻找教员,从而维持了学科系统。偶尔会有巨额资金流入,使现有的学科内部出现分化。或者一个应用领域占据了学科版图,虽然这种情况在公立大学似乎比在私立大学更有可能发生(比如说刑事司法和传播学占据了社会学的领域)。但如果在学术聘任的过程中没有任何根本性的改变,目前的学科社会结构将无休止地重新创造自己。

对这种固定性而言更关键的是学科在美国本科教育中的作用。从程度和影响来看,最有影响的单一学科结构不是专业协会(Professional association),而是大学的诸专业(majors)。除少数几所高校外,所有的美国高校都设有专业。而在所有开设专业的高校中,学科专业囊括了很大比例的本科生。越是名气大的大学,学科专业所占的比例就越大。而在大多数学生中,文理科专业即便不一定是最受欢迎的,但仍是最有声望的。

在 20、21 世纪之交,本科专业系统的传播速度非常快,正好与院系系统同步。从教学法的角度看,专业被认为是改善 20 世纪末主导本科课程的选修课制度的一剂良方,选修课制度在当时被认为过度了。专业系统一经制度化就从来没受到过质疑。事实上,它从来没有真正成为严肃教学辩论的主题,因为若在专业以外的基础上分配本科课程,会对教师的治理和行政提出难以想象的问题。许多大学利用报读专业和报读院系里"服务性课程"的学生人数来分配对所有教员来说最关键的资源。只有一所著名的大学(哈钦斯领导下的芝加哥大学)曾试图取消专业,但无论这一实验在智识上或象征意义上如何重要,最终都被事实证明在实践和财政上失败了。布朗大学 1969 年革命性的课程设置取消了除专业之外的一切，而布朗的规划者们希望通过由个人建构的专业改变这个系统，这一做法也随着时间的推移而衰落了。即使是布朗的跨学科专业也已溃败。跨学科变得像他们的学科专业一样。①

128　　　总而言之，美国人似乎无法想象没有专业的本科课程。当然，没有学科也就没有专业。学科可以合并，但即使是合并后的学科，也往往会开设独立的专业，从而保留了学科结构。特别引人注目的是，在牛津和剑桥，很多本科专业都没有学科，而跨学科的情况比美国要普遍得多。事实上，相比之下，牛津大学在协调其学科研究生课程，尤其是社会科学专业的研究生课程方面遇到了困难，因为本科教学的结构通常不会强化学科界限。②

　　　因此，美国的学科系统似乎在"强大得很独特"（uniquely powerful）的同时也"独特得很强大"（powerfully unique）。还存在其他的选择：19 世纪德国式的个人主导、法国式的研究集群、古老的英国式的强调共同文化的小共同体。但凭借在组织个人职业生涯、教员聘用、本科教育等方面的非凡能力，学科院系是美国大学不可或缺和不可替代的基石。

　　　这里有一个重要的一般性教训，对跨学科教育有很好的警示意义，我稍后再谈这个话题。在前面讨论的每一个国家中都出现了中间机构，将大学（以及大学系统之外的）这个较大的互动领域结构化为若干较小的单元。经验性的事实是，大多数复杂的互动领域都倾向于分解成各

---

　　　①　关于专业历史的讨论是基于 Steven Ellingson（1995）的工作，这是我正在进行的关于大学专业的更大的研究的一部分。关于芝加哥大学废除专业的研究，参见麦克尼尔（［1991］2013）和 MacAloon（1992）第一部分中的文章。关于布朗大学，参见Blumstein（1990）。

　　　②　我在这里主要依赖与牛津大学教员，特别是与纳菲尔德学院研究员们的个人通信。我在 1997 年的希拉里学期和圣三一学期中以诺曼·切斯特研究员（Norman Chester Fellow）的身份访学，他们欢迎了我。

种实体的集群，这些集群发展了内部特征。与后现代社会理论中隐含的假设相反，互动领域通常并没有大量的流动，无论是应用知识领域（其实体作为职业出现）、居住领域（作为邻里关系）、身份领域（作为族裔）还是工作领域（作为职业），都不会保持着大量的流动。可以肯定的是，互动领域的变化比我们通常所想的要多，当然也比具体化的社会描述语言所暗示的要多。但是，松散稳定的群体在这些领域中发生的起泡过程实际上相当普遍。美国学术界作为一个互动领域唯一的奇特之处在于，在学术界，起泡通过双重制度化的方式固定下来：一方面，通过一个每年交易数万名教员的校际劳动力市场；另一方面，通过一个每年"学科化"数百万学生的校内课程。

  学术界不是这种双重制度化的唯一地点，只是一个最明显的例子。 关于双重制度化，有必要扯开谈一些比较一般化的问题。这种现象可以从技术行业团体与雇主的关系、歌剧主演与剧团的关系、医生与医院的关系等方面观察到。我们可以把这些双重制度化的结构看成"提篮"结构（"basket" structures），以纪念构成它们的简单编篮模式。

  提篮结构的一个明显的来源是制度性克隆。许多社会系统通过它来发展新的单位。当较大的单位被一再重复，个人和子单位很容易在大单位的同构位置之间产生交换，形成低一级的交换系统，其内部团结可以压倒大的被克隆单位内的层级团结。层级结构（hierarchical structures）往往会强加内部规则，目的正是防止这种交换系统的出现。例如，在 19 世纪末，美国强制实施了州一级的公务员制度，其目的之一就是防止职能部门层面在各州之间的交流。再比如，各州精神病院系统之间的鲜明区分，意味着全国性的精神病学专业无法在各州的精神病院内部产生，而只能在门诊中产生。类似的力量将铁路员工变为专属，阻碍了真正有效的跨公司职业联合。今天，这种制度在高科技公司强迫员工签订的保密协议中就很明显，因为他们害怕由于公司间的人员流动而丧失专有知识。[①]

在其他环境里，有不同的力量阻止了提篮结构的涌现。例如，在技术工种中，制造业迅速的技术变革（改变了技术工人在其之下的专长），以及福特主义生产中非技术工人的日益普遍（这使他们所能控制的分工较少），使得这种结构解体了。专业化的基础与劳动力中专业化劳动的程度同时发生了变化。从历史纪录中似乎可以清楚地看出，那些在被克隆层级制度中担任指挥的人通常畏惧提篮结构，也许是因为提篮结构一旦牢固地建立起来，就会特别持久。当然，美国学术界的情况也是如此，它的特点是既有持久的结构，也有分裂的教员队伍。

130 回到我的主要论点，我们已经看到，历史主义的力量——这种力量的实现创造了某种条件，而条件的实现又反过来再生了这些力量——支撑着美国学科因其提篮结构而具有的灵活稳定性。这些力量得到了一些持续时间较短但同样强大的功能性力量的补充。除了组织其劳动力市场和大学的社会结构之外，学科还为学术界做了一些别的事情。[②]

如刚才描述的历史主义结构所暗示，这些功能中的第一种是再生产。非学科知识分子难以实现自我再生产，因为美国开放的公共知识分子市场只有能力支撑起为数很少的非学术性作家。除了一些微弱的推荐网络之外，没有任何组织化的再生产和交流手段。学术界是美国知识分子唯一的实际求助途径。而成为学术界的一员，不管愿意与否，就意味着成为一个学科的一员。即便在学术界内部确实出现过伟大的跨学科天才；格雷戈里·贝特森（Gregory Bateson）就是一个明显的例子。但是，他们没有明显的复制模式。他们只是出现，革新了两三门

---

① 关于精神病院的例子，参见 Abbott(1990c)中的详细分析。关于铁路方面的研究，参见 Licht(1983)。

② 我这里采用的是阿瑟·斯廷科姆(Art Stinchcombe)对功能主义和历史主义的定义。参见 Stinchcombe(1968)第二章。

学科，并留下了神奇的记忆。

学科的其他功能是文化性，而非社会结构性的。其中第一项是格尔茨式的功能，即为学者提供一种关于智识生活的总体概念，以及知识适当单元的定义。学科不仅提供了关于现实和学习的梦想与模型，也塑造了连贯话语的形象。它们创造的知识模式，在参与者看来具有独一无二的真实性。[①] 每位学者都知道从学科之外阅读作品的经验，也知道它所引发的不安。学科实际上塑造了现代美国绝大多数知识分子的身份核心。具有讽刺意味的是，身份认同的追随者——目前批评学科声势最猛烈的那群人——却未能在学科中看到他们在其他地方轻易发现的身份构成的过程。可以肯定的是，知识分子的身份认同还有其他基础，其中政治是最明显一种。但是，即使是那些对学科最持批评态度的人，也会被它们深刻地改变。

学科的第二项文化功能是防止知识过于抽象或巨大。学科使我们必然片面的知识合法化。它们规定了什么可以不知道，从而限制了一个人的必读书目清单。它们提供了一种特定的传统和世系。它们提供了一套共同的研究实践，将具有不同实质性兴趣的群体统一起来。*131*通常情况下，正如我在整本书中所论证的那样，这些各式限制相当武断。社会学可以在其正典中用耶林（Rudolf von Ihering）代替韦伯，而不需要经历多少思想上的变化[②]，重要的不是特定的正典作者，而是

---

① 我在此转述的格尔茨对宗教的定义取自他的著名论文《作为文化体系的宗教》（[1973] 1999）。

② 我在20世纪70年代中期还是研究生时，作为法理学阅读的一部分第一次读到了耶林。那时社会学界没有人听说过他，尽管韦伯似乎相当明显地大量"盗用"了（pirated）他的著作。我不应该感到惊讶的是最终有人写了一本书，极力主张社会学界承认耶林（Turner and Factor 1994）。人们可能会和特纳和法克特一样，将这一呼吁概括为对德国历史法学的整个传统的承认——不只是耶林，还有萨维尼（Friedrich Carl von Savigny）、基尔克（Otto von Gierke）和其他许多人。韦伯确实站在了巨人的肩膀上。

我们只需知道其中一位或另一位作者的想法被合法化了。

因此，学科具有重要的文化功能及社会结构的功能。从某种意义上说，没有什么能比跨学科的历史和当下的跨学科经验更清楚地显示出这些功能的力量，以及决定我们如何履行这些功能的历史主义力量。

## 二、跨学科

最近的许多评论都谴责学科及其"狭隘的兴趣"。《纽约时报》于1994 年 3 月 23 日宣布，"学术学科相互交织，改写学术……对抗知识的分隔"。这种趋势"也可能会改变大学，废除过时的学科，创建新的学科，并开发出从多个方向解决问题的方法"[①]。那么，或许固定学科的时刻已经过去了。至少我们可以说，旧有的停滞不前的局面已经过去了。

事实并非如此。第一项提示是则令人不安的消息。与社会科学中大多数好的消息一样，跨学科已是旧闻。在《牛津英语词典》第二版的解释中，"跨学科"（interdisciplinarity）这个词条第一次出现 1937 年的《教育社会学杂志》（*Journal of Educational Sociology*）上。但社会科学研究委员会（Social Science Research Council，SSRC）和劳拉·斯佩尔曼·洛克菲勒基金会（Laura Spelman Rockefeller Foundation）在 20 世纪20 年代中期就已经开始关注消除社会科学学科之间障碍的问题。因此1934 年的 SSRC 十年回顾报告是这样写的：

> SSRC 对跨学科或间隙性项目表达首要关切。因为对社会现象、新问题、提高社会调查科学质量的新方法、社会学科的交叉

132

---

① Honan(1994)。

融合的新的见解，更可能出现在这里，而不是在那些观点、问题和方法已经相对固定的既定领域的工作的中心。①

在写这句话的时候（SSRC 成立十年后），社会科学界最古老的专业化的学科协会——美国历史学会（AHA）和美国经济学会（AEA）——只有大约五十年，即两代人的历史。美国政治学会（APSA）、美国人类学会（AAA）和美国社会学会（ASA）都只有一代人，大约三十年的历史。在第一次世界大战之前，除了历史学家之外，其他学科也都并不真正稳定——拥有期刊、有本科专业、有一致的独立院系、有全国性的学科劳动力市场（例如，最晚在 1929 年，美国大约有四分之一的主要大学将社会学和经济学合并在了一起）。因此，对跨学科的强调与这些学科同时出现，而不是在它们之后出现。事实上，在他写的 SSRC 的历史中，唐纳德·费希尔（Donald Fisher）认为，跨学科性实际上是洛克菲勒基金会（SSRC 的主要资助者）的一项刻意政策，目的是要强制推行社会科学的"科学化"，属于学科创建自身的一部分。②

事实证明，以 SSRC 为基础的跨学科是一座海市蜃楼。路易斯·沃思（Louis Wirth）等人在 1940 年对社会科学状况的回顾中对其寄予厚望。在一次关于"一种还是多种社会科学"的圆桌讨论上，在所有对跨学科的赞美声中，只听到了两位反对者的声音。但沃思在为 SSRC 写的一份当代自我研究报告中却认为，跨学科研究是一种妄想。即使1940 年会议上的积极声音——罗伯特·林德（Robert Lynd）就是其中的

———————————

① Social Science Research Council（1934：10）。关于 SSRC 的成立，参见 Fisher（1993：39）与 Social Science Research Council（1934：6，10）。

② 参见 Fisher（1993）。关于院系的合并，见 American Council on Education 出版的《美国的学院与大学》（*American Colleges and Universities*）各版中的名单。这份名单最早来自 20 世纪 20 年代末和 30 年代初。

佼佼者——也一致认为，只有从一开始就对学者进行跨学科的训练，跨学科才能发挥作用。然而不幸的是，这种训练没有明确的模式。尽管如此，跨学科主义还是从战争中得到了另一种推动力，战争把各种社会科学不分青红皂白地混杂在战略情报局（OSS）和其他机构中。[①]

20 世纪 50 年代似乎是跨学科的退缩时期。伊丽莎白·博特（Elizabeth Bott）在《家庭与社会网络》（*Family and Social Network*）中说：

> 十年前，跨学科研究非常流行。但现在，它的价值常常受到质疑，部分原因是事实证明很难协调跨学科的小组项目，这些项目并不总是能产生预期的惊人的成果整合。[②]

在谈到自己的经验时，博特接着说多学科融合并不体现在整体结果上，而是体现在对每位研究者观点的修改上。它使人们对自己的学科产生了不同的看法。

相比之下，20 世纪 60 年代被证明是一段跨学科的繁荣期，因为现代化范式席卷了人类学、社会学、经济学和政治学内的发展研究。巨大的多学科团队承担起了重大问题的研究，这些问题往往推动过

---

① 关于沃思的观点，参见 Wirth（1937：145ff）。社会科学圆桌会议是芝加哥大学社会科学研究大楼十周年庆典活动的一部分（Wirth 1940）。那些觉得跨学科很新奇的人可能会有兴趣知道，早些年，大楼里的教员办公室按学科散开，目的是防止院系的集中。学科间的集中在第二次世界大战后才逐渐出现。同样值得关注的还有 Ogburn and Goldenweiser（1927），这本书是一部长篇的文章汇编，涵盖了基础社会科学的每一对可能的组合，从芝加哥大学"人类学与经济学"到"社会学与统计学"。

［译注］在芝加哥大学当时的社科楼里，办公室位置的分配不是按照院系-楼层来安排，而是出现了诸如"经济学家-政治学者""经济史-通史-思想史"等组合。具体可见作者于 2016 年北京大学人文社会科学研究院成立仪式上的发言以及演讲稿《学术作为理念和学术作为日常工作》，载《北京大学教育评论》，2017 年第 15 卷第 1 期。

② Bott（1971：36）。

20 世纪 20 年代发生在 SSRC 的第一波跨学科研究：人口、区域研究、农业、发展和类似的主题。同样正如上一章所讨论的那样，彼时社会科学史的曙光初现。到了 20 世纪 70 年代中期，整个社会科学领域出现了广泛、跨学科的"历史转向"（McDonald 1996a）。[①]

我们可以通过查看社会科学引文索引（SSCI），比较"跨学科"（interdisciplinary）一词与某些通用词汇出现在论文标题中的相对频率。随着 SSCI 的覆盖面越来越大，这些通用词的稳定分布可以作为标准化的依据。这个比值可以作为一个粗略衡量近期对跨学科兴趣的标准。以"national"作为通用参照词，我们发现，在 1966—1970 年的 SSCI 累计统计中，标题中包含"interdisciplinary"与包含"national"的论文比例为0.07。这个比例在 1981—1985 年为 0.08，1986—1990 年为 0.08，

*134*

---

① 现代化范式在 20 世纪 50 年代和 60 年代兴盛。我并不知道任何关于它的严肃的制度史。这一范式及其追随者也许仍然被当作出气筒，以至于人们不能对他们做任何客观的分析。我自己对这一时期的感受主要在哈佛大学的人口研究中心（Harvard Center for Population Studies）担任本科生研究助理的四年中形成。在那里，海洋学家罗杰·雷维尔（Roger Revelle）主持了历史学家、土木工程师、人口学家、政治科学家和经济学家对从计划生育、农业气候学（我自己的"专业"）到流域管理、绿色革命和月经初潮研究等一切事物的普遍攻击。相比之下，目前的跨学科研究似乎在其野心和广度上都不温不火，尽管在自信方面也许相当。另一个同样全面、充满热情且略微过头的跨学科潮流出现在 20 世纪 30 年代和 40 年代，以本尼迪克特（Ruth Benedict）和米德（Margaret Mead）等人类学家，以及卡迪纳（Abram Kardiner）、荷妮（Karen Horney）和沙利文（Harry Stack Sullivan）等心理学家和精神分析学家为中心，形成了庞大的文化和人格研究文献。文化和人格研究与由战争所产生的跨学科主义相吻合。本尼迪克特（[1946] 2012）著名的日本研究由战争信息办公室（Office of War Information）赞助就很好地说明了这一点。

20 世纪 60 年代讨论跨学科主义的一份核心文本是 Sherif and Sherif（1969），读者可以在其中找到唐纳德·坎贝尔的精彩文章"Ethnocentrism of Disciplines and the Fish-Scale Model of Omniscience"（Donald Campbell 1969）。我认为，坎贝尔的模型——建议学科应该像鱼鳞一样在知识空间叠瓦——太过静态，因此无论是作为学科历史的叙述，还是作为产生新知识的规则集，都不如我的分形规则概念那么有力。但是，坎贝尔却非常清楚地看到了跨学科背后的困难。他对跨学科的优势和弱点的理解，甚至比当今最优秀的作家都要好得多。这是一篇真正出色的论文，过去和现在一直如此。

1992—1996 年再次为 0.08。在 1956—1966 年的累计数据中，并没有单独把带有"national"一词的论文标题分开，而是把它们留在了"national-account"这样的复合词中。但在这一时期的累计数据中，仍有 144 个可辨别的标题含有"interdisciplinary"一词。总之，在过去的四十年里，人们对跨学科的严肃关注似乎是学科系统中接近稳定的一种附会。

这种强烈的稳定性让人怀疑 20 世纪初对跨学科兴趣的浪潮只是表象。事实上，跨学科的长期历史和稳定性——不为当前的宣传者们所怀疑——提出了一道有趣的问题，即为什么跨学科没有改变智识系统，即使现在它已经成为美国知识界的一个永久特征，且已存在了这么久。原因似乎有很多。

首先，一般来说，跨学科主义以问题为导向。而问题，正如我在本书中所论证的那样，有其自身的生命周期。有充分的证据表明，以问题为导向的经验工作并不能像学科一样形成持久、自我复制的共同体，除非在如犯罪学这样具有稳定、高度制度化的外部客户群的领域。即使在那里，地位上的差异似乎也让学科处于优势地位。犯罪学系从社会学系招聘，但相反的例子却寥寥无几。

有两个因素结合在一起，阻止了问题驱动的跨学科改变学科结构。首先(再一次)是学术劳动力市场的稳定性。诚然，如果学术劳动力市场完全由问题驱动，学科可能会失败。但本科教育一般不是问题驱动，而且是本科教育——不是研究生教育或研究——驱动了当代美国大学的人员配置。只要通过专业来教授的通识教育仍然是美国大学本科教育的核心目标，那么被聘用的教师就会在其学科所定义的专业内进行教学。

但是，其次，研究问题远比学科多——事实上，是多得多，以至于围绕着调查问题组织的大学将毫无希望地被边缘化。此外，确实存在着可以用来解决许多不同实质性问题的知识体系。这种可处理多种问题的知识正是由学科产生的。可以肯定的是，任何特定的学科知识在处理某些问题时要比处理其他问题好；因此，跨学科实际上很重要。但是，一个仅仅基于问题的学术系统——只在妇女研究、贫困研究、美国研究、城市研究、人口研究、犯罪学、亚裔美国人研究等领域中设置博士点——将是毫无希望的重复，显然需要比目前的"跨学科"更多的"跨学科"。现实情况是，基于问题的知识不够抽象，无法在与可处理多种问题的知识的竞争中生存。正如林德等人早就认识到的那样，跨学科研究最终要依靠专业学科来产生新的理论和方法。跨学科性以学科为前提。①

　　因此，在漫长的历史过程中，美国学术界或多或少地形成了一种136

---

　　① 当前的跨学科浪潮，除了在身份政治的各个领域（妇女研究、同性恋研究，以及各种族裔研究）之外，似乎比大多数前辈更少由问题驱动，甚至没有经验基础。在某种程度上，跨学科性是年青一代试图在学科内取代前辈的另一工具。最近人类学的发展似乎就是一个很好的例子。尽管整个学科受到深刻威胁——被英语和其他人文科学领域的教授们窃取了其主要概念（文化），但年青一代的人类学家从英语教授们那里借用了后现代主义，并将其用于通常的建构主义任务，即否定长辈们的专业知识（参见本书第三章）。当然，当这样的人发现自己处于权威位置时——一种由时代的前进所带来的地位——他们必须要么改变立场，要么故意颠覆自己所控制的学科，拒绝产生"人类学教授"。不难猜到他们会做什么。

　　稍微带点愤世嫉俗的看法是，跨学科也可以被看作整个大学结构向"以问题为中心"转移的托词。两者的关联在于，今天对跨学科最有力的支持者不是 SSRC 早年时候鼓吹跨学科性的保守科学主义者，而是广义上的文化左派。因此，现在的保守派认为，以问题为中心来改变大学的愿望是由身份政治和研究自己与同类的意图所驱动的。但这种说法主要适用于本科生，也许还包括一些研究生。而教师的动机更多具有诱惑性。对教师来说，以问题为中心的大学的好处是，通过建立一个广泛重复系统，它允许很多人（在不同的问题领域）因同样的"发现"而获得功劳。也就是说，福柯的思想不是被导入五六门学科中，而是被几十次地导入族裔和身份研究领域中，每一次单独的导入行为都意味着有人得到功劳。一个以问题为结构的大学会使这种借用和再发现的可能性成倍增加，因为在任何时候它的跨领域的对等无知的可能性都比以学科为基础的大学大得多。如果从高度怀疑的角度分析，这种对等的无知（reciprocal ignorance）对教员的职业生涯来说是个好消息。

稳定、制度化的社会结构：一种灵活稳定的学科结构，被跨学科那永远模糊的嗡嗡声所包围。这就是我前面说过的持久稳定。然而，尽管学科系统在社会结构层面或多或少是稳定的，但这并不意味着学科生产的复杂文化领域——学术知识领域，其演变是前几章的主题——也是固定的。在那里，我们已经看到了一个不断变化的世界。现在，我们必须把这两者联系起来。在学术社会结构的稳定性和学术思想的流动之间，确实存在着一种折磨人的关系。

## 三、学术学科的互动领域

我们可以把这些关系的组合看作一种分工。我使用"分工"这个词，实际上是在暗示，甚至是假设，学科知识是由一组设有控制权威的智识领地组成。这样的模式将使学科知识与法律或医学等执业职业（practicing professions）平行，具有强大、排他性的工作管辖权（jurisdiction）。受控管辖权的概念提供了一个有益的出发点，但其缺陷最终导致了它被摒弃。为了强调学术界和执业专业人士的世界的差异，我在这里不谈管辖权，而谈解决方案（settlement）。我的分析从这个解决方案的概念开始，我指的是学科与它所知之事之间的联系。接着，我考虑了解决方案的各种结构性手段，然后再转向核心问题——一方面是学科竞争的过程，另一方面是分形循环的稳定流动在系统中产生的动态。①

---

① 我自己（阿伯特[1988a] 2016）提出了一个关于职业知识的生态模型。我在此以该模型为出发点。但正如我在文中指出的那样，我将展示学术生态与职业生态之间的重要区别。

[译注]熟悉作者的读者们可能会注意到本节与《职业系统》一书，以及《攸关时间》第九章、《过程社会学》第三章在理论框架上的重叠与扩展。由此部分术语直接取自那两个版本的中译。

(一)解决方案

像所有无具体规划的分工一样，学科之间的分工也建立于群体之间无休止的互动过程之上。在这种互动中，突出的是竞争，尽管也存在迁就、结盟、吸收，以及群体生态的所有其他过程。

学科间的竞争比较奇特。知识专家通过对彼此作品的重新定义而相互竞争。在这方面，学术界类似于专门职业。因此，英语教授向人类学家和社会学家申索对广告等现代文化产品的阐释权，理由是这些产品由英语文本写成，因此受制于文本阐释的"主"学科——英语学科。更广泛地说，他们主张对身体和景观等隐喻性"文本"的控制权。这类纠纷与不以抽象知识为基础的分工之争有着深刻的区别。抽象论证的可塑性，使得双方的竞争比典型的车间或工地上的劳动争议更激烈、更多维度、更微妙。①

我们可以把学术活动想象成两个在分析上不同的领域，并在它们之间形成一个纠缠的联系之网。一方面是潜在的学术工作内容，另一方面是从事这项工作的人的全体。在任何时候，不同的工作领域和不同的研究人员之间都有关系束（bundle of ties），这些束构成了一门学科的解决方案。对于每一个参与的群体来说，这些关系体现了对所从事的各种工作的不同程度的联系和控制。在这样一个相互作用的领域中，任何单一联系的变化都不会影响到周围联系的平衡。任何一门学科在某一领域获得或失去权威，都不会取代或诱发其他学科的发展。

---

① 群体间竞争的媒介——抽象知识——在学术学科中与在法律或医学中并无不同。无论我们是把教授们看作以学生为"客户"的应用型职业人士，还是把他们看作以同事为受众的非应用型职业人士，学术学科之间的竞争与法律、医学、会计和其他职业之间的竞争从根本上说是相似的：主要是知识的竞争。我暂时抛开这种竞争的利害关系和评判者，着重讨论竞争体系本身的过程。

然而，这一生态的约束远没有执业职业的约束那么严密，后者有专属的许可和管辖权。

当然，这种模型存在很多复杂性。首先，事实上，学术工作并没有给定的工作内容。学术工作的内容不断地被各学科的活动重新定义、重制和改写，这些活动试图从彼此之间夺取或支配对方的工作。这些行动——跨学科解构与重建的智识行动——是跨学科冲突的战术接触。事实上，新的领域不仅仅通过冲突产生，而且也通过我在前几章中分析的分形组合与重组过程产生，这些过程最多是来自学科内部。其次，正如这些过程使得待完成的学术工作的边界和分组永远模糊不清，合并、分裂和迁移的过程也产生了关于从事这些工作的群体的模糊性。我们不但不清楚什么是学术工作的问题，而且也不清楚谁可能从事这项工作。①

这种复杂性意味着，我们必须超越一种简单的比喻，即一群人面对着一个任务领地，人与任务之间的联系就像许多电线一样，相互之间缠绕在了一起。也许我们最好把学科看成在多维知识空间中伸展伪足移动的变形虫。在旧的竞技场里（arena），这些伪足在某种程度上被其他变形虫的存在所包围。② 我在前面用"起泡式分工"一词来表示这种对等的制约。在这样的竞技场上，大部分的学术空间被各学科所占据。学科之间相互扩展，相互接触。这种学科团块（disciplinary

———————————

① 我在这里提到"合并、分裂和迁移"，并不是要反驳我刚才所说的关于学科社会结构稳定性的经验论证。这种"合并、分化和迁移"大部分发生在子学科层面，而且正如我们将看到的那样，其中大部分涉及学科与特定的学术工作之间的重叠关系。

② ［译注］读者可能有兴趣知道，变形虫在生物分类上属于变形虫科（Amoebidae）下的变形虫属（Genus Amoeba），它的表亲是同一科下的卓变形虫属（Genus Chaos，给它命名的是林奈［1758/1776］，意为"无形的"）。学科和混沌在这个意义上相互联系在一起。

blob）可能大多有凸起的边缘，以保持学科核心地带（heartland）的紧凑。此外，把任何学科团块去掉，都只会导致其他团块逐渐填补其留下的空间。这一事实赋予了整个系统非同寻常的持久性，这一点我已经提到了。

同样重要的是，需要注意到变形虫并不是真正具有连续外部膜的实体，而只是执业者密度的表现。当考虑到较新的智识竞争的竞技场时，我们可以更清楚地看到这一点。在这些领域中，申索群体处于这样一种相互渗透的流动状态，以至于他们的学科身份并不明确。例如，在相对稳定的"资金流动的研究"的领域（几乎完全由经济学家完成——确实是一只非常紧凑的变形虫）和有争议的"族裔研究"的领域（目前在所有的社会科学和一些人文科学中都得到了研究）之间形成了明显的对比。

这种伪足的流动过程发生在一个由许多维度组成的世界里，其中一些体现了前面所研究的分形区分，而另一些则体现了实质差异——研究内容的差异。不同的学科就像变形虫一样，在这些不同的维度上的延展程度各不相同，导致学科间的接触和竞争发生在奇特的地方和奇特的事物之上。学科之间的竞争通常表现为优先发展某个维度，而这个维度恰好能为一个积极进取的学科提供最广泛的影响力（在这个隐喻中，这类似于前面提到的情况；例如，英语学科声称掌控所有文本的解释权，因为它认为自己是文本阐释的主导学科）。对于每个学科来说，总有一个维度是其影响力大于其他学科的。在竞争激烈的时刻，它们会强调这个维度，尽管这样做可能会导致难以忍受的竞争。

*139*

在学科边缘经常会出现新的群体，生物化学就是如此。[①] 在其他情况下，边缘学科之间稳定地共存，物理化学和化学物理学就是一个例子。这往往会促成有效的合并。另外，就像应用型专业中的工科一样，有时很难明确划定"学科"的适当包容性水平；生物化学家可以被看作化学家，也可以被看作生物学家，或者就是生物化学家本身。

然而，回顾我之前关于制度化的论点，我们可以看到一组核心的社会结构的存在标志了学科性的完整。这个结构就是对等地接受博士毕业生作为教师。边境领域经常聘用不同学科的教师。我们可以认为，一旦聘用的主要是来自本学科领域的博士，那么它们就已成为社会结构意义上的真正的学科。传播学就是一个很好的例子，从这个意义上说，传播学最近才达到学科地位（美国研究仍在尝试）。这种社会结构学科化的标准，很像用来定义生物物种的群体间繁殖能力标准（inter-group fertility standard）。

### (二) 解决方案的各方面

那么，我所说的解决方案是指一种力量的组合（ensemble of forces），用以确定一只特定变形虫与它所发明和/或投资的知识领地的关系。解决方案既有文化结构，也有社会结构。

文化结构始于研究实践、证据惯例、修辞策略、体裁、正典作品

140

---

① 我自己在 Abbott（1995b）中讨论过这个过程。重要的事实是，像许多社会事物一样，学科也产生于这种"边界被集合成事物的过程"。边界——在此情况下是知识的争论、方法论的差异和其他不同知识的标志——首先出现。它们以辩论（当然是分形辩论）的形式出现在尚未被组织成群体的人之间。在某一时刻，行动者开始意识到，通过将这些边界辩论中的若干分形线勾连在一起，他们可以创造出一个封闭的空间。这就是学科。然而在目前的系统中，人们重新思考边界形成的速度——由实现学术野心的过程所驱动——意味着新学科的创建几乎没有什么现实的机会。

[译注]这一段总结了《攸关时间》第九章中的论点。

等的集合。这些已经被几代科学社会学家详尽地研究过了。在此，我不作进一步的详细评论。

我们可以将学科文化结构的一个重要属性称为学科的凝聚力轴（axis of cohesion）。学科往往拥有强大的文化轴心，我们认为这些是学科的核心原则。我们说，政治学谈论的是权力，经济学谈论选择，人类学谈论的是民族志，等等。在自然科学中，这些凝聚力轴在某种程度上以"分析层次"的层级结构进行排列。物理学涉及原子和亚原子层面，化学涉及分子层面，生物学涉及生物的超分子层面。但在人文社科中，凝聚力轴并不一致。正如我的例子所示，人类学主要围绕着一种方法组织，政治学主要围绕着一种关系类型组织，经济学主要围绕着一种行动理论组织。社会学——最好被认为围绕着特定主题的群岛组织——提出了另一种凝聚力轴。这些轴并不依赖于任何层级秩序，这一事实使社会科学的跨学科性比自然科学那简单、线性的交叉学科复杂得多。

由于一门学科有本科生这种直接的"实际主顾"，因此学科文化结构也可能涉及广泛的应用性知识，其特征是诊断、推理和处方三个过程。以20世纪初的英语学科为例，其主要任务是教学生写作。对于这类任务，诊断结构涉及写作的几种体裁，推理结构涉及对教学法的反思，而处方结构则包括写作教学的实际课堂实践。[①]

同样，学术解决方案的社会结构也有几个特殊的方面。其中第一个方面我已经详细讨论过：学科博士的证书制度。这一证书系统支配了学科的劳动力市场。体现这一证书制度的是已为人们熟悉的——几乎在所有学科中都是如此——协会、考试、论文、期刊、研究小组

*141*

---

① 我自己在《职业系统》（Abbott[1988a] 2016）第二章中详细阐述了应用知识系统在诊断、推理和处方方面的分析。

等构成实际学科生活的社会实践和社会组织。

第二组影响学科生活的关键性社会结构——学科的接收者（audiences）——面对的是这种内部的学科社会组织。接收者之所以重要，是因为他们控制了学术生活所需的资源、尊重，以及其他对学术生活而言必要的事物。就像图书馆管理员和医生一样，学者为了工作需要巨大的物质资本投入和行政结构，而这两方面的资源都由他人提供。学术界也有众多的服务对象。这些提供方和客户是学科主张的主要接收者。

典型的学术解决方案有两个层次的接收者——直接接收者和远方接收者。直接接收者是学生、行政人员和其他学者。在每一位接收者的背后，都有一位较远的接收者：家长、大学校董（trustee）、立法者及公众。这些群体明确地或隐含地判断学科对主题、技术方法等方面的合法权威的主张。在这些接收者中，学者们似乎把自己当成了最重要的那一位，因为他们一般都会回应同行的关注点。但在现实中同样重要的是控制着师资队伍紧要资源的大学管理者。尽管行政人员往往是从教师队伍中抽调出来的，可他们常常与学生的判断沟通，通过向热门学科倾斜来引导招聘过程。但他们也会留意学者之间的相互判断，特别是在名校中。

对于自然科学家和社会科学家来说，还有第四位接收者，即购买学术界产品、观点和建议的研究客户。在一些学科中，为这些主顾服务的人分裂形成了各种应用型子学科。事实上，在社会学中，这种分裂有时是如此之深，以至于整个院系破裂了。比如，哈佛大学既有社会学的本科专业，也有社会研究（social studies）的本科专业。社会研究是个受欢迎的精英专业，拥抱定性和理论工作；而社会学则强调通常为政府和商业组织做的那种定量工作。然而在研究生阶段，只有一个系（社会学）同时从事这两种工作。这种特殊的情况很好地说明，研究客户与教育客户的需求往往不同。尽管如此，学者之间互为接受者这一情况仍居非常核心的位置，我们需要对此进行更广泛的讨论。

典型的学术解决方案涉及与其他学科之间复杂的关系结构。与执业职业不同的是，学术学科——尤其是社会科学——常常与外人看来不同寻常，相互渗透的解决方案共处。正是这种重叠使跨学科的外行拥护者感到非常沮丧，因为它与同样非凡的对等无知相结合。如果我们问学术界的人，为什么穷人很穷，为什么城市以特定的方式发展，或者为什么某些法案在立法机构中失败，不同的学科会以自己独特的方式来回答：每一门学科都会用特定的数据、特定的方法、特定的思维习惯来思考问题。社会科学尤其在实际的主题上并无分化。不同之处是对这些主题事项所做的研究工作。尽管一些实质性的领域有相当多的跨学科知识交流——经济学中的人力资本文献和社会学中的地位获得文献就是一个例子——但知识的重量意味着在外人看来，在大多数实质性的领域中似乎缺乏对等的知识。现实的社会建构在社会科学的大部分领域成为教条二十年之后，人文主义者对其的"发现"只是这种无知的几十个例子之一。

在这个或那个话题上，对于谁是当前各种议题——特别是研究客户——不同接收者的政策顾问，往往存在着一些武断的暂时理解。因此，在 20 世纪 60 年代，社会学家就贫困问题向国家提供咨询意见，而在 20 世纪 80 年代，经济学家则向国家提供此类意见。人类学家和心理学家在 20 世纪 40 年代就"民族性"问题向国家提供建议，而政治学家在 20 世纪 60 年代则以"政治文化"概念主导了同样的讨论。但是在学院内存在一种实质性的重合，当我们将其与执业职业对其工作领域相对排他性的控制权相比时，会发现这种重合非同寻常。

有时候，这种分享开放而坦诚。这种情况在区域研究中很常见，语言能力的不足促进了跨学科的协作。或者研究人员可以在没有区分智识组织的前提下将分析对象加以区分；社会学和人类学长期以来对一般社会理论的讨论是分裂的，前者以先进的工业社会为理论基础，后者以所谓的原始社会为基础。有时会出现主导与从属关系，也许伴随着对从属学科一种略显困惑的宽容态度。对艺术和文学社会学多年来的态度就是如此。这一直持续到 20 世纪 80 年代，艺术史和英语等主导学科决定将社会阐释摄入其中，尽管其方法和修辞方式与相关社会学家以前使用的截然不同。

*143*  学科之间非同寻常的重叠带来了一些直接的后果。第一个后果，重叠意味着那些看似处于本学科腹地或次要领域的学者，往往与其他学科的领军人物并驾齐驱，从而能够从他们那里借用高度发达的技术，以绕过自身学科的主流。定量社会科学中的持续时间方法、史学中的人类学理论和人口学方法的大量涌入，都遵循了这种模式。职业生涯的压力推动了这种借用，它们有时成功，有时则不(例如，哈里森·怀特从物理学中借用的空缺链从未成为社会学中的标准技术。但网络分析同样源于物理学，却发展得很好)。因此，各学科之间通过学科重叠促成了一个相互窃取借鉴的系统，使各学科之间充满活力。①

 跨学科的支持者们没有注意到的第二个后果是，各学科在某种程度上相互纠正了对方的荒谬之处。例如，经济学和社会学在相互交叉的领域，如劳动力市场和人力资本的研究中，有一种相当奇怪的对等

---

① 南希·图马(Nancy Tuma)是将持续时间方法从生物学和工业可靠性研究引入社会学的开创者。小威廉·休厄尔(William Sewell Jr.)是将人类学导入史学的主要人物之一，而更早的剑桥学派则处理了人口学的导入。空缺链被哈里森·怀特(［1970］2009)从空穴理论(electron hole theory)中借用，而同一作者提出的通过块模型(blockmodels)进行网络分析的方法，则借用自物理学中以求解易辛模型为目标的重整化方法(White，Boorman，and Breiger 1976)。我自己的经验是从 DNA 和字符串编辑的模式匹配文献中，将对比算法导入社会科学(Abbott 1986，Abbott and Hrycak 1990)。

关系。经济学家对劳动力市场活动的理论通常更清晰、更严谨。而社会学家通常对数据更谨慎。两者之间的相互批评很有效。过去二十年来，人类学和史学之间也形成了类似的相互批评。

第三个后果没有被教师注意到，但学生们却很清楚，那就是教师在相对平凡的事情上意见分歧很大。受制于分类模式要求的本科生在对社会事件的学术阐释上，学会了接受这种公然的分歧。[①] 经济学家告诉他们贫困反映了激励机制，人类学家告诉他们贫困在全球化的文化中产生，社会学家告诉他们贫困显示了城市环境下就业迁移的影响力，等等。而这一现象本身在不同的课堂中出现了不同的现象。就像他们的长辈一样，大多数本科生最终学会了接纳一个版本的解决问题的方法，而对其他取径置之不理。但令人好奇的是，他们在第一时间必须与跨学科性相处。

## 四、学科的动态

因此，学术界有一个文化结构和一个社会结构。这两种结构体现了一门学科对某一主题或一门技术或问题的主张。正如我所指出的，与法学和医学等执业职业的强管辖权特征相比，学科的主张相当松散。然而，即使是这种松散的主张，也在不断地变动。

变动的原因之一是来自其他学科的攻击。如前所述，所有主要的学科都有一根凝聚力轴。这根轴通常会对人类的大部分知识产生某种智识主张。英语学科主张涉及文本的一切。政治学主张涉及权力的一切，经济学主张涉及选择和效用的一切，物理学主张涉及原子粒子

---

① ［译注］分类模式（Distribution model）是美国大学里的一种课程形式。学生们通过选修课程来满足各分类课程的要求。分类可以包含诸如基础写作、量化思维技能、外语、自然科学，等等。

的一切，等等。在每一种情况下，这些属性都是绝对普遍的。因此，解决方案的主张在某种意义上是普遍的。

这种整体化（totalizing）的主张体现了学科的扩张性模式。而在它们的实用、防御性模式中，主张就少得多了。例如，英语院系实际上在其历史上的大部分时间里都在教授写作和/或英语文学正典。当英语学科声称自己是现代广告合法的社会解释者时，这种主张只是隐性的；大多数早期对广告的批判性研究实际上由社会学家、人类学家和历史学家完成。或者说，物理学主要讲授的是粒子的抽象集合体，而非找到林肯没有简单地写"八十七年前"，却特地用"Four score and seven years ago"的原因。这种修辞手法的繁复典型地属于英语和史学的解释范畴。实践学科都有其核心地带，根据分析的层次、主题和关注的细节来定义。

社会学提供了一则很好的例子。在其总体化阶段，它曾自称是绝对的一般社会科学；我们只需回忆一下塔尔科特·帕森斯。[①] 然而，社会学在实践中却包含了一组群岛式的实证工作，从第三章中提到的各种社会问题，一直延伸到个人流动研究、中间制度与社会结构的研究。犯罪、偏异、家庭、工作和职业、人口、个人成就、种族和族裔、社区：这些都是社会学的基本主题。帕森斯式的皇权就像它被宣布时那样迅速消失了。

整体化的主张本身不是一种动力，而是一种修辞，是为了覆盖更多地方性学科扩张的修辞。因此，我们应该转向实际导致局部扩张和收缩的力量。其中第一种力量是我在别处称为职业退守（professional regression）的过程，我在第一章中已提及。上文所述的英语系教师的

---

① 读者可能还记得，我在第一章中也曾呼应过同样的主张，但是以否定的方式。我声称社会学是一门一般的社会科学，因为没有一种关于社会的工作可以证明它是非社会学的。帕森斯式的主张则要积极得多。

情况就是一个很好的例子。在 20 世纪早期，英语系教师把时间花在教学生写作（例如，以《风格的要素》出名的威廉·斯特伦克）和阅读英语文学作品上。根据我在上面所讲，这是"应用型"的学术工作，因为应用依赖于直接与客户而不是与其他学者一起工作。今天，大多数大学的英语教授尽量减少在写作教学方面的工作。随着时间的流逝，这种教学已经稳定地转移到了研究生和临时教员身上。越是名气大的大学，这种转移的范围就越大。尽管送孩子上大学的家长、为大学买单的州立法机构和学生自己都认为，大学拥有英语教授的主要目的是教学生写作，但这一趋势仍然持续。当然，英语学科并非唯一。我所在的大学有一个庞大的数学系，其中很少有人教过大一的微积分或其他形式的入门数学课程。①

　　教授们没有按照公众的期望去做事源于一个系统性的因素，这个因素在学术的社会结构中具有相当大的影响，同时也为所有职业，而不仅仅是学术界所共享。职业围绕着抽象的知识组织，而且像任何社会结构一样，它们倾向于给予那些与其组织原则最密切相关的人以声望，即那些以最纯粹的形式运用职业知识的人。但是，正如我们在实际职业中所看到的那样，真正与客户打交道的专业人员必须面对客户生活的多重复杂性。在此过程中，专业知识的纯洁性被玷污了。因此在其他专业人士眼里，最有声望的专业人士是顾问，是那些处理已经被一线同事整理好的个案的人。所以，在执业职业中，神经内科医生和心内科医生的地位要高于家庭保健医生，因为前者的工作是顾问式的，所以被认为是更纯粹的医疗。一般来说，履行公众想象中最基本

*146*

---

　　① 英语作为一门学科的发展，可以从格拉夫（Gerald Graff 1987）这本优秀著作中了解到。写作教学这一主题显而易见地缺失了。根据格拉夫的叙述，人们会想到随着 19 世纪"旧大学"的消亡，写作教学在英语教授的任务世界里逐步消失。

的专业职能的专业人员，在其他专业人士眼中地位相对较低。而那些"专业人士中的专业人士"才拥有较高的地位。

同样的过程也发生在学术生活中。这样的过程是那么明显，以至于我们从来不会想到去评论它。教授们实际上给予那些尽可能少做教学工作的人以最高的声望。这类人强调研究，即一种纯粹的专业活动。即使他们教书，也主要是与研究生打交道，而不是与本科生打交道——宁可与职业化前的信仰者，而不是与苛求的涉猎者打交道。这类教师尽可能多地花时间参加会议，与自己兄弟会的其他成员交谈。简而言之，学者和其他专业人员一样，都会"退守"职业纯洁性。

这样的学术退守所带来的智识后果相当可观。第一，退守解释了为什么对学者本身来说，学科的主要智识结构不是应用型的学科实践（如写作教学），而是前面提到的研究实践和修辞策略。因为这些都是最关注学科知识正统的事物，也是最能赋予学科声望的事物。事实上，正是这种对纯粹学科知识的关注，激怒了从林德到现在的跨学科支持者。第二，退守使一门学科的领地向侵略者打开。如我在几章之前所指出的，正是由于社会学家和其他研究者退守到对数据进行方法论上正确的分析，从而把对现代美国社会生活的一般阐释任务交给了人文领域的教授们，他们中的许多人的经验知识在社会科学家看来非常朦胧：来自报纸、杂志、非虚构写作和其他社会科学家认为"被污染了方法论的"事实来源。这个案例也提供了一个有趣的例子，说明了接收者对学术工作看法的分裂。在美国社会生活的问题上，社会科学家仍然完全掌控着对政府的政策建议。相反，现在发现社会科学对社会生活给出的阐释不如技术薄弱的人文学者那样令人信服的是普通民众，

首先是本科生们。<sup>①</sup>

职业退守是导致解决方案权力转移的一个普遍动态。但是，这种转移也会来自研究实践、体裁和修辞的变化，这些变化可能为其他学科创造或关闭机会。例如，假设学科产生的是一种易于移植、商品化的知识，那么学科可能会丧失权力。统计学失去对其各种知识的控制就是一个明显的例子。在另一端，人类学失去对文化概念的控制也是如此。但是，学科也可以通过创造新的、重要的知识类型来发展权力；人们会想到凯恩斯主义经济学，以及后来的新古典经济学；或者民族性格研究、各种新史学。文化的力量在不断地扰乱着学科及其研究领域之间的关系。

所有这些变化背后的一般化力量——无论是研究实践、体裁还是学科领域的变化——实际上就是前面几章所概述的分形动态。在这里，我们探讨了支配学科文化生活的无尽创造、无尽繁衍的世系结构与学科相对稳定的提篮状社会结构之间的联系。为了理解这种联系，我们必须回顾一下迄今为止的整个理论论证。

首先我认为，社会科学中的知识属于分段式的世系。这些世系由分形区分产生。这些区分往往在内部重复，无论是在某一特定时间的层级结构中，还是在延续系统中的长期演变中。从共时性角度而言，这些区分的指代性将知识体系以紧凑的形式封装在一起，但也产生了无尽的误解。从历时性角度而言，这种区分产生了我所称的分形循环，即不断再发现的过程。

这个论点以文化的方式展示了社会科学如何能够假装永远进步，

---

① 格拉夫在他关于文学中的学术指导的书中描述了这种职业退守。这是一则教科书式的案例，展示了文学研究不断消失为各种形式的自我封闭的趋势，也展示了意图使之重新流行的各种反对这种趋势的运动。关于职业退守的理论，我在 Abbott（1981）中进行了阐述。

实际上却停留在熟悉的基本概念框架内。分形区分从传统的现实中生产了一种进步的假象。读者会注意到，我已对社会结构做了类似的论证，认为跨学科关系表面上的运动只是强调并支持了一种网络化的学科社会结构，这种结构具有非凡的张力。

不过，这两个论点略有不同。分形区分论证主要是关于给定学科内的文化流动。而本章的论证是关于学科间的社会结构稳定性。然而从大体上说，这两种论点都抓住了学科系统的实质核心。它的稳定性主要在于它的整体社会结构，尤其是通过灵活的提篮状编织结构，保障了学科之间作为社会结构情境的地位。它的易变性主要来自学科内部的文化结构，特别是分形二分法无休止的组合和重组，推动着学科探究者在知识的可能性之间游走。

总之，学科系统的核心是学科之间稳定的社会结构和学科内部可变的文化结构。但我前面的讨论实际上提出了另外两种可能的论点。学科内的社会结构性论点和跨学科的文化结构性论点。

事实上，我自始至终都在论证学科内部社会结构易变性的重要之处。人们经常引用教授的生命历程及其追求和回报作为一种驱动力，它体现了一种变化的形式，即使这种变化被组织在有规律的继承中。其中，年轻人将自己的职业生涯建立在遗忘和重新发现之上，而中年人则注定要看着他们研究生时代的常识被翻新和重新发表为辉煌的新见解。更重要的是，那些在前几章中表现得如此突出的代际范式，既是社会性的，也是文化性的，由网络关系和赞助关系组成。类似关系将会议和院系、教师和学生捆绑在一起。群体不断变化，在专业生命周期的行进和知识的分形格局之间相互衔接，从而推动了对之前研究的遗忘和再创作的系统化模式。由此，有规律、模式化的学科内社会结构的变化形成了一支世系——像一个滑动离合器（slip-clutch）——将跨学科社会结构的篮状稳定性与学科内知识的永恒流动连接在一起。

类似的论点也适用于跨学科的文化结构，我的论述中也一直指出这一点。跨学科"借鉴"和相互批评都涉及学科之间复杂的文化关系，两者都有助于稳定学科内部的知识世系。情境的重新定义过程也是如此，在这一过程中，从内部获得胜利的世系会发现自己与其他学科之间存在着意想不到的分形关系和竞争。所有这些力量都倾向于维持学科文化世系间的相对分离。

我在本章前面提到，相对任意的正典（canons）之间的差异也起到了维持这种世系的作用。可以肯定的是，世系的稳定很大程度上归功于在学科内获得的成功比跨学科获得的成功具有更高的职业生涯回报。但是，尽管有这种强大的社会结构性推动力，文化力量仍然在其中起着作用。尽管分形世系不断流动，但文化力量确实对世系的维持了施加了一定的限制，将其重新导向学科核心。事实上，这里有一个普遍的功能机制在起作用。一门学科如果允许其分形分裂无限期地进行下去，最终将失去与其他学科的区别，无法在重要的接收者面前为自己辩护——那时候，它只是一个社会结构性的单位，而不是文化性的单位。

因此，整体结构看起来几乎无法打破。一种灵活而稳定的跨学科社会结构允许在学科内部存在各种各样的智识自由度，而这种自由度由分形机制定期产生。学科内的社会结构通过分级的职业经验和代代相传的范式来衔接结构性的文化变化，而跨学科的文化机制则抑制了分形机制所诱发的巴洛克式的多样性，使学科至少隐约地保持着可分离的脉络。真正的问题是，是否有什么东西可以打破这个系统？

对此问题的第一份答案很明确。学科录用和/或职业结构的改变很

容易改变这个系统。① 美国高校越是以职业教育为目标，这个系统就

会越衰败，因为学生会离开对这个系统而言至关重要的学科专业。对

教师的奖励越是与教学成功挂钩（而不是与研究能力挂钩），这个系统

就越是会衰败，因为成功不再来自搅动理论。读者可以很容易延伸发

展这些论点。这个系统的社会结构基础足够朴素，任何重大的破坏都

会产生剧烈的影响。但需要注意的是，这些变化必须是渐进、系统性

的；学科系统并不容易被少数机构或一两门学科的重大变革所左右。

必须发生的是在全系统范围内对接收者的重要性进行转换：从学者之

间互相控制对方的奖励，转变为学生、管理者或其他人所控制的奖励。

---

① 在学术生涯中，有一些变化可以很容易改变目前的系统。最明显的变化是奖励
制度的变化，我将在下文提到。目前奖励制度与发表论文挂钩，特别是以发表数量为标
准（这背后的力量有很多，但最重要的是大学规模不断扩大；行政部门对教员判断力的
信任度不断下降，对"客观"［原文如此］的信任度也随之下降；可用期刊空间的扩大［参
见 Abbott 1999a，第六章］；以及由竞争压力导致的蓄意证书膨胀）。任何降低出版数量
奖励或降低出版数量可能性的力量都会大大减缓分形过程。显然，有一些这样的发展或
政策是可能的：取消教职的终身制；仅以教学为考察目标而授予终身制；或者在授予终
身制时只考虑一定的页数或项目的发表作品。另一种可能是，鉴于网络出版的异常便
利，完全取消对数量的限制，这样一来，比拼出版数量将（比现在更多的是）显然失去意
义。另一种可能但不大会发生的转变是通过结束对"新"文化的迷恋，从而不再需要把旧
观念假装成新观念。参见 Rosenberg（1959）。

我在这里对这些事情发生的可能性不持任何立场。在美国高等教育中超过一半的学
生课时数由非终身制教员教授（与史蒂文·布林特［Steven Brint］的个人通信），从这个意
义上说，终身制显然受到了围攻。此外，一个巨大的新商品化浪潮——超文本网络课
程——正在席卷高等教育，以取代上一代的商品化浪潮（教科书及其相关的讲义、教员
手册、试题集等）。但这个系统之前已经证明了它的韧性，因此很可能高等教育上层的
动态变化不会很大。很显然，在自然科学领域，大学和商业研究的相互渗透正在使知识
机构的结构发生根本性的变化。在社会科学领域，这种情况将如何发展，就不太清楚
了。因此，我不太愿意做出预测，只想说生涯制度的根本性变化将导致学科系统的变
革。对于专业的预测，我也有同样的保留意见。诚然，在过去的三十年里，职业性的专
业确实席卷了大部分高等教育。但这种趋势在精英院校中并没有走得太远，这些院校的
毕业生在高等学位的产出中占有很大的比例。在这里我也只能说，在整个系统中（包括
其上层），学科专业的地位大幅下降将导致学科的衰落。

今天能够看到的是，我们正在向着这个方向发展。

更有趣的是，是否有一种文化事件可以颠覆这个系统？一场哥白尼或达尔文式的革命，实际上可以改写学科所依赖的象征性结构。有些人在广为宣传的"摧毁正典"运动中看到了这样一个事件。但在跨学科的层面上，摧毁正典并不重要，因为正如我所指出的，跨学科只是学科系统建立的一道驻波①，并与之共同延伸。但是在学科内部，破坏正典确实很重要，因为如果学科无法在某种程度上制定正典（通过教授研究生一套基本的文本），那么这些学科便失去了推动分形循环的核心力量之一（你不能反抗你不知道的东西），也失去了维持一组共同参考文献的历史主义凝聚力的核心力量（你是你在研究生时期阅读的产物，而不同学科的阅读内容各不相同）。简单地说，如果学科不努力在文化上复制自己，那么它们可能不会在无意中被再生产。然而，即使在这种情况下，也存在着巨大的情境压力，使得任何人都无法遵循无正典的学科。如果你周围没有人离开自己的位置，那就很难从你自己的位置随意散布。

我们看到所有这些力量都在学科的当下发挥着作用。在这一时刻，有两种强大的、一般的范式试图将整个社会科学降至一个拥有两极的平衡。经济学将其严谨的理性选择方法推向了政治学、社会学和史学等实质性领域。在所有这些学科中，地方窃贼都忙着把好消息从根特送到艾克斯，把简化后的经济学思想转卖到自己学科内部，以图彻底改变它们并赚取名声。② 这种情况的不寻常之处并不在于它的发生；正如我自始至终都指出的那样，地方性盗窃很常见。不寻常之处在于

---

① ［译注］驻波（standing wave）是一种合成波，由两个波长、周期、频率和速度相同的正弦波相向行进，干涉而成。这种波有振幅（时间），但无法前进（空间）。

② ［译注］取自19世纪英国诗人罗伯特·勃朗宁的同名诗作，艾克斯即今天的亚琛。在这里指的是对一些学科而言的旧知识被重新包装之后被学者引入另外的学科。

这种模式同时在若干学科中发生。在社会科学的另一极也是如此，类似的窃贼正在向社会学家、政治科学家和史学家兜售福柯、布迪厄、萨林斯和其他人（奇怪的是，这些新货有时相当令人熟悉；比如说，哈贝马斯包含了很多被回收的实用主义思想）。但两极的情况一样；发生了跨越若干学科的一次广泛的扩张，并且这种扩张在每个学科中一再重复。

然而事实上，向心性的学科力量仍然规模巨大。大多数学科仍在传授最初的正典。即使其内容发生了变化，但正典之间的交叉点、跨学科的交叉点并没有明显扩大。而且，借物贼本身对学科合并也没有什么兴趣。恰恰相反，在经济学之外卖弄理性选择的人很少有人能像经济学家做的那样好；他们的自利在于维护学科的盲区，在那里他们可以做独眼人。① 换个角度看，一种只有两个部门的社会科学，会给野心勃勃想产生革命的知识分子提供更少的机会。重振第三种立场的回报太大了。正如这个论点所假设的那样，[学科的发展]很大程度上取决于 20 世纪初确定的最初的学科数量。现在这个数字已经被定下来，要改变很困难。②

152 　那么，我们剩下的问题是，是否就不再有一些伟大的见解来革新这个符号体系？我们可以看到，目前的理性选择和文化之争很可能不会带来什么长远的改变。那有什么是可能的吗？如果我们指的是，是否有什么东西可以阻止分形循环过程，我相信答案是否定的。几门学科可能会结合在一起，但这不会影响系统的运行。是否存在深刻的新

---

① ［译注］"在盲人的世界里，独眼人为王"在当代英语中已经成为通常的谚语。一般认为出自 15 世纪的人文主义者伊拉斯谟编纂的《箴言集》。

② 当下是学科发展史上一个有趣的时刻，因为很多国外的研究生教学转向英语，这意味着文化产品（出版物）比以往任何时候都需要一个国际比较的背景，即使社会结构性产品（博士学位）在国内也是如此。这就形成了一个有趣的论点，因为在我看来，正是社会结构提供了这个系统的巨大稳定性。

二分法？不，我不这么认为；或者，换个说法，我认为我们所拥有的一系列二分法意味着，没有什么主要的智识立场不能用数学家所说的"现有立场的线性组合"来表达。

但在提出这个论点时，我们似乎又回到了列维-斯特劳斯的固定结构主义。很显然，思想系统确实有复杂的历史。在某种意义上，它比分形的重复、遗忘和再发现的简单游戏要复杂。那么，深层结构的停滞，或至少是潜在的停滞，与表层的永恒流动之间的联系是什么呢？我们可以想当然地认为，在某种深层的意义上，一切都已经被思考过了。人们可以在前苏格拉底时代找到现代社会科学中所有基本二分法：变化与永恒、原子性与连续性，等等。但是，这种停滞的程度是无趣的。相反，人们感兴趣的是这些观念如何在具体研究社会的过程中逐渐得到应用与发展。在这一层面上，社会科学想象力的最后一次伟大变革结束于第一次世界大战那个非凡时代。那时，马克思、弗洛伊德、韦伯、涂尔干以及古典经济学家们构建了一个社会世界的宏伟愿景，自那以后，这些基础观念在根本上都没有发生过改变。在我看来，要使学科的安排发生根本性的变化，就必须有人或某些群体破坏19世纪后期社会思想的一些基础性想法。

例如，有人可能会写出一部达尔文式的伟大作品，证明历史真的对世界的命运并不重要。这样的论证需要把所有先前的证据都集合在一起，同时证明历史上所有似乎可以解释的现象实际上都有共时性的起源。这样的工作确实将彻底改变社会科学，因为对于我们目前的社会思想传统来说，没有任何一种思想比历史主义更核心。反历史主义将改写整个学科的分形排列，因为它将一下子重新定义目前存在的各种分形位置的组合如何相互关联。

*153*

我是19世纪的产物，我无法想象会有这样一本书。但如果它存在的话，它将改变当前学科的文化结构，使之完全重组。就目前而言，这个系统运作得出奇地好。学科之间无休止地相互借鉴，但仍在或多或少一致的世系中培养学者。学科内部的分形循环产生了大量的随机运动，结果是各学科之间在奇怪的场合与奇怪的事物上有很多偶然的接触。偷盗借鉴的动机有很多；在上一代主要的社会学家中，几乎所有的方法论创新者都在从事盗版行为——邓肯（Otis Dudley Duncan）从生物学中借鉴，科尔曼（James Coleman）从工程学中借鉴，怀特（Harrison White）从物理学中借鉴。但总的来说，这个系统一直在不断地发展，经受了重大的文化时尚和变幻，并没有发生什么深刻的结构性变化。

然而，正如我在开篇中指出的那样，这个系统无疑产生了越来越丰富的关于我们的世界的知识。它越来越多地"填充了可能的社会知识空间"，尽管它有能力忘记过去熟知的东西，尽管它花了很多时间去重新发现一些东西，尽管它表面上永久进步的修辞很可能是愚蠢的。分形区分模型确实很强大，它既是理解社会科学知识的模型，也是生产社会科学知识的手段。

# 第二部分
## 关于自相似性的两篇论文

# 第六章  自相似的社会结构[*]

本书的前五章组成单一的单元，论证了社会科学的文化生活通过 *157* 一系列的分形区分演化。在论证过程中，我以各种方式扩大了分形区分的概念，并探索了社会和文化结构理论的其他一些途径，发展了综摄、提篮结构等概念。在接下来的两章中，我将脱离这种对单一实质性话题的分析，转而对分形论证的适用性进行更广泛的推测。本章研究的是自相似的社会结构的可能性。在此之上，我附加了一项关于评分量表/尺度（rating scales）的分形分析，那些量表在社会生活和社会学数据中都很常见。最后一章考察了社会科学里的一些道德争论中的自相似特质。

与前几章不同的是，这最后两章为推测性质。我基于前面的分析，将自相似性作为思考文化和社会结构的取径。在这里，我希望向未知的领域推进。因此这些章节少了很多学术工具，而且确实以不同的语气写成。这两章将来自各种不同场所的例子与说明性的形式化分析和直截了当的理论论证混合在一起。我希望它们提出问题，而不是提供一份全面的论述。充其量我希望说服读者，基于自相似性概念的理论

---

    \* 这一章最早形成于 1988 年，是我就这一主题写的第一篇完整的论文。我把它献给牛津大学社会人类学教授（1946—1970）E. E. 埃文思-普里查德。我要感谢雷蒙德·福格尔森（Raymond Fogelson）向我介绍了埃文思-普里查德和其他经典人类学家的著作。

*158*

论证可以帮助简化社会科学中的重要问题。①

# 一、自相似的社会结构及其属性

回想一下本书开头的例子。美国医学院入学考试（MCAT）依据科学能力和态度挑选大学生中最顶尖的那批人。但三年后，这批之前被选中的学生将在从精神病学到心脏病学的专业中做出选择，在医学的范围内，这样的选择复制了 MCAT 考试依据人文-理性尺度对学生做出的隐性划分。或同样地，卡斯特体系将某些群体牢牢地排在最底层，排除在四个瓦尔纳之外。然而在贱民中，一种内部的层级制度恰好复制了那个将他们置于印度教徒种姓之下的更大的等级制度。

除了这些例子之外，我们还可以加上其他几十个小规模社会结构重现大规模社会结构的例子。关于城市的文献将"社会组织"和"社会无序"分开，只不过发现后者被再次划分，因为作者们发现了"贫民窟的社会秩序"。对劳动力市场的研究划分出核心和边缘，只不过发现在每一个核心和边缘中都有更小的核心和边缘。弗雷泽（E. Franklin

---

① 开始本书的推测部分时，我应该对分形论点的普遍性做一些额外评述。在我第一次提出支撑这本书的论点之后的许多年里，最常见的一种反应是质疑我在本质上是否提出了列维-斯特劳斯的论点，即人类认识整个世界的方法是结构化的二分法。我是否因此援引了我们本应超越的结构主义，或者更糟的是，援引了危险的不相关论点，即二分知觉建立在意识的结构中。

我无意提出这样普遍的论点。诚然，一旦我开始寻找分形结构，它便无处不在。但对我来说，分形概念的用处在于它能解释许多我从未想到的事情。最重要的是，正如我希望在第七章中所展示的那样，它解释了为何我与那些我觉得有着巨大共同点的人进行了无休止的政治辩论。它解释了在使用的论点相同，在所持的立场和假设相同的情况下，我们如何设法让分歧变得狂热和强烈。但我自己开始喜欢分形论点普遍性的过程却很缓慢。我意识到这种论点代表了某种普遍模式是当我开始意识到语言本身的分形结构可以成立以后——苏珊·盖尔（Gal 1991）隐含地提出的论点，随后 Gal and Irvine (1995) 以及 Irvine and Gal (2000) 中更清晰地提出了该论点。

Frazier)对黑人资产阶级的著名分析认为，黑人资产阶级与黑人群众的关系同白人与一般黑人的关系基本相同。①

今天，也许被研究最多的例子就是性别分工。在现代生产时期，159男性一般都一直在劳动大军中，而女性在某种程度上不在其中。但随着妇女进入劳动力队伍中，她们往往集中在某些行业，这些行业被认定为具有"女性"属性，如照料等。而当她们进入了"男性"行业的范围内时，她们往往会集中在某些专业领域。甚至当她们进入男性专业领域的范围内时，她们往往会被分配到非核心的位置，诸如此类。类似的分析在另一个方向上也是如此——男性和家务劳动。我们再从男性与工作和女性与家庭的关联性开始。当男性为家庭工作时，他们倾向于做外面的工作，就是那些将家庭和外部世界联系起来的工作：锄草、修车等。当他们待在家里工作时，这些工作要么是与"家外工作"（修割草机）有关，要么与家的物质基础有关（木工、电工），而非情感或家事。当男人真的为家庭做实际的个人工作（如做饭）时，通常都是一些可识别的庆祝性工作，如烤肉等。即使有再多的平权运动，也难以撼动这种分形模式。

这些例子应该说服我们，自相似的社会结构是现实。无论我们从哪个层面去考察它们，我们都会发现同样的模式重复出现。这些例子也不是简单的从局部细节中观察到的线性尺度。性别的例子尤其引人注目。不存在一种简单的有两个极点的线性尺度，即"工作类型被定义为'文化意义上女性的'程度"。这样的尺度会假定，烤肉或铺床与"女性化"特有的、固定的价值永久地联系在一起。但问题的关键在于情况并非如此。我们总是可以通过改变我们的比较区域（zone of comparison），使其中任何一项工作看起来显得女性化或男性化。在标准的理

---

① 关于社区无序，参见 Suttles(1968)。关于黑人资产阶级，参见 Frazier(1965)。

解中，铺床相对于安慰哭闹的孩子来说是男性化的，但相对于维修家庭汽车来说则显得女性化。在一个特定的舞台上或层次下进行比较时我们总能发现男女之间重复着同样的结构性关系，一种永远嵌套，因此也是永远局部的分工。

## 二、一则形式化的例子

对这种自相似的社会结构的概念进行更形式化的思考是很有益的。让我们考虑一下职业中性别隔离的例子，并思考如何以分形的方式来设想这个问题。

考虑一个由男性和女性组成的群体，他们的目标是一系列潜在的行业。想象一下，我们可以用声望或其他特性的线性尺度来排列这些行业。把生涯看作由不同分岔点（branch points）组成的轨迹，在每个分岔点上，一定比例的男性在这个声望等级中"上升"，而不同比例的女性也是如此。我们可以想象某一分岔点代表"念研究生还是没有念研究生"；另一分岔点是"选择独立经商还是选择从事某种职业"；还有一个是"选择跑业务而非办公室文员"。

在继续往下说之前，让我指出一些重要的细节。第一，由于分岔点在时间上或多或少是有序的，所以它们互相嵌套。第二，虽然我已经给出了"选择"的例子，但实际上就这个例子而言，分岔的发生是来自选择还是约束并不重要。重要的是［男女两组］百分比的差别。第三，为了方便起见，我将假设分支的部分互补，即所有分支小组的比例相加为 100%，男性向上移动的比例与女性向下移动的比例相同。这个假设非必要，但会使分析更容易理解。同样，假设在每一次分岔时每个群体的比例保持相同也显然不现实（不过，如果在通过分岔点的时候我们要得到分形而不是简单的随机分支，我们确实要假设这个［分岔］

百分比有某种形式的规律性）。

我们将认为每一个体的最终行业由这些分岔过程的序列产生。因此，第一次选择决定了一个人是移动到行业分布的上半部分还是下半部分（假定行业声望被分成低和高两等分）。然后（把这两部分继续一分为二），第二次选择决定了若先前去了上半部，一个人是否接着去上半的上半部（前 25％ 区间）；或者，若先前去了下半部，是否接着去下半的上半部（50％～75％ 区间）。例如，假设在每次分岔时，60％ 的男性向上层流动，但只有 40％ 的女性也向上层流动。如果我们从 100 位男性和 100 位女性开始，经过第一阶段后，共有 100 人进入上半部，其中男性 60 人，女性 40 人。下半部也有 100 人，其中男性 40 人，女性 60 人。然后，上半部的人们又依同样的概率被分配到前 25％ 或 25％～50％。男人们按照 60/40 的比例上升或下降，即有 36 人处于前 25％，24 人处于 25％～50％。对女性可以施以相同的乘法：16 位女性排在前 25％，24 位女性排在 25％～50％。这使得男性的比例在前 25％ 为 36/ 161 52＝0.69，在 25％～50％ 为 24/48＝0.50。根据明显的对称性，50％～75％ 男性比例为 0.50，75％～100％ 的比例为 0.31。在下一阶段，男性将按如下（八个）类别比例（从下至上）分类：0.23、0.40、0.40、0.60、0.40、0.60、0.60、0.77。需要注意的是，这些类别中的男性比例并非单调增加。再下一阶段的十六个类别层面中，其比例分别为：0.16、0.31、0.31、0.50、0.31、0.50、0.50、0.69、0.31、0.50、0.50、0.69、0.50、0.69、0.69、0.84。图 6.1 显示了这个过程发生了七次分岔后的结果。现在产生了 128 个子组，图中显示的是每个子组中的男性比例，将相邻组连接起来，使每个顶点代表一个子组。

关于这条曲线有几个因素相当明显。第一，它是一个分形。通过把自己切成两半，再两半，以此类推而产生，在区间内的切分点呈自

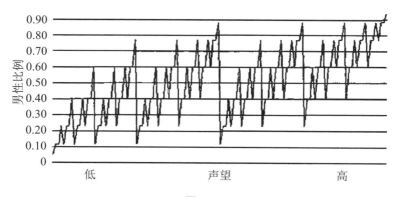

图 6.1

相似状态。如果我们按照 a、b、c、a、b、c、a、b、c 这三个百分比顺序排列，我们会得到一种更复杂的分形，但仍然有很强的自相似性。这种分形特征恰恰代表了上面讨论的性别隔离。无论我们在哪个层面上考虑这条曲线，无论我们关注的曲线截断有多小，我们都会发现行业被性别隔离的模式相同，并且同样的模式在子行业内进一步出现。这符合一项众所周知的事实，即在不同声望的行业内都存在着由女性主导的行业，尽管其中接近声望分布顶端的行业比声望底端的要少。无论我们关注的行业声望的范围有多大，我们都会发现在性别构成上存在很大的差异。这种情况甚至延续到子行业的层面。例如，面包师这个行业在性别构成上已达到男女均等，但这掩盖了明显的内部分隔：女性的工作发生在不同的环境和不同的层次上。①

第二，虽然在我们[沿着横轴]向右移动的过程中有明显的男性化趋势，但这种趋势是渐进的。此外，男性化的离散程度实际上相当大。即使在曲线最左侧的四分之一——三十二种低声望行业中——也有

① 关于劳动力中的妇女，参见 Reskin and Roos（1990），Honeyman and Goodman(1991)。关于面包师，参见 Reskin and Steiger(1990)。

一些行业中的男性比例高达60％。这种离散当然是由我的"分裂系数"（splitting coefficient）所决定的。如果分裂系数是0.55，而不是0.60，那就只会存在一个这样的行业，而非六个。但在这一条件下，如图6.2所示的曲线也会在（男性比例）下行的一侧比较徐缓。请注意，这种总体趋势意味着如果我们对这些数据进行回归分析，尽管曲线上明显存在着相当有规律性的偏离，声望与男性比例的关系仍会显著相关。

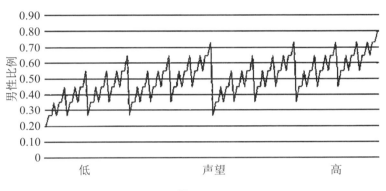

**图6.2**

第三，继续回归分析的思路，请注意，当我们所考虑的职业声望的范围越窄，声望和性别隔离之间的关系似乎就越陡峭。也就是说，在局部，声望和性别隔离之间似乎存在着很强的关系；但在全局范围内，这种关系要弱得多。分形模型产生了一种非常奇怪的方法论属性，即研究的范围越窄，效应越清晰和明显。这恰恰与通常的生态论结果相反，即网撒得越大，发现的关系越强。

第四，如果我们把分裂系数提高至一个很高的水平，以表示男性的非凡优势，我们会发现性别平衡的行业消失了。但一些低声望行业仍将继续存在，其中男性占压倒性优势（同时存在一些高声望行业，其中女性占压倒性优势），这在标准行业统计中是很常见的事实。[①]

然而，百分比数字确实掩盖了这些行业中的人员数量的巨大差异。男性占主导的声望较低的行业一般规模很小——男性人数很少，但女性更少。同样，在声望分布顶端的女性占主导地位的行业也是如此。我们可以通过乘法计算出两性的平均地位水平，其结果正好与分裂系数相呼应。如果我们假设声望尺度从 0 到 100，男性按 60/40 的比例上升或下降（女性正好相反），那么在整个行业光谱中，男性的平均地位是 60，女性是 40。

我们应该退后一步，看看这个模型给我们带来了什么。作为一个行业声望和性别隔离关系模型，它有一些优点。图 6.3 显示了一些行业声望（x 轴）和男性百分比（y 轴）的实际数据，为了便于观察，我在纵轴上略微调整标度（行业中的性别隔离是如此之强，如果以与图 6.2 相同的比例显示，这种模式将令人应接不暇）。图中显示的是 1990 年美国所有工作人数超过二十万的行业，按 Nakao-Treas 声望值来划分。我将相邻的点连接起来，以使其与前面图的相似更明显。该图显示了分形模型预测的一些特征。首先，在不同的声望范围内，性别百分比的混合程度不同寻常。其次，在低声望部分，我们可以看到曲线的低点处有几次重复的稳定上升（在高声望部分的一些地方似乎有一个非常微弱的类似版本）。该图也似乎有这样的特性，即在它的上 25％ 和下 25％ 范围内，斜率似乎比整体上的斜率更大。除了这些特征中的第一个（在整个威望范围内的性别分布混合），这些都不是强有力的发现。它们仅仅是有趣的表象，显示分形模型可能表明了性别特征与行业声望之间不相关的一些重要原因。

164

---

[①] 参见豪瑟与沃伦的研究（Hauser and Warren 1997）。图 6.3 中使用的统计数据来自豪瑟与沃伦数据集的网络版本。

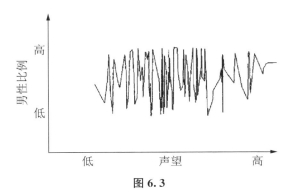

图 6.3

　　但是，从更广泛的角度来看，这个模型很好地体现了性别领域的理论模式。如果我们不把这个量表看成行业声望，而是把它看成衡量我们通常所认为的某类活动的性别化程度（genderedness）——从女性到男性——的线性量表，那么我们一下子就会发现，分形模型可以非常清晰地理解性别分工的许多方面。首先，它提供了一种简单的解释，说明为什么我们无论在什么尺度上检验社会生活，或无论选择怎样的一般分工的特定领域，都会看到性别分工。其次，它解释了由于我们试图把性别化程度想象成一项有规律的线性尺度而带来的密集和系统性差异。再次，它解释了一则悖论，即我们的详细研究——民族志、局部的量化工作——往往发现了极端的性别差异，哪怕我们都很清楚地意识到在整个社会中男性和女性是一起行动的。最后，它还解释了尽管性别关系具有系统性的凌乱特征，但为什么在常规的方法论假设下，我们似乎很容易将其线性化。

　　所有这些都源于一项相当简单的假设，即在任何规模上，男性和女性都倾向于在分工中略微分化。60/40 的分隔比例并不很强，然而它却产生了非常明显的分形结构。这似乎是对这种模式的一项极其有力的解释。

165

# 三、自相似性及其社会属性

因而我们看到，社会结构有一种共同的形式：自相似的形式。它的小结构总结了它的大结构。无论我们在哪个层面上对它进行考察，我们都会发现同样的模式重复出现。这些结构对我们的研究方法提出了一项令人发狂的挑战，因为社会结构包含了无法用线性形式捕捉到的信息。它们似乎也完全没有被理论化。接下来，让我们考虑一下它们的属性。①

自相似的结构建立在自我重复的单元上。对我们来说，最熟悉的例子是理想的典型科层制。这里的单元是简单的层级制度（hierarchy），根据权威的位置将一个人置于几个人之上。我们通常把这个单元比喻成一棵树，延伸出的根部是下属，上级是树干（图 6.4a）。如果我们把一组这样的树以及它们的上级放置于另一个上级之下，在这样的类似关系中我们在两个明显的意义上创造了一个自相似的结构（图 6.4b）。第一，各下层的树之间彼此相似。第二，下层的树与上层的树相似。我将分别称之为平行相似（parallel similarity）和嵌套相似（nesting simi-larity）。请注意，这种双重相似性不仅是科层制的特征，也是其更传

---

① 请注意，一个给定的单元可以类似于另一个不同大小的单元，即便这两个单元不属于同一社会结构。正如西美尔会让我们注意到的那样，对体（dyad）内的冷战更像一些婚姻：分裂但又亲密而互惠。然而，这种相似性的含义比自相似性的含义要弱得多。涂尔干和其他人称之为"分段社会结构"的例子是，在给定的水平上，类似的单位被一个与内部结构不相似的上级结构松散地捆绑在一起。

[译注]术语 segmental social structure 在《社会分工论》中文版里的译名是"环节社会"。在埃文斯-普里查德的术语中，我们一般将 segment 译为"裂变"或"分支"。

统的表兄弟附庸主义（vassalage）和庇护主义（clientelism）的特征。①

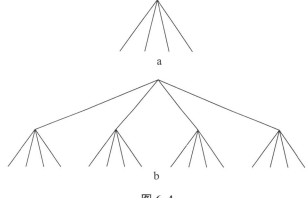

**图 6.4**

平行相似性在人类学文献中很为人熟悉，它来自分段式社会结构的概念。许多社会结构都由类似的组织以某种方式结合在一起。志愿组织常常采取这种形式，大学或社会服务机构的联合体也是如此。在最近的过去，美国的职业通常以地方性职业协会的集合体形式存在，再由各州的职业协会以某种不同的形式捆绑在一起。

但是，分段式的组织并不一定自相似。是嵌套相似性产生了自相

---

① 读者可能会提这个问题，即是否所有的层级结构都自相似。在实践中答案显然是否定的。通常，层级原理在不同层次上的差异足以使上级和下属的个人经历在各层次上不会真正产生共鸣。或者，层级化的组织可以将内部组织起作用的单元与内部组织不起作用的单元拉到一起。这种观点认为，自相似的本质在于其对个人经验和团结的影响，我在下文中广泛讨论了这一点。

自相似结构的嵌套部分和平行部分之间的关系一直是正式组织特定领域研究的课题。例如，克罗齐埃（［1964］2002）着重于导致组织中出现统一层级的条件，将其部分归因于文化因素。我认为最好从自相似性的角度来解释这一点。下属的相似性——即不同层次单位之间的相似性——越弱，层级出现的可能性就越大。我将在下面讨论自相似的团结含义时阐述这一点。

似的特性。用数学术语来说，这就是所谓的压缩映射（contraction mapping）——通过用与大结构相似的小结构替换大结构的部分，从而在结构内部产生结构。老一辈的社会学家会立即认出嵌套相似性是塔尔科特·帕森斯的 AGIL 模式的产生机制。这是一个以压缩映射的方式表述的社会理论模型：每一层的社会结构都有四种功能，然后每一种大功能本身又被分解成四种小功能，以此类推。在上述例子中，这种压缩映射在性别分化中表现得最为明显。较大的发生性别隔离的社会结构可以被部分取代，每一个部分又是性别结构化的，这些部分本身继续由性别结构化的部分组成，等等。①

这些不同的例子表明了一个重要的观点。层级结构的形象限制了我们对自相似性的理解。自相似结构的单元没有必要采取支配而非平等的形式。例如，它们可以是功能上分化的系统。一个产业组织可以分为市场部、信息部、运营部、财务部和其他部门，这些部门在功能上都相互依赖。那么，这些部门中的每一个都会有其内部的功能分化，其中大部分的分化都复制了较大的那一分化。一个信息服务部门要把自己的服务卖给其他部门（营销），要在内部会计系统中监控自己的财

---

① 关于分形文献的严格数学介绍，参见 Barnsley（1988）。其他资料参见本书第一章。具有讽刺意味的是，帕森斯的社会理论坚决地反经验，但他所选择的理论生成原理是一个在经验上相当普遍的社会结构原理。本书手稿的一些读者看到了我与帕森斯在理论上的相似之处。我不明白这一点。帕森斯对自相似性的使用是无意识、理论化和静态的，而我的使用是自觉、经验性和动态的。我还被告知，我的理论应该与卢曼的理论有关，大概是因为他也谈到系统和子系统（例如，Luhmann 1982，特别是第十章）。然而，在重读卢曼的作品时，我觉得他的工作和帕森斯一样在一个远远超出我自己的抽象层次上。

[译注]压缩映射是该数学术语的标准中译，但 contraction 也有"收缩"之意，并在下文中出现。

务状况(信息),等等。①

　　自相似的社会结构单元也可以是交换系统(exchange systems)。在许多方面,经济本身可以看作一组嵌套的市场,这些市场之间相对分化但不是绝对分化。在每个层次上,这些市场又可以区分为高/低风险的交换系统、固定性与概率性的交换系统、短期与长期的交换系统等。股票市场和债券市场在本质上体现了不同的资本发展方式,但每个市场内部都有子市场,它们都具有对方市场的特性。

　　在我们的社会中,地位系统(status systems)通常也以自相似的方式发挥作用。大学生在选择行业时,在一定程度上以回报为基础,而一旦进入这些行业(不管是低回报还是高回报),他们的目标便是行业内回报最高的专业。一旦进入一个专业(同样,不管是高或低),他们 168 就可能会在某些子专业(神经病学、税法、精神治疗社会工作)中追求进一步的回报。这个原则对于金钱以外的其他价值也适用。医学职业一般被认为比法律更利他,而在医学内部,有些专业(家庭医生)会被认为比其他专业(妇科)更利他。当然,由于很多人都会更换行业和专业,这个系统很难说完美或具有决定性。但行业回报制度确实具有分形特性;尽管大多数人担心的是自己范围内的成就,他们只意识到自

　　① 　重要的是要注意到,优势地位的经验并不总是包括对超过一个级别以下的人发号施令的能力。这一直是封建主义的问题。在没有"传递性"层级的组织中存在一种非同寻常的自相似性。旧政权里最中心化的国家的国王路易十五,据说曾经讲过"如果我是警察中尉,我会禁止敞篷马车"(Cobban 1957:30)。

　　[译注]科班对这句话的注解是"但他只是国王,他唯一可以使用的惩罚是将拒绝执行他命令的官员免职。"出处同原注。

己所关心的狭隘领域之外的地位和奖励制度的粗略特征。①

这些迥异的社会"压缩映射"的例子提出了一系列关于自相似的社会结构单元的问题：产生这些问题的典型原则是什么？典型的收缩或扩散程度如何？自相似系统的收缩(contraction)是均匀的，还是有时会不平衡？

这些问题中的第一个最重要。正如迄今为止的例子所表明的那样，我们最熟悉的产生自相似性的原理是层级结构。无论是在现代组织中，还是在亲属系统中，在封建土地制度中，或者在第三世界的庇护关系中，都有自相似的原理，而这些原理通常产生层级结构。所有这些案例中的原理是某些人 a 拥有对他人 b 的指挥权或 a 的地位高于 b，而 b 又继而对其他人 c 拥有指挥权或地位高于他们，以此类推。层级结构不是一种固定的整体结构，而是一种扩大社会结构的特殊实践：通过让新的单元从属于现有控制单元来扩大社会结构。

169　　层级结构与功能分化作为一种自相似结构，其产生原理不同，区别在于：在简单的层级结构中，重点在于一种上级之下无内容的(contentless)、平行的从属关系。相比之下，在功能分化中，层次之间的相似性有实质内容。每个新单元不仅复制了从属关系的骨架结构，而

---

　　①　正如我前面提到的(Frazier 1965)，种族地位系统也具有这种特质，尽管有趣的是"白色垃圾"一词源自有色人种，以表示卡斯特体系上层的低端[译注：感兴趣的读者可参见《牛津英语词典》里的 poor white trash 词条]。Morland(1958)讨论了美国南部一个低地位群体内部分化的例子，这让人想起哈里真(Moffat 1979)。

　　确实有许多这样的细分的例子，把"穷人"分成更多的小组。伊丽莎白济贫法(39 Elizabeth c.3，1597；43 Elizabeth c.2，1601)坚持区分体格健全的穷人(有工作能力)和真正的穷人，这种区分正好复制了那些能够在更大的经济中取得成功的人和那些不能这样做的人。(workfare 的概念并不新鲜!)事实上，在现代美国整个非营利性(NFP)领域中，我们发现了在更大的社会中为商业组织发挥职能的机构也被复制了。有一些 NFP"银行"从多个公共和私人资金流中安排大型和复杂的贷款，使小型社会服务机构能够承担大型项目，如老年人住房开发。整个 NFP 部门有一套金融机构来重新划分外部的商业部门。

且还复制了一组功能单元，其中主导单元（被分化的单元）本身只代表一种类型。结构中存在着"横向内容"，而不仅仅是层级结构中的"纵向内容"。

注意，我们不需要假设实际的功能分化过程或建构过程；功能结构可以是隐含的。因此，帕森斯的 AGIL 模式的隐含基础是一种关于功能分析的无限扩展性理论。AGIL 框架的嵌套倍增反映了帕森斯的假设，即无论所分析的社会尺度是什么，适应（adaptation）、目标达成（goal attainment）、整合（integration）和模式维持（pattern mainte-nance）等必要功能都存在。只要我们接受必要的功能主义的立场，这种嵌套功能还会产生自相似的社会结构。困难在于从功能到结构的滑动。结构具有相似的功能并不保证它们具有相似的社会形态。

我们也不应该假设自相似的系统只由这样或那样的分化产生。它们也可以由真正的"压缩映射"产生，即在一个较小的单元内复制更大的外在单元的模式。这在按照比例代表制规则选举产生的立法机构中很常见。例如，立法机构被刻意设计为自相似结构。立法者本应成为统计意义下的政体缩影。[1] 类似的过程在偏异系统中也会产生自相似性。我们认为宗教公社设定的行为标准远远超过了我们正常的标准。然而在这样的公社内部，"偏异"的内容只是被重新定义，以涵盖被外部认为微不足道的行为差异。[2]（这就是我稍后将谈到的再参数化的一个例子。尽管其发生在社会空间，而不是社会时间上。参见本章的附录。）在偏异系统的另一端，松散地说，精神卫生系统包含了偏离社会的人，这些系统内的某些医院包含了那些在比较开放的医院中无法正常运作的人，而这些特殊医院的某些病房包含了在其他特殊医院的病房中不

---

① 应当指出，要保证比例代表制可能需要非常详细的投票制度。参见 Levin and Nalebuff(1995)。

② 参见 Zablocki(1971)。

能运作的患者。每个同心系统都类似于其他系统，然而每个系统都构成了自己的社会群体，都自己拥有安置着偏异者的特殊贮藏室。请允许我再次指出，以上的例子都不由分化产生，而是来自刻意的社会建构。①

因此，关于自相似系统的一项基本问题是产生这些系统的原理的性质。迄今为止所举的例子涉及几个这样的原理。第一个是层级制。正如我已经说过的，层级是如此普遍，以至于我们常常把它看作自相似性的唯一形式，尽管事实上它只是几种形式中的一种。这种混同在阐释性别角色等现象时的影响众所周知。正如我们将在下一章中看到的那样，"自相似性必然涉及层级制"这一假定本身就是种意识形态的假定。

我所提到的第二个产生原理是功能分化（functional differentiation），帕森斯式的功能先决模型（imperative function model）和传统商业公司中部门分工的实际例子说明了该原理。功能嵌套似乎很常见，但其中很少发生深度嵌套，至少与层级制相比是如此，在后者中功能嵌套往往很深。第三个产生原理我们可以称之为微观世界（microcosm），其中结构被刻意制造出，并具有同心代表性。由于这种系统在政治中的重要性，它们极为常见。它们往往可以强烈地嵌套在一起。美国政体内部的立法机构内的立法委员会制度就是一例；党派代表在各个层面上都以同心的方式体现。② 平权运动（affirmative action）是另一种被设计出的微观世界系统，同样是以同心的代表性为目标。显然，

---

① 这个同心系统描述了我研究生时代的一个田野地点：伊利诺伊州曼特诺州立医院的杰克逊一号病房。

② 政治制度无论是否被刻意设计，往往都是微观的。毫无疑问，古典政治机器采取了一种分形形式，即"领导者"和"次级领导者"之间的内部利益经济（术语来自达尔［1961］2019）准确地复制了次级领导者和选民之间的利益结构。Grimshaw（1992：10-12）也注意到了这一点。微观系统也可能具有压迫性。朝圣者逃离英国以实现宗教自由，并迅速给马萨诸塞州强加了比斯图亚特王朝更强烈的宗教专制。参见 Erikson（1966），正如我在下面所说的，该研究清楚地表明了宗教分歧的分形性质。

代表性在某种程度上是自相似性的道德结构，这是我在第七章中将回到的话题。

尽管到目前为止提到的生成原理都或多或少地是具有意识的系统——为某个地点所设计的系统——但许多，也许大多数的自相似系统并非这样被精心设计过，而是自然而然地从社会过程中产生。我将在下面谈一谈产生这些系统的各种历史过程。但在这里，我想继续讨论关于自相似系统的第二项基本分析问题，即自相似结构中的扩张或收缩问题——在层级制的文献中以"控制的跨度/管理幅度"（span of control）问题为人所熟知。当被管理的人数很多时，我们说"控制的跨度很大"，并且机构是"平坦"的；当被管理的人数很少时，我们说"控制的跨度很小"，并且机构是"陡峭"的。对于一些自相似系统来说，这种说法可行；而对于另一些来说，则不可行。以自相似的功能系统或分工为例，跨度指的是每个层次内部运作的子系统的数量（例如，在帕森斯的 AGIL 模式中是四个；在大多数分工中数量更多）。在一定程度上，这个跨度可以在不同的层次上变化，而不至于使结构失去自相似的属性。例如，氏族型的世系群通常在不同的世代中产生不同的数量，但却保留了自相似的属性（除了双重继嗣系统外）。然而，正如埃文斯-普里查德所指出的，这种自相似性可能要求生活在其中的人们遗忘大量的祖先世系。[1]

就微观世界而言，系统跨度指的是微观世界的精细度。在每一次迈向[更]微观世界的时候，定义都可能丧失。事实上，某些投票制度（如美国的赢家通吃的选区制度）的特点是它丧失了大量的信息，以至于上一级机构（在这种情况下，立法机构）只是微弱地成为低一级政

———————————

① 埃文斯-普里查德（［1970］2014），第五章，特别是第 224～226 页。必须忘记过去，这样（最小的）世系才能一直保持五代左右的深度。

治结构的微观世界。平权行动规则——以及争相成为其收益对象所引发的竞赛——表明了微观世界过程的跨度或细节的重要性。只有那些被定义为独立群体的人才会在每个微观世界层面被保留下来作为"必要的"代表。[1]

单元的跨度显然影响着一个结构的特点。某一结构，若其中每一个单元由一个上级和两个从属组成，就会获得西美尔在对体（dyad）中所看到的特殊属性。有时会出现对立的倾向，也就是贝特森所说的"分裂演化"（schizmogenesis）。在另一些时候，从属之间也显露出一种直接性和对等性的倾向。在第一种情况下，结构会产生强烈的纵向结合（vertical bonding），因为在每一个从属单元中，某一个体会比另一个体更接近上级单元。在整个结构中不断重复时，这个过程会产生纵向串联（vertical strings）。在第二种情况下，单元间的结合缺乏在结构中传播的方式。而且随着从属数量的增加，这些明显的模式会分解成更复杂的模式。[2]

因此，自相似社会结构的产生原理的相对跨度对其产生的结构有重要的影响。它的"平衡"（balance）程度也是如此，这也是我关于自相似社会结构的第三项基本分析问题。在严格意义上，自相似的社会结构中的任何"继承血亲"都应该与其他的社会结构相似。然而，在某些情况下，放松这一要求似乎很有用。按照杜蒙的研究，印度的古典瓦尔纳体系说明了一个可能的变体。首陀罗与上三族种姓对立，因为前者不是"再生族"。在再生族中，吠舍与其他二族对立，因为前者只对动物有支配权，而其他二族位于所有生物之上。在上二族中，刹帝利与婆罗门对立，因为前者有政治上的统治权，后者有精神上的统治

---

① 关于投票制度，参见 Levin and Nalebuff（1995）。平权运动在逻辑上等同于一种特殊的计票方案。

② 贝特森（[1958] 2008），第十三章。

权。(哈里真完全被排除在古典瓦尔纳体系之外，因为他们与所有四个古典阶级对立）。在这里，所有分支中只有一支继续分裂。然而，这个体系却有明显的自相似特性：宗教仪式的洁净现象支撑和维持着所有这些区分，并使种姓印度教徒能够毫不费力地协调这个体系。[①]

　　美国陆军的军衔提供了另一种不平衡的自相似结构的说明。第一重区分是军官与入伍士兵的对立，后者又被进一步分为军士和列兵（也叫二等兵）。军士又分为军士长和其他士官。[②] 军官首先分为一般委任军官和准尉；委任军官又分将官、校官和尉官三类。虽然这种相当复杂的设计确实产生了单一的军衔等级制度，但这一制度具有强烈的自相似性。少尉，即最低级别的委任军官，从经验上讲与最低级别的士兵，一等兵（PFC）之间的共同点要比将官（地位较高的那一组中的最上阶）或军士长（地位较低的那一组中的最上阶）多得多。少尉和一等兵都是相对年轻的新人。二者往往都在奉命办事的环境中度过了很多时间。更重要的是，这个系统明显不平衡。军官之间的系统性区分比士兵更多，内部等级的跨度也不尽相同。[③]

*173*

　　因此，内容、跨度和平衡的问题开始告诉我们一些关于任何特定的自相似社会结构的性质。然而，更有意思的是其起源的历史问题。

---

　　① 　杜蒙（［1980］2017）：138，430。

　　［译注］杜蒙在原书的正文及附录中对此关系的表述略有不同。此处采取的是正文中的定义（第138页）。

　　② 　下士军衔介于列兵和中士之间，在现代军队中很罕见。我还应该指出，与四级到七级士兵平行的是没有指挥权的技术工人中的"专家"级别。

　　③ 　［译注］officer＝军官，enlisted men＝士兵。NCO＝non-commissioned officer 军士，也叫非委任军官（事实上不是严格意义下的军官，不属于军官序列），private＝列兵/二等兵；sergeants major＝军士长。commissioned officer＝委任军官（属于军官序列），warrant officers＝准尉；general officer＝将官，field grade officer＝校官，company grade office＝尉官；second lieutenant＝少尉。PFC＝private first class 一等兵。

# 四、起源

自相似结构的关系内容之所以有如此大的差异，其中一个原因是产生自相似结构的过程多种多样。这些过程中，有些我们先前已经遇过，其他则是新认识的。

正如我们刚才所见，自相似结构可以被刻意建构。各种政治理论都赞同自相似结构。比如说，议会民主制依靠公民投票选举有代表性的个人，再由他们投票决定领导人和政策；立法机构被认为类似于政体。古典政治理论确实在这个问题上有很多论述：洛克（John Locke）认为不可能达到这种代表性，但它比任何替代方案都要好；伯克（Edmund Burke）认为直接代表是一个严重的问题，卢梭（Jean-Jacques Rousseau）则完全否定了代表性。这种政治制度不一定需要形式上的建构。例如，在古代中国，从地方衙门到整个帝国的各级政府被设想为一组同心家庭，每个组织类似于家庭本身。现代管理者和其他层级制度提供了大量的例子，古代的职业如神职人员和军队也是如此。所有这些例子都提醒我们，自相似性往往与层级或功能分化相吻合。

自相似的结构也通过裂变（fission）的方式出现，这是多党制政治体系中常见的结果。一个分为左翼和右翼的政治体系，往往会在内部进一步产生左和右的版本，然后又进一步细分。19世纪末的法国是一个很好的例子，当代美国的左右两翼也是如此。裂变也是上述宗教公社内部的"偏异"产生的根源。公社成员选择离开"坏"的社会，然后在自己成员内部找到一种新的"坏"。正如这些例子所表明的那样，裂变最终会把群体分成许多可能重叠的子群，其重组的可能性无穷无尽。这样的"重组者"也不需要加入紧邻的群体中去。恰恰相反，他们可能会与遥远但情况相似的群体结盟，以防范近邻。法国大革命时期各党

174

派之间令人眼花缭乱的分裂和联盟——雅各宾派、布里索派、吉伦特派、科德利埃派、斐扬派、丹东派、阿贝尔派等，就是一则很好的例子。[①]

裂变本身可能来自许多令人困惑的社会过程：分工（涂尔干）、矛盾的加剧（马克思）、分裂演化（贝特森）等。经验性的核心问题是，这种分工在什么条件下产生了自相似性，而非仅仅来自分段主义或完全不平行的结构。显然，自相似性需要的是这种分隔的几个"层"（layers）存活下来形成一种单一、巧合的存在。比如说，单纯的分化只会留下越来越精细的社会结构。但如果早期、不那么精细的分隔结构存活到一个同样包含后来的分隔的现在，我们就会开始看到自相似性。

这一生存的主题引出了第二个产生自相似结构的一般历史过程：僵化（ossification），或者用通常的社会学术语来说，就是制度化（institutionalization）。英国国王的各种谘议会和宫廷就很好地说明了这一过程。金雀花王朝有个人顾问议会。当然，其中有些人必须在国王们打仗或自娱自乐时实际管理国家事务。到了第一任都铎国王执政的时候，国王的议会已经分裂成了一个由高级行政人员组成的大型机构和一个由中央顾问组成的较小的执行委员会，其中包括大法官、财务大臣和掌玺大臣。后者构成了枢密院的核心，是大议会内的一个咨询机构。在伊丽莎白一世时期，即使是枢密院也变得很大；治理由其执行委员会负责（例如，大法官此时已经纯粹是法律官员，而他曾经是国王的首席行政副手）。在詹姆士一世时期，枢密院的成员资格已经完全变成了一种荣誉；枢密院内的许多常设委员会实际上处理国家事务。但是由于没有任何早期的机构被废除，所以在斯图亚特王朝早期（后来又扩大了）存在着一系列同心、自相似的咨询机构，保留了向国王提出建议的

---

① 参见 Cobban(1957)：200-241。

整个历史纪录。①

在现代，成本核算（cost acounting）提供了一则类似的例子。成本

*175*　核算大约始于 20 世纪初，因为更早的内部记录保存手段过于烦琐或已被常规化。几十年来，成本核算为企业管理提供了更为准确和有用的数字。到了 20 世纪末，成本核算本身已经非常僵化并由规则驱动，以至于制造商们开始寻求新的工具来获取真实的车间信息。然而，早期的系统仍然存在，因为任由它们存在通常比将它们连根拔起更容易。需要注意的是，僵化一般会产生不平衡的系统。②

与僵化类似的是俘获（capture）。我们在监管体系中就可以看到这一点。美国成立了各种委员会，以人民的名义对某些行业进行监管。但是，委员会通常被他们要监管的行业所"俘获"，因为这些行业提供了未来的监管者所缺乏的专业知识。然而，这些监管委员会一旦被俘获，就不得不由国会的委员会和行政部门的办公室来"监管"。这样，就形成了一个两层自相似的监管结构。③

非平衡自相似结构的另一个源头是已在第一章和第三章讨论过的分衍。分衍是一种非平衡的裂变，在这种裂变中，只有自相似结构中的一部分映射到下一个层次。例如，在第一章讨论的分形二分法内的分衍中，每一代只有一方分裂。其结果是极端观点的或多或少有序的激增。在法国大革命的例子中，虽然政治光谱的各个部分都在继续分裂，但至少在雅各宾专政之前，权力倾向于流向极端派别。

---

① 关于早期的都铎王朝，参见 Mackie(1952：202ff.，435ff.)。关于伊丽莎白的议会，参见 Black(1959：207-210)。关于早期的斯图亚特王朝，参见 Davies(1959：30-31)。大法官法院最初的目的是提供灵活、公正的司法。但当狄更斯在《荒凉山庄》里讽刺它时，其僵化已经众人皆知。

② 关于 20 世纪初的成本会计，参见阿伯特（[1988] 2016：331-335)。

③ 关于监管俘获的早期论证由 Bernstein(1955)提出。

分衍可以被视为逆向的僵化，或者从战略的视角，而非从僵化者的视角看待的僵化。推动分衍的力量是一种需求，为已经消失的分化注入新的生命的需求。在各种左翼政治的例子中，当有太多的假左派或浮躁左派时，这种力量就需要重新创造一种"真正的左翼"。在偏异公社的案例中，就是在摒弃了通常的偏异形式的共同体内重新创造出必要的偏异，以实现罪恶和救赎的修辞。在文凭膨胀（另一个熟悉的例子）中，分衍是为了重建区分，这种区分已被那些通过打分和写推荐信，吹嘘其所有学生都很厉害的人的儿戏行为所破坏。在所有这些案例中，我们看到了不平衡的自相似结构的产生，因为早期的版本已经失去了履行被赋予的社会功能的能力。 *176*

有许多类似的看起来无限倒退（infinite regression）的过程导致了自相似系统的产生。保险制度因其保证的无限倒退成为其中之一。举个例子：直到 20 世纪 80 年代初，购房者在自己有能力和兴趣的范围内对即将购买的房产进行验收。但事实证明这样做风险太大，于是出现了房屋检验员（我不清楚为什么在当时出现这种情况而不是更早，但这不是我例子的重点）。当然，无良和不称职的人员进入了验房师行当，所以必须要有验房师的执照和认证，也就是为验房提供的保险的保险（insurance for the insurance）。无疑，就像许多职业一样，"担保"的做法本身就是种商业策略，因此公众需要另一个层面的监督来应对。这样，我们就有了一种信任生成机制的无限倒退所产生的结构。这种倒退结构很常见。分包关系（subcontracting）——它们本身往往深深地嵌套在一个自相似的结构中——也受制于类似的监督要求。

类似的倒退结构产生于"提取"（creaming）过程。因此，在讨债等领域，信用卡公司将容易发生的信用风险和坏账的催收权卖给更精干、更吝啬的机构，这些机构可以在更低的催收率下生存。它们拼命挤压[债务人]，然后再[把债权]卖给另一个级别的机构，以此类推。提取过程也运作于社会服务领域。较容易的社区服务（即较常见、较容易提供的服务）由大型机构提供，较专业、较困难的服务被留给规模较小、更专业化、较短暂的机构。①

这种僵化-分衍过程的伟大例子之一当然是基督教会。漂变和分化的过程位于教会的中心，它们建立了天主教的两个主要分支，但围绕着这两个分支，又出现了几十种改良运动，如我们所说的新教及反对改革的改革：比如说，反对（改革派的）英国国教的改革，无论是牛津运动［Oxford Movement］（走向了罗马天主教）还是卫理公会［Methodism］（走向了福音派）。而事实上，我们也看到了天主教传统的内部改革反对所有这些外部的"改革"（反宗教改革［Counter-Reformation］，如后来的主业会运动［Opus Dei］）等。因此，"天主教"和"新教"这两个词，尽管在美国社会科学中被认为具有坚实的定义，但它们几乎都是指代性的表达。至于分衍，各种重浸派（anabaptist）社区也许是最好的例子——同心性的如阿米什和胡特尔派（Amish and Hutterites）。制度化、改革和分衍的无休止对话在基督教中产生了一大堆自相似的组织，所有这些组织以为自己完全不同，但实际上都是由一系列相当简单的自相似性过程诱导生成的。②

我们在简单的过程中也可以看到分衍的现象，比如，刚才提到的文凭膨胀。在 19、20 世纪之交的时候，高中学历具有重要的价值。因此，每个人都试图获得一个学历，以获得比较优势。其结果是高中学

① 关于债务的例子，我欠我的研究生院同学小威廉·勃兰特（William Brandt Jr.）一个人情，他目前在破产案中担任专员。社会服务的例子来自我对联合劝募（United Way）的亲身体验。提取当然与搭便车有关，搭便车也会产生无限倒退。有大量的文献论述了对搭便车者进行管理的问题。

② 各种基督教会的分裂可以通过任何标准来源来找到。关于教义最好的来源是 Pelikan(1971-1989)。关于礼拜仪式，基督教分裂的经典来源是 Dix(1945)。关于美国的重浸派，参见 Hostetler(1993：25-49，280-299)。

位失去了差异化的能力，而这种能力转到了大学学历上。现在同样的过程正在用研究生学历取代大学学历。请注意，我们仍然可以获得所有这些文凭证书，而且所教的材料内容并没有相应地扩大（所学的材料也没有扩大——学生们今天在大学里所学的东西都是多年前在高中时所学的）。就像英国国王们的议会一样，我们的学历体现了一种文凭证书制度化和更新的历史。

那么，有几种潜在的机制产生了自相似的社会结构：设计、裂变、分衍、僵化。这些机制可能涉及各种内容。而其中的重复单位可以有多种形式。自相似性的起源确实很复杂。

## 五、处于自相似社会结构中的个体

现在，我们必须考虑自相似结构的各个部分之间的互动方式。因为这种互动结构在许多方面是自相似性如此重要的原因。自相似性对个体产生了两大类后果；其中一些后果涉及个体对自身经验的理解；另一些后果涉及与他人的交流。

让我先从层级制说起，这是我们最熟悉的自相似社会结构的例子。178层级结构中的自相似性对个人而言意味着许多人被置于我们可以称之为"分形的角色冲突"中。例如，在高位单元中的低位人士和在低位单元中的高位人士都会经历一种特殊的冲突。这些人的问题已是社会科学中的老生常谈。有一种说法强调了他们倾向于把滥用和问题转嫁到别人身上：上司把自己上司的愤怒转嫁到下属身上；积极分子把别人对自己的批评转嫁到某个还不太积极的人身上。另一种说法则强调了这种处于冲突中的个体对地位的执念极深：医学院学生与高级护士的冲突，资深教授在小型大学里的主宰，有色人种资产阶级与"白色垃圾"那令人折磨的关系等。这样的个人在一定程度上可以自由选择"向哪个方向看”；是强调自己相对于下方人群而言的显赫，还是强调自己相对于上方人群而言的卑微。在像分层量表这样同心、自相似的社会量表中，个体往往同时往两个方向看问题，但看的时候却带有不同的意识形态：一个人把自己的显赫归功于自身的努力，而把自己的卑微归功于上层的压迫。正如这个例子所表明的，分形的角色冲突在所谓的成就社会（achievement society）中普遍存在。在个人地位来自先赋（ascription）的社会中，这种冲突可能会减少，因为个人对自己的地位不负责任。但是，有色人种资产阶级的例子或者是哈里真的例子表明，这种缓解绝非必要。①

　　在与他人互动方面，自相似性对个人而言的根本后果是，他们发现大多数方面与自己有很大差别的人和自己处于“相似的立场”。少尉和列兵都有共同的经历，都处于一个大结构的底部；尽管他们在收入、地位、教育，当然还有直接权力上存在巨大的差异。宗教公社的“偏异者”——他的“罪过”是向小卖部索要洗发水时的语气被认为过于颐指气使②——与因为不幸而重新唤醒信仰的前天主教徒都经历了“犯罪”的体验，尽管在公社成员眼中，这个前天主教徒的整个世界都是罪恶的。与诺贝尔奖失之交臂的科学家与没有获得终身教职的科学家分享失败的经验，尽管其中一个人的成就远远超过另一个人。

179

　　正如我们将在下文中看到的，没有办法保证这些“共同”的经验能被平等地分享。它们可能会成为强制交流或交流不畅（coerced communication or miscommunication）的基础。但由于社会结构的指代性，它们会分享一些经验。当少尉和列兵在一起分享对上级的抱怨时，双方

---

　　①　“白色垃圾”提供了关于一个状态分形已经被重新解释的有趣例子。这个词最初始于有色人种对地位低下的白人的侮辱（它可以追溯到 19 世纪）。但在过去的二十年里，它已经被当作一种积极的文化形象。参见 Otter(1998)。
　　②　[译注]这个例子来自 Zablocki(1971：61)。

都可以同意对权力的总体分配避而不谈——因为许多列兵的上级在地位上低于少尉。[①]

这种指代性意味着在一个自相似的结构中，"客观上"立场完全不同的人们之间可以发生大量和实质性的互动。这些互动的前提可能是双方相当有意识地搁置可见的差异。或者反过来说，它们可能在互动者完全没有察觉到这些差异的情况下发生。关键在于，这些互动能够使结构中的显性排列相互交叠，通过跨层次的联系绕过定义结构中位置的常规关系。

这些自相似性的交流可能性在本质上并不自由。自相似性社会结构中的强制沟通、混合沟通和指代性的复杂联结的一个很好的例子又一次来自法国大革命。旧政权下的法国社会是一个复杂的阶级和秩序体系，阶级和秩序在几十个层次上层级性地嵌套。大革命的基本理念是"人民的权利"。对于贵族来说，这句（指代性的）话意味着第一和第二等级的权威与君主中央集权的对立。对第三等级来说，这句话意味着财产和物质上的特权、反对征税的君主、反对未被征税的贵族和教士阶层。对大部分的法国人来说，这句话意味着无论国王、贵族、教士和第三等级的意愿如何，他们都可以负担得起食物。这即是说，每一个群体都画了两条线，一条在自己上面，一条在下面（可能的话）。下面的线把"真正的人"或"好公民"与"群众"或"乌合之众"区分开来。上面的线区分了"压迫者"和"受压迫者"。在所有的情况下，这些线都是用同样的修辞手法画出的；但对不同的同心群体来说，它们的意义却截然不同。[②]

---

① 当然，在了解受访者位于财富分布的何种位置之前，我们无法真正理解他们对"我们确实有足够的钱来满足基本需求"这一陈述究竟在何种程度上同意或反对（是强烈还是很轻微）。

② 参见 Cobban(1957)。

　　当然，历史结果反映的是实际的权力位置。通过破坏王室财政和强行召开三级会议，贵族开始了革命。当贵族和教士拒绝接受第三等级的领导和统治时，第三等级抓住了革命的机会。群众作为雅各宾派的主要盟友支配了革命的大部分时间，但最终内讧使他们失去了领导，因而导致失败。这个案例说明了自相似性的一些重要方面。最重要的是，在漫长、分级的自相似结构中，由谁来界定"适当的"层级最终是个权力问题。在这种情况下，最终是中产阶级决定了"人的权利"这个指代性的词语真正指向的是谁的权利。

　　在个人层面上，分形相似的个体之间的互动开始于一个"参数设定"阶段，这个阶段将决定在哪个层次上定义指代性的术语。这一点在自相似排名量表的案例中最容易看到。在这里，"适当的参数化"由一名发言者提出。例如，在一次政治讨论中，最初的发言者可能会用"我认为应该对保险业放松管制"或"我认为我们应该取消社会保障和工人补偿"这样的言论来完成"我是保守派"这个说辞。显然，这两种不同的完成方式所表明保守主义的程度相当不同；而一名倾听的保守者在确定了自己相对于演讲者的位置后，可能会选择通过质疑"保守"的隐含定义来质疑一般的参数化水平。或者，他可以接受保守主义的总体隐含水平，并对内容的细节进行争论。或者他也可以"假装接受"，在看似接受隐含水平的立场下参与讨论，但实际上拒绝接受。在第一种情况下，双方都不得不承认"保守主义"一词的指代性，承认自己的不同立场。在第二种情况下，二者的立场相近，不用担心指代性的问题。在第三种情况下，只有听者才会意识到两者的不同。因此，虽然主导的互动者可以选择定义分形尺度中被视为锚定的层次，但非主导的参与者通常有同样强大的选择权，即在互动之外完全维持一个元立场（metastance）。因此，在自相似的互动中存在着一种奇怪的不对称，这种不对称赋予了两个互动者不同的权力。

另外，在一个层级制的自相似系统中，无论谁是互动的主导方，分形相似的个体之间的互动使上级和下属处于明显不同的位置。上位者往往享受着居高临下的惬意感，有时甚至忘记了客观的事态，而下位者却总是相当清楚地记得这种事态。在法国大革命中，一些自由主义的法国贵族用自己的脑袋为这种居高临下付出了代价。而正是针对这种居高临下的危险性，美国军方颁布了禁止"与入伍者交友"的规定，并将各军团的随军休闲俱乐部分开（甚至三等列兵都必须要有单独的俱乐部）。下位者总是更清楚地意识到互动的双层次特征——分形相似性与"客观"不平等的混合体。这个事实当然是目前关于压迫的文献的基础之一。然而，它在某种程度上被以下事实所削弱：压迫通常本身在许多层面上自相似地组织起来，而不是马克思所论述的巨大的横向单位。大多数被压迫者都会找到自己的下属来进行压迫。[①]

自相似系统那难以摆脱的指代性带来了交流不畅的巨大可能。在法国大革命中，最明显的例子就是第一和第二等级与第三等级之间在谁的权利受到威胁的问题上的完全误解。交流不畅往往会引起愤怒和恐惧，这种误解会以多种方式产生。正如我们所见，这可能是因为在某种自相似尺度上不同的个人由于其陈述的指代性而误解了他们的差异。夫妻双方可能对"我想有一些自己的时间"这句话的理解完全不同，但在夫妻一方发现另一方完全被自己看来恰到好处的共处方式所困住之前，可能会年复一年地向对方重复这句日常话语。交流不畅也可能是由于互动中的一方意识到这些差异，但却隐瞒了它们。

---

① 在 20 世纪 80 年代，许多女性主义者反对马克思主义者。她们认为劳工运动以重要的方式压迫妇女（例如，Gabin 1990）。她们对工会的种族主义也提出了类似的论点（例如，Hirsch 1990 和 *New Politics* 第 1 卷第 3 期[1987]中的各篇论文）。

因此，自相似性对个体的影响很复杂。对许多人来说，这是一种角色冲突的来源，因为他们到底把自己视为高、中还是低，取决于他们所关注的是结构的哪一部分。自相似性还对沟通产生了深刻的影响。一方面，它促进了相当不同层次的人之间的沟通。另一方面，它为无意识的和有意的沟通不畅提供了广泛的机会，也为某种互动权力的行使提供了广泛的机会。

我在这里使用的大多数例子都关于层级系统。正如我所指出的，层级系统只是自相似的社会结构中的一个大类。一则有趣的非层级制的例子来自社会学本身。在整个学科中，有一个理论社群，专门研究一类叫作社会学理论的材料。但在许多子学科中，又有一些较小的团体，每个团体都是其他子学科的理论社群。例如，组织理论属于组织研究社群的一部分，而不是理论社群的一部分。就像组织社会学或科学或性别社会学一样，有时这种情况的出现是因为该子学科与社会学之外的学科有着密切的联系。而在其他情况下，就像职业社会学或家庭社会学一样，它的出现仅仅是因为学科内部的自相似性。整个情况就是一个典型的社会结构分形的例子。

事实上，"地方性"理论社群与学科性理论社群的互动关系相当尴尬。全学科理论社群专注于经验意义相对较少，与数据的联系也相对较少的工作，不管这样的工作是经典或现代的。相比之下，地方理论社群则直接从经验工作中生长出来。对其他人来说，引用前者就像是引用了一般理论，引用后者像是引用了其他地方性局部理论。两者的经典文献多少有些相似，因为大家都把目光投向了同样的世纪之交的伟大人物。但一般理论家后来的主要人物是近代的一般理论家，如哈贝马斯（Jürgen Habermas），而地方理论家的主要人物则是专门理论家，如约翰·迈耶（John Meyer）或埃利奥特·弗莱德森（Eliot

Freidson)或曼纽尔·卡斯特(Manuel Castells)。这两个层次之间的交流很少；事实上，混合型理论——关于组织的"结构化"理论或一般社会生活的"垃圾桶"理论——偶尔提出，但从未走得很远(最常见的例子是"向下"混合[hybrids "down"]——比如，吉登斯的组织理论。这种观点通常由野心勃勃的后辈提出)。职业生涯也没有跨越这个鸿沟。从地方社群转到一般社群的人确实很少；反向转移几乎不可想象。

在这种关系中，我们发现了许多与层级制中类似的沟通或误解的潜在可能。比如说，"理论"这个词在这两个社群中的含义明显不同。因此，他们之间的讨论往往完全相反。这种误解在很大程度上反映了两者所使用的不同标准，一般理论家寻求与其他一般理论(或者更常见的是与特定的哲学立场)的融通性，而地方理论家则寻求理解大量地方事实的能力。事实上，上述自相似结构中个体之间互动的相对乐观的图景，在社会学理论领域的案例中显得相当黯淡。在许多情况下，自相似性确实为跨越社会结构中差异较大的单元提供了认同和分享的可能性，但在社会学理论中，情况却并非如此。[1]

183

## 六、团结：自相似性的社会后果

然而，自相似性似乎确实具有重要的团结性后果。涂尔干认为，有两样事物把社会群体团结在一起：相似性和相互依赖。这种对团结的二元取径有着古老的根源。事实上，涂尔干在《社会分工论》一书的扉页上就引

---

① 融通(consilience)的概念来自威廉·惠威尔(William Whewell 1989)。

[译注]融通一词源于英国哲学家惠威尔于 1840 年的著作 *The Philosophy of the Inductive Sciences*。此处所列的 1989 年版本是于美国出版的一部惠威尔文集。鉴于这两本书都尚无中译，感兴趣的读者可参见生物学家爱德华·O. 威尔逊最近对该概念的重新发掘，其著作中译见《知识大融通：21 世纪的科学与人文》，第二章。

用了亚里士多德关于这个问题的论述(《政治学》第二卷，1261a24)。[①] 而当前的理论和研究也常常遵循涂尔干的思路。例如，对工人阶级形成的研究，既强调"大转型"所诱发的相似性，也强调工人阶级群体之间的形形色色支持的交换。对发展中职业的研究既强调个体专业人士的共同生涯，也强调专业化所产生的相互依赖关系。

多年来，有人对涂尔干的模式提出了一些修改意见。也许最彻底的修改来自网络分析者。早期的网络分析形式强调社会群体的基础是实际联系，这种方法属于涂尔干的第二大类，即互相依赖的有机团结。对网络分析者而言，相互依赖并不总是像分工那样标志着交换不同的、互利的商品。相反，相互依赖最常意味着同类事物的交换：政治上的支持、金钱、友谊等。最近，网络分析强调了另一种不同的联系概念，即结构性等价(structural equivalence)。结构性等价结合了涂尔干团结的两个概念：相似性和相互性。与他人具有相似的联系模式的个体在结构上等价。他们彼此相似，也就是在有机团结的模式上彼此相似。[②]

由自相似性所产生的团结本质上是一种较弱因而也是广义的结构性等价。正如我们在上面看到的那样，如果个人与他人具有相似的关系模式，那么他们就是团结的。这里的"相似"仅仅是指形状上的相似，而不一定是规模上的相似。例如，在科层制中，这种团结会影响到每一个既有上级又有下属的人。只有那些处于最底层的人(根本不监督任何人的人)或最上层的人(没有上级的人)才不受影响。在重复的单元存在职能分化的情况下，功能位置等价的个人(群体)是团结的；向外部

---

① ［译注］涂尔干所引用的那句话仅出现在法文版的扉页上，"城邦不仅是由多个人组合而成，而是由不同种类的人组合而成。种类相同就不可能产生出一个城邦。城邦与军事联盟不同。军事联盟的作用就在于数量而不论它在属类上有什么不同。"涂尔干引用的是其中着重的部分(中译文参见苗力田版《亚里士多德全集》第九卷，出处位置同正文)。
② 结构等效的经典著作是 Lorrain and White(1971)。

销售公司产品的人与向公司部门销售内部技术服务的人是团结的，以此类推。显然，与涂尔干的经典二类相比，这是一种较弱的团结形式，因为它把往往没有什么直接关系的人联系在一起，而在那些有直接关系的人中，这种团结形式往往被层面内的客观差异所压倒。[①]

　　但在更大的意义上说，这种团结极其重要。例如，它是观众对电视人物认同的核心，就像读者对小说人物的认同一样。因此，它在现代社会中起着基础性的作用。电视情景喜剧或肥皂剧的观众之所以喜欢上这部剧，并接受了它的各种意识形态，是因为观众能够发现人物的生活与自己的生活有相似之处。这些往往根本不是内容上的相似，而是形式或形态上的相似：在家庭关系、工作关系的价值取向上的相似，在欲求与回报的平衡上的相似。事实上，正如"财富秀"所显示的那样，这些形式上的相似性往往是实现内容愿望的载体。因此，从批判的角度看，自相似性的团结力量可以被操纵，使人们满足于压抑的环境。

　　也许更重要的是，这种机制支撑着媒体对政治的影响。在美国政治缺乏大众传媒的时候，国家领导人与民众之间被几层自相似的沟通结构介入。地方代表听取了许多投诉，并与其他地方代表讨论、采取行动或妥协。在他们之上的是党派领导人，地方代表对他们来说等价于自己选区的选民，而在党派领导人之上的还有实际的领导干部。当问题到达最高层时，它们已经被几个层次的妥协所重塑。在每个相续的层次上，参与者从他们自己与上级和下级的经验中了解到妥协和重组的必要性。当这一系统被炉边谈话及其后人走了捷径时，政治的可能性就被彻底重塑了。在自相似性和微观世界的诱惑下，选民们被引

*185*

---

　　① 美国内战提供了一则有趣的关于自相似的反面例子。一些作者注意到了一个自相似的现象，即南方在州权问题上与北方分裂，而作为一个政府，南方联邦则因为同一问题而解体。如果反对联邦制，就很难建立一个有效的联盟。参见 Stokesbury(1995)。

第六章 自相似的社会结构 | 225

导着认为经营国民经济就像平衡自己的支票簿一样。

因此，有一些重要的理由认为自相似的团结很重要。它是对涂尔干经典团结的补充。更重要的是，在不同的亚文化和社会结构单元之间的交流突然变得普遍的时候，这种团结发挥了至关重要的作用。目前，我们正在进入这样一个时期。应该很清楚，为什么在不同的地点和时代，当交流突然增加时自相似的团结会变得更加重要。因为交流成功地将以前可能没有接触过的结构中的相似部分联系起来。因此比如说，帝国主义往往依赖于大都市精英和地方精英的结盟。帝国主义作为一种社会形态的力量，恰恰在于它利用了集中的类似形式。先进商业部门中涌现的团队式组织就是另一个例子。当代的技术公司是以大型、自相似的团队结构组织起来的，负责完成大规模的项目。一般的项目职能，如流程整合和项目管理，都由专门的部门来负责，但这些职能的一部分又被分配给较小的小组甚至个人。这些小组和个人都有可能位于这些部门之外。整个结构不受官方管理层级的影响而自由浮动，还需要在项目结构的类似部分之间进行密集的沟通，无论是在嵌套方向上（上下级）还是在平行单位之间。

这两个例子都说明了自相似的团结与沟通的波动。现代沟通经验中最常见的事实之一是在非人际关系情境中使用个人化的称呼。这也是对自相似性的一种援引，通过在社会结构中的隐喻把名字和熟悉感带入了更大、更公共的空间，试图将其与私密和小规模的互动同等看待。

那么，不仅在文化系统中，而且在社会结构中，我们有充分的理由认真对待自相似性。社会结构的重要部分都由自相似性所支配，而自相似性所带来的团结和互动形式对社会产生了系统性的影响。一旦理解了自相似性系统的基本属性，我们就可以开始看到它们是如何以及在什么时候塑造甚至主导传统上的各类结构。这一富有成果的概念也证明对思考社会科学中的道德困境很有帮助，我将在下一章中对此进行论证。

## 七、附录：分形尺度

1996年，《美国新闻与世界报道》援引了一项对大学教授的调查。*186*这项调查发现，94％的受访者认为自己的工作好于一般同事。我们都高于平均水平。一项类似的发现显示，只有10％的美国人认为自己处于社会的顶层或底层，其余90％的人将自己定位在工薪阶层或中产阶层。我们都位于平均水平。[①] 为什么我们同时高于和位于平均水平呢？

一种简单的观点是"渴望蒙蔽了判断力"。在崇尚卓越的职业群体中，成员们都希望自己优秀。而在沉迷于平等的社会中，成员们都希望自认平等。在这两种情况下，人们都会在某些核心价值观方面将自己往好的方面理解。

这种转变显然对社会科学家来说造成了影响，因为价值取向（value-laden）的认知图谱塑造了许多形式的社会科学数据。然而，这种转变实际上似乎是一个更广泛的类别的例子，即"向熟悉的转变"。心理学家和认知地图的绘制者们已经论证了人们的感知往往会强调熟悉而非陌生的东西。但是，也许所有这些例子其实都源于人们用分形模式思考的习惯。[②]

假设我们倾向于如此来判断社会状况：先找到一个相关的分形生成器（fractal generator），接着决定一个它的应用程度（level of applica-

---

① 关于"高于平均"，参见 Whitman（1996：26）。关于中产阶级的发现众所周知，但关于阶级术语混乱的一个有益的讨论参见 Evans，Kelley，and Kolosi（1992）。

② 这里的论点来自认知心理学中的一类主要文献。这种效应有不同的名称，在诸如"外团体同质性"（outgroup homogeneity）或"获得性启发"（availability heuristic）等术语下。

tion），然后做出判断。那么当我们说"护士的地位不高"，或者"西班牙裔美国人受到了压迫"时，我们先从地位高低的概念或支配和压迫的概念开始，接着决定一个相关的区域，然后再应用这种区分。但是，我们的对话者——不管是调查问卷还是采访者——在了解我们所选择的比较范围是什么之前，都不会真正知道我们的陈述意味着什么。一个了解整个地位系统的人可能会猜测，我们把护士与医生而不是与看门人作比，把讲西班牙语的人与白人而不是与有色人种作对比。但一般来说，即使我们的对话者相信这样一种"真实"的尺度（正如社会科学家所认为的那样），他们也无法分辨我们判断"护士的地位不高"是否传达了关于真实比较的信息，或者仅仅传达了关于我们自己的比较集范围的信息。看起来好像我们真的说了"在我所选择的任何比较集之中，护士的地位都不高"一样。

在互动中，大多数的比较判断都与此类似。它们是基于特定的成对比较所做的局部判断。正如我已指出的，它们总是指代性的判断，因为我们需要比较区域或参照类别来知晓实际被断言的对象是什么。然而值得一问的是，这种判断中隐含着怎样的社会空间图谱？因此，我将举出一个适用于分形感知模型的例子，然后研究其方法论和实质意义。考虑一则大多数社会科学家都很熟悉的例子，即职业分类。图 6.5 包含了 1998 年颁布的供政府机构使用的新标准职业分类系统（Standard Occupational Classification system）中的一部分。[①] 我选了二十三个总职业标题中的四个放在图 6.5 中，并在每个标题下随机选

---

① ［译注］在这里我们遇到了一个术语上的难题："occupation"一词究竟是指"职业"还是"行业"？至此本书的译名都采取了"行业"，这也与作者在《职业系统》一书中的用法保持一致。但在现代英语和现代中文里，这两个词语的混用非常常见，而此处的常见译名是"职业分类系统"。行业与职业在当代语境下的混同是一个民间概念（folk concept）社会科学化带来的后果。关于此术语的辨析，参见刘思达的《职业自主性与国家干预》，载《社会学研究》2006 年第一期。

择两个子类，在每个子类下再随机选择两个详细的职业（这个系统中实际上还有第四层，但我在这里把它隐藏了）。请记住，这只是一个庞大的分类体系中的一小部分。[1]

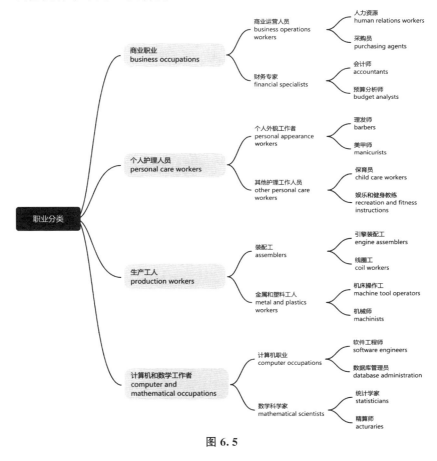

图 6.5

①　这里要讨论的论点和埃文斯-普里查德（[1970] 2014：225-228）关于世系距离的论点很相似。

一般来说，工作的人本身只了解这个系统中的一小部分。而且事实上，他们往往会对这个系统中离他们近的那部分做出区分，区分的程度比离他们远的那部分要深得多。精算师非常清楚他们与统计学家的区别，但他们可能对会计师与预算分析师之间的区别，或者对机床操作工与机械师之间的区别了解得很模糊。相比之下，机械师很清楚地知道自己不是机床操作工，但可能不会在会计师和预算分析师，乃至商业运营人员和财务专家这些更高层次的类别之间做出认真的区分。

　　我们可以把这个概念用"树状距离"（tree distance）加以形式化。假设我们把这个分类系统中两个地点之间的距离看成从其中的一个地点走到另一个地点所需要的层级步数。那么对于理发师来说，迈一步就可以把他们带至上一个一般类别——个人外貌工作者。我们可以这样认为，这意味着通过一个步阶，理发师就能意识到还有其他种类的个人外貌工作者。迈两步会把理发师带到美甲师（先上一步到个人外貌工作者，然后再下一步到美甲师——也就是说，理发师现在区分出了其他个人外貌工作者的类型），以及更一般的个人护理人员（上移两步——也就是说，通过这个距离理发师意识到除个人外貌工作者外还有其他种类的个人护理人员）。迈三步把理发师带到其他个人护理人员（往上走两步到个人护理人员，然后往回一步到其他个人护理人员）以及（隐含的）四个大类所处的一般节点。

　　到了距离四（迈四步），理发师将区分出四个大类职业及个人护理类中的所有特殊职业。到了距离五，理发师将区分出四个大类中的子类；到了距离六，理发师将区分出所有十六种详细级别的职业。我们现在做这样的假设：一旦某人到达一个总职业标题，就可以认为他除了知道"自己的世系"职业之外，还知道了在它之下的其余职业。那么我们的理发师会知道多少种不同的职业？在距离一，理发师认为有三种职业：理发师、其他个人外貌工作者、其他职业。在不同的距离，

189

并在知晓其子类时忽略总职业类别，理发师们会认识到：

- 在距离二有四种职业：理发师、美甲师、个人护理人员、其他。
- 在距离三有四种职业：理发师、美甲师、其他个人护理人员、其他。
- 在距离四有七种职业：理发师、美甲师、保育员、娱乐和健身教练、商业职业、生产工人、计算机和数学工作者。
- 在距离五有十种职业：理发师、美甲师、商业运营人员、财务专家、保育员、娱乐和健身教练、装配工、金属和塑料工人、计算机职业、数学科学家。

当然，还有其他许多评估树距的方法，也有其他许多区分职业的树形方式。但它们都意味着假设知识是有限的且呈树状结构，而每个个体都会对整个系统产生一个巨大的透视缩小视角（foreshortened view）。在系统中的任何地方，这都会使前景变得非常大，而后景则相当小。对每个人来说，一般的结果是产生了前面提到的"纽约人的美国地图"上所为人熟知的扭曲，它有巨大的曼哈顿和被透视缩小的美国腹地。在我们刚才看到的分形分类系统中，也出现了同样的模式——是职业而不是城市。人们对自己附近的职业做了很多种区分，而对远处的职业则很少区分。

然而"纽约人的美国地图"有一个特殊的维度，我这里的例子则没有。但假设我们回到前面考虑过的行业声望的例子，把树距作为判断声望的一种手段。也就是说，假设这些职业之间有一种基础性的声望排序，但没有单独的个人能完全了解它，因为没有人有足够的关于树的知识来深入细节。再假设个人对职业声望的分配是线性的，但只限于他们自己的知识范围。也就是说，他们的行为就好像他们都制作了纽约人（或芝加哥人或洛杉矶人）地图，然后把这些地图上的距离视为真实的距离。①

如果这个立场正确，就会带来明显的方法论影响。在社会科学中，人们习惯于在不指定任何比较区域的情况下向人们提出排名问题。然而就这里提出的机制所产生的回答而言，在我们了解比较的语境之前，我们并不了解答者实际告诉我们的答案。但是，我们又从来不会问这个情境的问题。因此，比较范围的变化会给这种评分量表带来很大的可变性。它不会使结果产生偏误（bias），因为其效应在中心点附近对称（至少在这个模型中是这样），但它确实带来了巨大、相当系统的可变性。人们在评分量表上达成的一致意见可能比表面看起来要多得多。使分歧显得很大的原因是人们并不费力去保存整个评分结构的信息。相反，他们将这个结构存为一个单一的分形模式，并在必要时利用该分形模式再生这个结构。事实上，关于职业地位感知的工作已经

————————————

① 当然，普通工人身边没有这样的地图。我的论点是，地图隐含在用于产生职业区分的分形推理结构中。在实践中，个人通过按需调用不同程度的分形系统并使用由互动所定义的比较区域来产生对自然交互作用中的职业的判断。只有社会学家才会要求答者做出系统、结构化的回应。两位常春藤大学的毕业生在交谈中会争论母校的相对优势。这些机构对 90% 的大学生而言或多或少无法区分，但这一事实与他们二人无关。相比之下，普林斯顿大学和密歇根大学的两名毕业生将为一个更广泛的分类区域争论不休。[译注：普林斯顿大学是私立大学，密歇根大学是公立大学，两校都是知名学府。]事实上，人们可以大胆地预测，在互动中人们往往会战略性地选择分形比较区域。为了让所有参与者都感觉良好，你可以调用足够宽泛的比较，将他们都放在最重要的类别中。为了表现出攻击性，你会选择一个尽可能低的区域来定位对方。重要的不是绝对水平——如果它们存在的话——而是比较的分形结构。

这里的论点有点像 Evans，Kelley，and Kolosi（1992）提出的模型。他们更感兴趣的是关于平均主义的信仰，认为受访者会设想一个阶级制度，然后将自己纳入其中。而我更感兴趣的是知觉机制本身的一般效应，因此不考虑关于阶级形态的信仰。我在这里的中心兴趣是为观察到的缩距事实提供一个动机（通过分形理论）。

显示出了这种模型所预测的那种明显的效应。[1]

然而，这种分形认知过程不仅仅具有方法论上的意义，而且还有实质性的内涵。再考虑一下产生纽约人地图的系统，以及当纽约人的地图与芝加哥人的地图或洛杉矶人的地图交互时会发生什么。为了简单起见，我仍然考虑一个一维系统。假设有 101 个独特的个人分布在一个社会地位尺度，他们均匀地分布在从 0 分到 100 分的点上（这个排名的基础现实无疑不存在，但假设它存在对于显示分形区分对交互作用的后果很有用）。每一个人都给了我们一个纽约人的视角，扩大了他的前景，压缩了他的后景。与其费力地用分形来生成这一视角，不如让我用一个简单的对称公式来生成它，这个对称公式连续地近似了分形的结果。[2]

———————————

① Reiss(1961)第八章；Coxon and Jones(1978：53ff.)。即使是经典的 Hodge，Siegel，and Rossi(1966)也包含了一些在这里所预测的偏移的证据。Evans，Kelley，and Kolosi(1992：472-473)为他们的论点提供了有力的证据，尽管正如我所指出的，他们的理论动机与我不同。关于早期阶级分析传统中的简洁例子，见 Davis，Gardner，and Gardner(1941：65)和达尔([1961] 2019：34)。在阶级分析领域之外，这种缩距的发现在整个社会学中都很常见，例如，Hummon(1990)发现，"城市主义者"认为一万个城镇与村庄没有区别，农村居民认为一万个城镇与主要城市群没有区别。

② 用于执行此操作的函数形式没有特别重要的意义。我用了这个函数：

$$N(i) = \frac{1}{|i-o|^x}$$

其中，

$o$ 是个体 $i$ 所处的位置，

$i$ 是从 $o$ 起始直至量表边缘的指标索引，

$x$ 是影响"扩散程度"的参数，

$N(i)$ 是给定距离 $|i-o|$ 的发生变形的因子。

我们通过使第 $i$ 和第 $(i+1)$ 个个体之间的距离等于这个 $N(i)$ 序列的第 $i$ 个和第 $(i+1)$ 个成员之间的距离来创建一个扩散尺度。（注意，我们必须在量表的两端，即同时在个体的上方和下方都这样做。）由于这些距离不一定加起来等于 100，我们将它们相加并重新标度。由于给定的变换非常强，对于非常小的 $x$，[为了标度的便利]我们在求和项中加入一个常数项 $y$。

$$Sum = \sum [dis(i) + y]$$

（转下页注）

图 6.6 显示了四个这样的视图。四位评分者的位置——沿原标尺的 10（A）、20（B）、30（C）和 40 点（D）——用字母沿着底部的标尺显示出来，该标尺显示了整个量表从左至右的原始、规则间距。在标尺上方的数组中，每条水平线代表一个人所观察到的量表尺度。四行的评分位置的顺序完全相同；但每个人都在自己近处将尺度扩散（spread），在远处将它挤压（squeeze）。然后，我对修改后的尺度进行了标度，使它们都占据了相同的空间（即状态系统的"整个空间"）。每个人对自己位置的新看法在水平线上用圆圈表示；注意，这些位置已经与底部量表上的位置有所不同。相邻量表之间的垂直线连接着等效位置；也就是说，它们显示了在一个尺度上的 101 位被评分者中每个人在相邻尺度上的位置（为了简单起见，图中只显示了原始四人表中相邻两人之间的连线）。因此，左边的垂线连接着所有的 0 分位置，右边的垂直线连接着所有的 100 分位置（这两条线是同义反复的；每个人都评价了"整个系统"，一个人的"整体"必然等于另一个人的"整体"）。斜线连接了四位评分者所打分的等效位置。图 6.7 显示的是个人在自己周围的"扩散"参数稍强的情况。①

从这些图中可以得出一些结论。第一个也是最显而易见的结论是

---

（接上页注）然后，通过将每个距离单位乘以 100/*Sum* 来简单地完成标度。图 6.6 中的参数是 $x = 0.1$ 和 $y = 0.01$。图 6.7 给出了相同的四个个体，参数是 $x = 0.1$ 和 $y = 0.001$。

［译注］原文付印时在此处将两个参数 $x$ 与 $y$ 的数值误标，在译文中对此已做了修订，并且针对中文的语言习惯对上述的形式化过程做了润色。公式中的 $o$ 即下文表格里的"观察者的位置"。

① ［译注］在这里，读者需要想象：位于纵轴上的 ABCD 四人从左至右发出一条水平"视线"，代表他们各自对地位系统的主观判断。把这个地位系统想象成非连续的（由 0—100 共 10 个点组成）会更容易理解。这条"线/点的集合"根据上一脚注所述的方式发生了变形——并不是其形状，而是线各处的密度或点与点的相邻距离发生了改变。转换成日常语言，即每位观察者对自己在这个系统中地位的主观感知发生了改变。

人们倾向于将自己的位置向尺度的中间靠拢。原因很简单。分形理论指出，人们会对靠近自己的地位区间进行相对扩展，而对远离自己的区间进行压缩，这一过程是对称的。① 由于对称性，当个体向边缘移动时，我们可以在两个方向上匹配这些区间。但是，我们总是首先在一个方向上到达终点（我们称其为"短边"——这是个体"真正接近"的那一侧）。然而，当短边[上的区间]用尽后，"长边"上还剩许多较小的未匹配区间。由此，长边上的平均区间宽度比较小，直观结果便是个体向中间发生了移动。那么，这个简单的模型就解释了美国人都认为自己是中产阶级这一说法。在图 6.6 中，第 10 百分位数的个体认为自己位于[地位尺度上的]第 19 百分位数，第 90 百分位数的人认为自己位于第 81 百分位数。

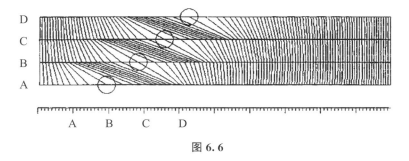

**图 6.6**

这第一个结论的一个推论是，[自我评分]向中间移动的趋势会随着个人周围区间单位的扩展程度增加而越来越明显。"纽约主义"越是强烈，我们的自我定位就越趋向中间。图 6.7 中（扩散系数 $x = 0.1$），第 10 百分位数的个体将自己视为位于第 32 百分位数，第 90 百分位数

---

① ［译注］在该尺度上单位区间发生扩散的情况相对观察者对称。但这种对称性仅能在重新标度之前观察到（公式中的 $dis[i]$），而下表中的"主观感知"在重新标度之后并不具有对称性。感兴趣的位读者可于译者网站上下载此处生成表格所用到的 R 代码。

的个体将自己视为位于第 68 百分位数。如果扩散程度缩小至原先的 1/10（$x = 0.01$），第 10 百分位数的个体会将自己视为位于第 20 百分位数，第 90 百分位数的个体会将自己视为位于第 80 百分位数。[①] 进一步的推论是，这种效应在[分布]边缘处更为明显。位于中间的人自己根本不会移动，因为这个转换是对称的。但随观察点离原始中心越来越远，这就相当于在短边上减去了小区间，而把它们加到长边上，导致两边的平均区间宽度的差距也随之增大，从而产生更大的向中间的位移。

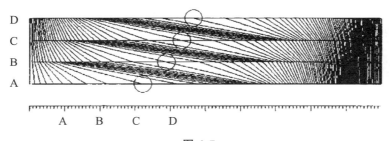

图 6.7

表 6.1

|  | 观察到的位置 | | | | | | | |
|---|---|---|---|---|---|---|---|---|
|  | 图 6.6 | | | | 图 6.7 | | | |
| 观察者的位置 | 10 | 20 | 30 | 40 | 10 | 20 | 30 | 40 |
| 10 | 19 | 39 | 49 | 57 | 32 | 66 | 74 | 80 |
| 20 | 9 | 28 | 48 | 57 | 8 | 39 | 70 | 79 |
| 30 | 8 | 17 | 36 | 55 | 5 | 13 | 43 | 74 |
| 40 | 7 | 15 | 24 | 43 | 4 | 9 | 17 | 47 |

所有数值表示的是百分位数。

---

① ［译注］此处原文有歧义，经与作者讨论做此修改。

因此，我们看到"把量表存储为分形的模式"这一想法解释了几个重要的现象。它解释了人们普遍认为自己是中产阶级的这一众所周知的现象。它还预言，当我们从实际的中间位置向边缘位置移动时，这种影响会越来越明显。但是，这个观点也对互动做了一些预测。要看清这些预测，我们必须看一下个体之间如何看待彼此。表 6.1 显示了图 6.6 和图 6.7 中的这些相互视角的结果，每一行代表观察者，每列的数字代表他们对每个实际位置做出的观察。主对角线由此代表自我判断。

从前面的图中可以看出，观察者近处的移位效应最为剧烈，而远处的地位评分相对没有发生移位。两位观察者之间的主要分歧在于他们之间[的地位区间]，这个事实在图中非常明显。即使在图 6.6 中发生的相对轻度移位，一位处于第 20 百分位数的个体将第 30 百分位数的个体置于 48 位，而一位处于第 40 百分位数的个体将同一个人置于 24 位。然而，他们对第 10 百分位数上的个体的评价达成了一致，分别将她放在第 9 和第 7 位。[①]

这给了我们一项有趣的预测，至少符合我们听闻的逸事，即互动中的个体通过讨论他们一致同意的远方参考点来建立对社会位置的一般感知，然后却在前景的问题上产生分歧。换个说法，评估双方达

---

① 安东尼·特罗洛普（Anthony Trollope）的一段话很好地说明了这一点：

　　我国国民议会对[厚脸皮]的需要比其他地方更大，因为相互对立的人之间的差别较小。当两名敌人在同一个会议厅里相遇，其中一人拥护一个统治者的个人政府，另一人主张一种共和的国家形式时，他们无疑会互相进行严重的口头攻击，但这种打击目前从未造成伤害。如果他们能找到机会，他们可能会互相割喉；但他们不会像狗争抢骨头一样互相撕咬。但是，当对手们几乎一致时，就像我们的议会角斗士们经常遇到的情况一样，他们总是试图通过指甲给人留下令人恼火的小伤口……宗教上也是如此。基督教的使徒和异教徒可能在没有争吵的情况下相遇，但是让两个对圣徒或异教徒有分歧的人聚在一起并不安全。Trollope(1983，1：296)。

成一致的区域有助于每个个体确定对方的位置与"扩散因子"。

这些相对位移具有一定的规律性。一个人对自己的定位通常高于比他位置高的人对他的评价，但低于比他位置低的人对他的评价。这也是社会学家所熟悉的一种效应。它随着一个个体与另一个体之间的基础距离的增加而增加；若个体 B 相对于个体 A 而言位置更高，则对于位于两人之下的 C 来说，B 所认定的 C 的地位比 A 所认定的 C 的地位低。因此，在图 6.7 中，第 40 百分位数的人把第 10 百分位数的人放在第 4 位，而第 20 百分位数的人把同一个人放在第 8 位。我们相对于位置高的人往往高估自己，而相对于位置低的人则低估自己，这也是地位系统中普遍存在的沟通障碍的来源。

需要记住的是，这些效应的产生并不需要我们犯下不敬之罪（lèse-majesté）或装腔作势。我没有对个人做任何差别化的假设；他们的行为方式都完全相同——在动机上简单且无恶意。相反，是互动者之间的结构性结合，才会导致上位者判断下位者在装腔作势，而下位者判断上位者不知道自己身在福中。

在三人组内部，这些原理延续了前述的规律。如果其中一个个体与另外两个个体相距较远，那么两人对他的看法会趋于一致，但对彼此看法却不一致。在某种意义上，三个紧密联系的个体之间的分歧最大，尽管他们对位于远处的人的评价都会相对一致。

稍微回到方法论问题，我们应该注意到，图 6.6 中各量表之间的皮尔逊相关系数最低为 0.98；即使在图 6.7 中，等效值也是 0.93（相关系数在一定程度上是个体初始位置的函数，但即使我们将个体置于图 6.7 中的第 20 百分位和第 80 百分位，他们测量值的相关性仍然达到了 0.81）。这些高相关性掩盖了模型中非常强的规律性——判断地位不一致。因此这明显解释了为什么世界范围内的行业声望量表表现出如此明显的一致性，尽管在细节上存在巨大的争议。大部分的相关性反映了总顺序的稳定（constancy）。但是，高相关性掩盖了那些既有规律又有影响的扩散效应。目前的量表包含了很多不同意见，但这是被隐藏起来的，因为量表间顺序的精确保持使得相关性保持在高位。如果我们把分形扩散与顺序扰动结合起来，相关度可能会大大降低。

这样的过程不一定需要涉及评级量表。考虑一下扁桃体切除术的例子。1945 年，《新英格兰医学杂志》上刊载的一项研究报告了纽约市内 1000 名学童的随机样本，其中 61% 的人做过扁桃体切除术。其余的人被送到一组筛查医生那里，医生说其中 174 人（45%）需要做扁桃体切除术。其余 215 人被送到另一组医生那里，他们说其中 99 人（46%）需要做扁桃体切除术。剩下的 116 人被送至另一个医生小组，他们建议其中 51 人（44%）进行扁桃体切除术。至此，因缺乏更多医生 195 小组，研究结束。在这里我们看到一个简单的规则被分形式地应用：无论医生看到的是什么样的人群，似乎总有将近一半的人需要切除扁桃体。[①]

迄今为止的例子都涉及在"闲置认知"的假设下调用分形区分，即当我们对自己所在的那个世界中的位置没有特别投入的时候，对该世界进行的一种建构。那些忘记了遥远大学之间的分形区分的校友只是懒惰，就像那些仅仅用分形法则工作的医生一样。但正如我所提出的，一旦我们有了特定的利益，我们可能会有策略性地选择分形比较的区域。正是这样的利益，导致 94% 的教师认为自己高于平均水平。这种策略性的使用最终会导致整个分形系统的转变。

一则有趣的案例是，各种运动中的计时区间越来越细化。打破历史纪录的速度到 1980 年已经大大放缓了。比如说，百米短跑的 9.9 秒

---

① 这篇有趣的（搞笑的?）论文是 Bakwin（1945）。我感谢伯尼斯·佩斯科索利多（Bernice Pescosolido）让我注意到这一点。

纪录已经保持了几十年。计时员们通过将测量时间移至百分之一秒，继续稳定地向公众提供不断被打破的世界纪录。①

另一则简单的例子就是成绩膨胀。最近《哈佛深红报》上的一篇社论抱怨说，哈佛所有的学生都应该得到全科"A"的成绩②，毕竟他们都考上了哈佛。在这里，我们看到了一种刻意反对分形比较的论点。从这个角度来说，成绩等级应该是一个全国性的绝对标准，类似于社会学家梦想的行业声望。这个论点的合理性及哈佛大学教师的痛苦哀号表明，我们是多么相信分形结构的评分尺度。对教师来说，成绩是一种地方性的差异化结构，旨在激励学生的表现，而不是一项全国性的比较尺度。这个问题涉及分形生成器的适用范围。哈佛的学生要的是一个宽泛的范围，而哈佛的教师要的是一个狭窄的范围。

但当教员们写推荐信时，他们会深刻意识到分形比较的广泛适用性。在他们的推荐信中，所有的学生都高于平均分，确实有非常多的学生被说成是近几年来最优秀的。因此，推荐信的读者自己运用分形解码解读，区分不同层次和类型的优异，试图找回隐藏在推销术下的原始局部信息。文凭的意义在于让自己脱颖而出，但当每个人都获得文凭时，这种区分就变得模糊不清。因此，必须在一个较小的空间内做出新的区分。在这种情况下，分形层次被制造，然后被掩盖，再被重新发现。

196　　当然，这样做的总体结果是文凭膨胀，因为编码者和解码者在不断地玩着互相欺骗的游戏。我们在许多语境中都能看到这种意义的时

---

① 毫无疑问，这些纪录中大多数的有效产生方式在于将测量间隔缩小至仪器测量误差范围内。为了抵消这种影响，人们引入了各种形式的电子计时。关键是，打破世界纪录的速度绝不与人类跑步或游泳速度的提高成正比。然而有趣之处在于，一英里（约为 1.6 千米）跑的世界纪录曲线（跨时间）确实是一条直线！

② 根据 J. B. Reiter(1993)的说法，实际上，他们都获得了 A 和 B。

间性转换。例如，自相似尺度的指代性实际上可以被用于明确的政治目的。当代女性主义的意识形态就是一个很好的例子。虽然人们不能认为 20 世纪末的性别关系符合 19 世纪对"父权制"这个词的理解，也不能否认现代的性别关系比 19 世纪的性别关系更平等，但使用"父权制"这个词来描述现在的情况，通过暗示没有发生任何变化，可以起到调动不满情绪的作用，否则这种不满就会失去政治力量。使用这个词就是在保留其力量的同时，对一个强大的比较性词语进行再参数化，重新设定其水平。或者再举个例子，在大多数人的想象中，美国绝对不可能被认为是法西斯国家或共产主义国家。然而，也有人用这两个说法来指称美国，因为在某些方面，这个国家可能被比喻为共产主义国家（因为它在某些方面是一个福利国家，而不是 19 世纪的自由贸易国家），而在另一方面，则是法西斯国家（因为它最近倾向于使用武力驱散和平抗议）。因此，自相似性可以作为一种强有力的政治工具。

这种再参数化现象在文化世界中普遍存在。它似乎仅仅源于语言的隐喻性。然而，当我强调我们许多概念的分形特性时，我所指出的不只是它们是隐喻或转喻。分形区分具备一些纯粹隐喻不具备的特征，其中最重要的是其非凡的可扩展性和简约性。分形区分能够通过一个单一的形象或数字捕捉到整个结构化的分类。

# 第七章　男人的自私*

　　在这最后一章中，我转向讨论道德问题。我这样做，一方面是因为这些问题在社会科学中无处不在，另一方面我也希望把自相似性的想法推至极限。

　　让我从一个例子开始。考虑一下"女人不如男人自私"（"women are less selfish than men"）这一表述。[②] 在某种意义上，这句话显然正确。也就是说，我们可以想象让男性和女性问卷受访者告诉我们他们做某些行为的频率，然后让独立评判员对这些行为的自私程度进行评分。或者我们可以想象通过实地研究来获得男性和女性的实际行为信息，然后对照一个独立的自私程度量表。而在这两种情况下，事先我们可以很肯定的是，女性看起来好像不如男人自私。

　　为什么会是这样呢？假设我们暂时排除生物学解释，纯粹在社会科学领域内讨论这个问题。社会科学给出的快速答案是"文化信仰"。根据此论点，长期以来存在一种文化意识形态，认为女性不如男性自私。因此，自 19 世纪中叶性别角色急剧分化以来，女性的行为就被贴

---

　　* 尽管本章只是摸索，我仍把它献给哈里·布雷德迈尔（Harry C. Bredemeier），罗格斯大学社会学教授（1949—1985）。我希望他能读到。

　　② 我应该补充一下：1994 年 12 月，在华盛顿亚当斯摩根区，ASA 出版委员会的一次会议之后的晚餐席间，葆拉·英格兰（Paula England）没怎么在意便说了这句话。我对此表示了异议，接着整个委员会随即展开了一场激动人心的友好辩论。我在辩论中一败涂地。我感谢我的同事们出色的委员会工作和增进活力的谈话。

上了不自私的标签。据此解释，"女性不如男性自私"的说法正确，但正确的原因更多来自一个总体的文化定义过程，而非男女之间的内在差异。

尽管如此，至少在当下这种解释确实接受了两性之间一种真实差异的存在。但我们是否想要接受女性"真的"不如男性自私的立场？我并不认同。因为在我看来，自私是一种道德定义的范畴，我不能接受任何群体或类型的人在道德正义上享有任何优越性。白人、有色人种、男性、女性、同性恋、异性恋：他们自私与否在我看来拥有相同的可能。不可能说女人比男人更不自私。因为对我而言，这等于说"女人比男人好"，而我觉得这种说法在道德上是不可接受的。

在这个判断上，我的观点和许多人一样。我并非判断女性不可能不如男性自私，而是判断"将先验的不平等赋予某些类别的人"这样的论述或状态在道德上无法接受。当然，很多同事会把这种平等的假定放在另一个角度来看待。在他们看来，女性的无私奉献真实存在，但却是由不平等的性别角色体系所强加的。因此，"令人不安"的不平等的根源在于物质奖励和社会结构的系统，而不是这些同事们以超越性的方式设想的个体行动者，这种超越性不合理。他们看了不平等，但因其视角不同而得出了不同的判断。

## 一、政治家和道德家

这种差异因通常的语言表示方式而更加突出。根据通常语言，我的立场是"道德的"，而我的同事们的立场是"政治的"（因为这些是常用词，所以在本章的其余部分中，每当我在技术意义上使用这些词时，我都会加上前缀：一方是"[M]道德家"，另一方是"[P]政治家"）。事实上，我们双方都有同样的问题：不能把对事物对与错（rightness）的判断与对其实际本性(actual nature)的判断分开。在我的[P]政治家同事中，这种无力表现为他们默默地假设一种特殊的状态——实质上的平等(substantive equality)——是人类社会的自然状态。通常，这样的信念并没有被它的追随者看作一种价值判断，而是作为一种简单的预设存在于他们的脑海中，即任何偏离平等的现象都需要解释(当然在认知上我们没有任何理由认为这是事实)。在其他时候，可以肯定的是，这种[P]政治观点是相当明晰的。从历史上看，它源于卢梭版本的古典自由主义及其对自然界平等状态的虔诚信仰。[①]

[M]道德家对女性无私的立场只是略有不同。该立场做出了同样的平等判断，但这判断似乎落在下一个层次上。它认为，无论实践中存在着什么样的不平等，无论人们处于什么样的社会地位，在某种绝对的道德意义上他们在任何方面都平等。所有人都有采取正确行动的潜力。这一论点不是来自古典自由主义那无结构的自然状态，而是来自基督教，来自它对渔夫、税吏和妓女的歌颂，来自它对受压迫者的救赎，来自它对一个超越不平等的世界的设想。[②]

那么，在这两种情况下，问题都是价值判断与科学判断的混合。不同的只是混合的程度与位置而已。我们在这里看到了价值判断的分形结构的第一个提示。社会科学在表面上不带价值判断地研究社会生活；它的证据和论证正典否认或至少是极力抵制了这种判断。即使是政治性最强的[P]政治家同事也遵循着一种远比社会科学以外的人要严谨的(disciplined)探究模式。但是，尽管生涯轨迹将含有价值倾向的(非学术)与科学的(学术)研究区分开来，但在本应不包含价值的学

---

① 已故的布鲁斯·梅休(Bruce Mayhew)以攻击"平等的底线假设"为业，这一事实无疑解释了他杰出作品的影响为何如此之小。他在这方面的许多论文收集在 Mayhew(1990)。
② 在举这个例子的时候，我有点惊讶地意识到我的[M]道德家立场实际上来自我的宗教信仰。我原以为除却其外表，这些信仰相当陈旧。

术世界里，深刻的价值承诺却又重新出现了。

然而，重新出现的价值判断结果给出了两种大相径庭的立场。我的[P]政治家同事认为[M]道德家是寂静主义（quietist）或保守的，而我们这些[M]道德家则反过来攻击[P]政治家"将学院政治化"，我们自己的立场虽然来自不同层面，但也包含明确的价值判断。

此外，这一论点的两个版本都受到第一章所讨论的"重新映射"的影响。也就是说，[P]政治家和[M]道德家都——在自己的论点中——看到了他们向对方强烈否认的立场的回归；至此，分形又移动到了另一层面。在[P]政治家中，对不平等的无休止谴责不可避免地滋生了一种事实上的信念，即被压迫者确实不是完整的人。当然[P]政治家很快就会说，这种发展滞后不是被压迫者的错。但在实践中，当人们认为社会现实总是充斥着不平等的时候，人们就会预想被压迫者总是缺乏核心的个人资源，如技能、效能、权力等。从这一立场出发，实际上只需要跨过一级很矮的台阶便能到达一项初步假设，即从属的人实际上并不与他人平等。由于"社会"或"结构"的原因，他们实际上不是完整的人，不能"充分发挥自己的潜力"。这与[M]道德家所持的立场直接对立，后者认为无论处于何种社会地位的人，都是完全道德的人。①

因此"即使这不是从属者的错"，[P]政治家仍对他们产生了较低的人性预期，而[P]政治家最终会对自己的信念感到厌恶。这种厌恶的必然结果就是"反抗"（resistance）的概念，即从属群体永远有能力反抗压迫者。从"公然破坏"这一例子开始，反抗的概念包含了一切可能被认

---

① 这整个故事可以在意义上反转，使被压迫的群体具备一些积极的品质。因此，人们可能会认为，由于女性受迫，所以她们比男性更无私。但即便如此，她们也确实更无私。请注意，相比上文中提出的论点，[P]政治家可更可能接受这里的论点，尽管它们在逻辑上是彼此的镜像。

为是故意拖延的行为。例如，"美国黑人保留地方语言"在这个论点下不会被定义为一种对进步的阻碍，甚至不会被作为一种受压迫的标志，而是被定义为对从属地位的一种有意识的拒绝。

因此，反抗的概念是将[M]道德家的基本假设（人总是有行动的自由）重新映射到[P]政治家的世界里，是分形压抑面的回归。当然，反抗必然永远是[P]政治家们的从属论点。不平等的事实（读者们应该记得，根据[P]政治家们的隐性价值预设，即社会平等是人类事务的预计状态，所以不平等需要被解释）始终是[P]政治家立场的主导假设。但反抗思想的必要之处在于，它避免了对不平等的关注堕落为对固有的个人不平等的真正信仰，许多英美马克思主义者（通常是前自由主义者）在欧洲结构主义马克思主义主流中看到了这种堕落。①

同样的事情也发生在[M]道德家一方，也许以一种不那么明显的方式发生。[M]道德家将他们的立场建立在所有人的绝对尊严和人性上，无论社会状况如何都是如此。这使得他们轻易地——可以通过一种类似于影响[P]政治家们的机制——滑向完全接受社会不平等。事实上，基督教社会理论的几个版本——至少是阿奎那和路德的版本——都很清楚地表明了这种倾向。但这里也有一种压抑面的回归——我们非常熟悉的自由主义愧疚（liberal guilt）现象。在某种直接、绝对的意义上，每个人都被认为是平等的，但现存的社会不平等构成了对个人平等的一项挑战，以至于必须将其消除。然而就像信仰反抗的人一样，愧疚的自由主义者把他们的主要诉求放在第一位。在他们看来，平等行动的自由是基本原则；社会不平等和随之而来的自由主

---

① 人们可以用我自己在第二章中发展的概念武器库来论证反抗本质上是一种综摄（syncresis）。反抗以一种固定、积极的方式将两个相反的事物结合在一起。我唯一的反对论点是，将反抗立场视作分形系统中的位置不但可以解释它自身，也可以解释其他现有的立场。

义愧疚反应只是附加的修饰。

正如反抗者反对[P]政治家一方的结构决定论者的反驳一样，自由主义愧疚的立场被[M]道德家一方的传统经济学家依照古典自由主义进行了反驳。对后者而言，不平等的结果只是"自由市场"的产物，而"自由市场"的运作需要依赖外生于制度的品味和才能上的差异。在自由市场主义者看来，不平等的存在是因为人们选择了做其他事情，而不是努力让自己的同伴平等。然而，即使在自由市场立场中，也有压抑面的回归；一个例子是经济学家罗伯特·弗兰克（Robert Frank）关于人们如何选择自己的活动区域，以便最大限度地减少压迫感和堕落感（或最大限度地增加成功感）的讨论。因此，这种区分甚至在另一个层面上也被复制了。正如我们从头到尾一直看到的那样，这种复制是分形系统的标志。[①]

为了避免分形思考，我们可以考虑将这种立场模式归结为三种二分法的交叉：社会与个人、平等与不平等、实然与应然（is and ought）。在这样的排列中，[P]政治家的立场为：社会不平等确实存在，但不应该；而"反抗者"则在此基础上加上了一个（从属）的信念，即个人平等（在行动的潜力层面上）应该而且确实存在。反之，古典[M]道德家的立场是，在行动潜力层面上的个人平等既应该也确实存在；对此，愧疚的自由主义者又加上了社会不平等（质疑了个人平等）确实存在但不应该的从属信念。

问题是，这三种二分法下的许多潜在的信念组合在实践中并不存在。用单一的分形二分法来表达这种情况比较简洁（而且也更能抓住信念的层级性）。这种二分法实际上是社会决定论与个人自由（social determinism and individual freedom），或者用现在时髦的称谓，是结构与

<sup>202</sup>

---

① Frank（1985）。

能动(structure and agency)之间的二分法。① 因此，[P]政治家和[M]道德家之间的争论似乎是一个标准的分形结构。在这个结构中，社会科学家的道德关切首先将他们分为决定论者(我称其为[P]政治家)和自由论者(我称其为[M]道德家)。然后每一方又进一步分化。[P]政治家可分为决定论者(如马克思主义结构论者)，他们反对抵抗和能动的概念和支持这种概念的自由论者("反抗者")。[M]道德家又可分为愧疚的自由主义者(决定论者)和古典自由主义者(自由论者，如自由市场主义者)。这个体系中的每一个人(除了两边都有的绝对极端主义者之外)都在使用同样的区分，只是在不同的层次上多次运用这种区分，并针对不同的对手来定位自己而已。事实上，整个区分系统的产生都源于社会科学家与他人之间的最初对立。从广义上说，社会科学家们认为人类的社会行为是决定性的，而且无论人的意志如何，都有足够的决定性，从而值得严格而全面地研究。因此，与那些认为"人是完全可以随心所欲地自由行动因而只能大致被科学化(loosely scientizable)"的人相比，他们是决定论者。

那么，乍看之下，分形区分的方法为学术界的政治冲突提供了一种相当简洁的描述。我们大家都很熟悉的个人自由论和社会决定论的对比，与其说是一个单一的总体线性的尺度，不如说是一种复杂的文化工具，在多个层面、多个语境中以指代性的方式得到运用，其目的和方式与第一章提出的为我们所熟知的那些二分法相同。关于自由与决定的争论(或者更常见的是关于这种区分所带来的实际判断)，是社会科学家在政治性的学术世界中辨别其部落祖先的手段。正如我在前一章中所论证的那样，这种区分的复杂性，加上我们在某种层面上

---

① "能动性"听起来不像"自由"那么自由主义，这无疑解释了[P]政治家们选择的措辞。

不可避免地采取某一方的立场，提供了一种广泛可能也并不稳定的团结。奇怪的是，我们的争论和争斗使我们团结在一起，因为它们强化了我们所有人的基本道德符号，而这些符号又是我们一同运作的基础。

这种特殊的分形结构复合体之所以会扩散和强化，是因为学术生活的分形价值结构的另一个方面。道德与认知论证的相互渗透，不仅发生在学术写作中，也发生在学术生活的日常实践中。一位语言学家203很可能认为语言的转换是永恒的，语言缺乏阿基米德的支点；认为正典语言没有"真正的依据"；认为语法学家是小气的霸主。但他仍然会纠正自己学生的语法，哪怕是拐弯抹角地用"你必须写出这种方言才能出人头地"这一类的说法。在这里，在基于一组判断的认知理解和植根于另一组判断的教学实践之间似乎存在着一对矛盾。

但这个例子中混合了两个分形的主题。第一个是自由与决定的分形区分。这样的语言学家对语言的决定性采取了一种特殊的认知立场，因为他教给学生们的是：作为高级方言的英语没有内在的权威地位，但由于其(当前的)官方地位而必须被掌握。这或多或少是反抗者的立场：社会的不平等是确定的、不公正的，但可以且应该让被压迫者操纵。可语言学家不仅提供了这种认知分析，而且还把这种分析作为行动的处方。这样，分形的区分就出现了第二个方面，即思考与行动的对立。这可以看成分形的意动方面(conative aspect)，其认知方面是决定论与自由论的区分。①

思与行的两难，是每一位社会科学家的核心困境。总体来说，社会科学家是选择了过去被称为沉思生活的人。他们是思考者而非行动者，部分原因来自他们相信社会生活具有可发现、决定性的模式。但在社会科学内部，许多研究都以道德范畴为工作对象，并隐含或明确

———————————

① ［译注］意动表示"具有目的性的行动"。

地敦促某种行动。事实上，现在正值壮年一代的社会科学家——也就是 20 世纪 60 年代的那一代——比前辈们更坦率地将这种道德"行动"融入自己的学术研究中。在决定了步上思想家的生涯之后，现代社会科学家在他们的学术研究中填满了明确的行动尝试——通过识别错误并将其标记出来从而纠正错误。当然，以大学教师为业这一事实除了包含思想研究工作之外，还需要在课堂和办公室里进行日常的"行动"。可以肯定的是，20 世纪 60 年代的一代人用"学术写作和课堂工作一直以来都是政治性的"这一论点来重新解释这种日常的"作为"；在这个意义上，他们说学术"行动"几乎不是什么新鲜事。但是就像男人是自私的这一例子一样，对当前社会学写作和教学的经验分析，几乎毫无疑问地会发现明确的道德性陈述——不管采取任何合理的"道德陈述 vs. 非道德陈述"编码——比 20 世纪 50 年代的学术中的水平要高得多。①

204

因此，思想与行动的区分本身似乎或多或少是分形的，至少在学术界内如此。学术界[ex ante]事先是这样一个领域——那些将一生中更多的时间花在思考而非行动上的人的领域；他们的主要行动是教别人如何思考。然而在学术界内部，显然有活跃的人和不活跃的人。现在可以肯定的是，有许多潜在的活动领域——不仅是政治，还包括教学、院系或大学事务、兴趣爱好等；然而政治活动是一个有用的单

---

① 当然，我的[P]政治家同僚不会接受这一论点，出于一些重要的原因[我们]需要理解他们的反对态度。正如我在第一章中提到的，关于分形扩散的一项核心事实是，新一代总是把先前存在的继嗣谱线定义为结党（partisan），而非折中或自愿。作为回应，先前存在的"正统"谱线所摆出的立场总是非党派性和非政治的，声称自己代表着广泛的共识，或者其他什么都可以。老一代已经赢得了自己的分形战斗，并享受胜利的果实——通过重新映射自己对手的领地。但年轻一代的崛起正是通过复制分形细分，这不可避免地创造了一个党派环境。这种现象在政治体系中非常普遍，不需要评论（例如，参见达尔[1961]2019，第一章第二节，关于贵族阶层否认党派立场，以及第三节中讨论的政治带来的愉悦）。无论如何，这里更重要的不是是否接受这一特定的经验性论断，而是这种不同意见本身进一步证明了分形分析在解释这类论争展开过程中的效用。

一维度，而且确实具有分形特征。学者首先不是实际的政治家，但在学术界内部，我们看到了明显的划分，分为有强烈政治兴趣的人和没有政治兴趣的人。有这种兴趣的人又松散地分为在课堂上追求兴趣的人和仅仅支持外部政治组织的人。而那些在课堂上追求政治兴趣的人又分为通过直接的政治内容进行政治行动的人和强调改变教学方式的人。这些划分并不清晰或明确，但显然，关于政治活动领域和手段的争论在很大程度上组织了学术生活的政治结构，而且这种争论并不是通过一个从活跃到不活跃的线性尺度来实现的，而是通过一个可以根据需要在不同尺度和群体中展开的指代性争论来实现的。在每一个层次上，我们都有坚定的活动分子和谨慎的思想者。此外，在特定层次内的争论往往最为激烈，这符合熟悉的分化模式。没有任何学术政治争论比那些发生在有政治承诺的群体内部的争论更为激烈。

因此，我们发现学术界的政治争论松散地围绕着两种分形或至少 205是指代性的区分来组织，即自由和决定的认知区分与思想和行动的意动区分。① 这两项区分在某种程度上是同一种区分的不同方面。当我们考察社会科学中某些重要概念的历史时便不难看出这一点。

## 二、权力与平等

自由/决定和思想/行动的复杂混合在社会科学的主要概念关注点中产生了非同寻常的结果。这种混合的一个明显的例子是社会科学中关于是否可以有一种从根本上说不以道德判断为基础的权力概念的长

---

① 读者应该注意到，在这一章中，我将从两个不同的角度使用"自由"。这里在"决定与自由"这一对中，我们关注自由作为一种经验属性。后面在谈到"正义与自由"时，我们关心的是根据一个政治体系的总体实质性成果或其对特定个人行动的限制程度来判断它。在后一角度下"自由"是一个简略表述，表示高度重视对个人行为不设限制。

期争论。

一些作者试图通过科学化的转变来摆脱这种规范性的权力观。在罗伯特·达尔（Robert Dahl）的领导下，多元主义学派强调的是运作中的权力。权力可以让人们违背自己的意愿去做一些事情。测量这种权力的方法很简单，就是通过测量建议书、反对及成功[的数量]。这个定义让人想起了韦伯："就是在一种社会关系内部某个行动者将会处在一个能够不顾他人的反对去贯彻自身意志的地位上的概率，不管这种概率的基础是什么。"但在达尔看来，韦伯的定义低估了独立的行动者；在韦伯的定义中，政治家只是更大利益的"代理人"。因此，达尔主张强势行动者的个人自由，主张的方式就像后来的反抗理论家们主张弱势行动者的个人自由一样。他的立场当然建立在古典自由主义的基础上。该立场假定了行动自由的平等性，并完全抛开了对与错的问题。①

多元主义者通过将权力定义为操作性概念，从而摆脱了权力的道德内涵。另一种摆脱方式是将权力定义为继承于系统之中，而非个人之中。在一篇著名的文章中，塔尔科特·帕森斯将韦伯的论点推到了极致。他认为权力并不源于更大的利益，而是超越了利益，存在于集体的一般资源中。对他来说，权力就像金钱一样，是实现政治目标的"交易"媒介。权力把握在银行家、债权人和债务人等人手中。但帕森斯反常地把"狭义的权力"概念限制在或多或少的合意系统中，用"力量"（force）一词来表示大多数人所说的"赤裸裸的权力"（naked power）。（在帕森斯的类比中，力量是权力系统的"黄金"。）即使在他对力量的明确分析中，他也只研究了一个系统内部的力量运作，而不是独立系统之间在公开冲突中的行动者之间的力量运作，同时他将力量的行使压缩到"权力通缩"这一类比概念中。虽然帕森斯从新古典经济

---

① 达尔[1961] 2019：8-9。韦伯著名的权力定义，参见韦伯（[1978] 2010：147）。

学和凯恩斯主义经济学中引出了微妙的类比，但他没有从马克思主义经济学中借鉴任何东西。［如果他这样做了］仅仅通过观察权力的流通，他便可以忽略权力与特定的行动者和群体的联系——经济学家会在政治上将其类比为资本和资本主义。因此，虽然他将权力归咎于整个系统似乎非道德，但实际上，通过接受生活世界对"现存"系统的定义，帕森斯采取了隐含的道德立场。他也由此假定了他的整个作品所要解释的社会秩序问题的答案。①

　　对这两种非规范性的权力概念的激进批判指出，它们显然无法解释长期的不平等。尽管这种批判源于激进主义者对不平等的道德关切，但它可以用科学语言进行表达（而且常常这样表达）。如果权力在整个系统内或多或少都均等地可得，那么我们如何解释为什么有些人仍然处于完全从属的地位呢？如果我们只在权力被直接行使时才测量权力，那么又如何解释仅仅因为权力的存在威胁就能产生的影响？因此，一代又一代的激进主义者都在强调权力单纯存在的重要性，强调它有能力使重要的问题永远不进入自由主义政治核心概念中的公共辩论。

　　可以肯定的是，对权力的非规范性解释的挑战都建立在"社会平等是人类事务的自然状态"这一道德前提之上。如果我们相信人们可以自由地行动，却发现他们并未采取行动来纠正所遭受的不平等，那么我们就必须假定有一种叫作权力的东西阻止他们这样做。但是让我再做

*207*

---

　　①　基本的权力分析见 Parsons（1967）第十章，对力量的分析见第九章。就我正在进行的分形分析而言，帕森斯的立场很特殊。尽管他的"行动理论"表面上是自由主义的，但他极端的功能主义和对结构与功能必要性的认同，却隐含着强烈的社会决定论。事实上，他对"秩序问题"的全部关注表明，他发现自由主义者的绝对自由是一件相当可怕的事情。然而，他并未认同马克思主义者的政治纲领——恰恰相反。原因在于他对不平等持有不同的立场；他认为，不平等与社会生活中的其他一切一样，必须发挥某种功能作用。与我迄今讨论过的所有人（古典经济学家除外）不同，帕森斯并未对社会不平等感到特别不安。简言之，他对分形立场的不同理解使他在某种程度上偏离了当前辩论的主流。

一个简单的经验性断言，在许多社会制度中，权力的行使是显而易见的，完全没有必要假设不平等的存在。人头税（poll taxes）和其他特许经营资格、共同雇员原则（fellow servant laws）、定居法（settlement laws）：这些以及类似的法律都是合法地对各种群体行使权力的明显工具。①

但激进立场中的道德热情如此强烈，以至于不仅需要解释为什么人们在利益受到威胁时不反抗，还需要解释为什么他们往往最初甚至没有意识到这种威胁。虚假意识（false consciousness）和霸权（hegemony）的概念正是为了解释这一现象。这些概念认为，在许多情况下，社会行动者无法察觉到自己的最大利益，这一事实解释了为什么从属群体不反抗那些在外界分析者看来显而易见的不平等。从逻辑上讲，虚假意识和霸权是对结构决定论的一种补充，起到的作用类似于反抗在更广泛的决定论层面上所起的作用。它们代表了能动性概念在结构决定论中的回归，因为如果不是对反叛性的能动有预期却未能观察到，这些概念就没有存在的必要。

一方面，虚假意识和霸权的概念似乎相当合理。上位者群体不仅可以限制其从属者所能获得的信息，而且可以塑造这些从属者实际理解其从属地位的方式。另一方面，对一位严肃的[M]道德家来说，告诉任何人我们比他更了解他自己的利益——实际上是他的生命意义——是一种极度傲慢的行为。这正是 E. P. 汤普森所称的"后世的不

--------

① 我的[P]政治家朋友们无疑会像塞缪尔·约翰逊一样踢一下石头，而不会接受上一个[假定]。请注意，在任何时候都有一套关于"多么极端"的长期判断，一种关于什么算作或不算经验常识的长期信念。马克思（以及跟随他的葛兰西）所说的主导意识形态就是指这一系列的信仰，虽然当然在世界观（weltanschauung）、范式等观念中也存在一种非激进的概念。

屑一顾"（enormous condescension of posterity）所描述的那种态度。① 在 208
他的伟大著作中，汤普森不厌其烦地表明在英国，一种真正的阶级意
识如何从经验碎片、宗教教义和地方组织中凝结出来。英国的劳动者
既不是马克思认为的被压迫的愚人，也不是现代主义者认为的不情不
愿的农民。

虚假意识和霸权等概念的巨大危险性恰恰在于它们的不屑一顾/居
高临下。这是它们与目的论和现在论史学的共同特质，后者把过去仅
仅当成现在的前奏，而这也是辉格史学家和将取代他们的激进史学家
的模式。事实上，这种特质甚至可以进一步概括，因为居高临下的态
度可以在更广泛的关系中表现出来：朋友、配偶、被压迫的群体、早
已消亡的集体。居高临下源于我们只在自己的领地上理解他人；对左
翼和右翼而言它都是一种疾病，因为如同所有的谎言一样，它掩盖了
一项半真半假的事实——对方可能并不了解自己。毫无疑问，正是因
为这种半真半假，葛兰西那建立在坚实的霸权理论基础上的权力著作
读起来出乎意料地像帕森斯的作品，据称两者的中心价值都是非政治
性的。两人的政治立场不同，但在将权威集中于一个狭隘的中心这
一点上相当类似。我们再次发现，自己攀了四次埃舍尔的阶梯，结果
又回到了原点。

那么，在社会科学的权力概念中，我们看到了由社会科学与价值
取向的道德活动之间的分形关系所诱发的复杂性。试图在不参考我们
个人价值的情况下对权力进行定义，不仅忽视了明显的事实，而且还
导致了丑陋的道德自满。另外，根植于我们的道德价值观的定义必然
会导致居高临下及与其对等的"虚伪"。我们无法接受对权力的一种道

---

① 汤普森注意到不论在左翼还是右翼都存在这种不屑一顾（［1966］2001：4-5）。

［译注］condescension 也有居高临下、傲慢的意思。考虑到流传最广的钱乘且译本采
取了"不屑一顾"的译法，本章中这个词第一次出现时用斜杠表示。其后这两个词等价。

德定义，却也不能没有它。

当我们转向可以说是当前社会科学中使用最多的概念"平等"时，事情只会变得更糟。我在一开始就指出，[P]政治立场在重要的方面依赖于一项隐性的价值假设，即不平等需要被解释。毫不奇怪，不平等的概念有其分形的变迁。另一种解读[P]政治家和[M]道德家之间的分歧在于，不是把它作为自由与决定的冲突，而是关于不平等的程度是否过分的辩论。事实上这种对冲突的解读引发了一场更普遍的辩论，该辩论远远超出了社会科学的范畴。

"多少不平等"这一短语表明，辩论的形式结构涉及一种线性尺度，从一点点不平等到很多不平等。当然，我们经常用收入、财富等线性尺度来思考不平等问题。然而，对不平等的实际测量必须捕捉到这些尺度上的价值分布，而非价值本身。这样的度量不可避免地更加复杂。①

但是，尽管存在这些不平等的连续度量——基尼系数是其中最著名的——但在实际的社会互动中，不平等的概念显然作为一种分形的二分法发挥着作用。关于不平等的辩论很少涉及连续系数的取值。社会科学家和他们的一些精英受众可能会对 20 世纪 80 年代按照基尼系数测得的收入差距扩大大加斥责，但大多数公共作者（《华尔街日报》除

---

① 可以肯定的是，在逻辑上不平等是个简单的二分概念。一组相等的事物是一个单一的等价类，元素要么在该类中，要么在该类之外。但人们可以设想测量与该类关系密切程度的尺度/量表，而且事实上，人们可以很容易地想象"真正的平等"是一组连续的不平等水平的极限点。如我们将在下面所见，概念化这个极限点很困难。但就目前而言，我们必须简单地认识到，尽管逻辑上不平等是个二分概念，但社会科学家已经提出了不平等的连续测量标准。

目前还不清楚"线性"对于这样的尺度意味着什么，所以我省略了这个词。根据定义，收入度量构成一种线性尺度。但收入分配的度量并非线性，至少对收入分配尺度如此。然而，它们在其他一些直接的不平等概念中可能呈线性。

外)早已认为在里根时代富人越来越富，而穷人（无论收入如何，作者总是会同情他们）越来越穷。也就是说在文化上，不平等几乎总被认为是一个不连续的问题、一个对立群体的问题，而不是系统中的复杂连续属性。更重要的是，这个概念像任何分形一样具有再参数化的能力。就像电工在测量任何电路之前将电压表切换到适当的刻度一样，辩论不平等的双方也是如此，他们的论点也会精确地投射到可找到分歧的空间中。似乎在公开辩论中有种仪式性的要求，即对任何社会状况都要有一个完整的论点尺度，涵盖将某种状况认定为完全不平等的人及将同一状况认定为完全平等的人。无论这个尺度是在整个人口中，还是在一家企业、一个公司、一所大学，甚至是一个家庭中，总会有人看到不平等的一端，也会有人看到平等的那一端。[①]

这种情况的出现，部分原因可能是因为人们在公开辩论中不怎么发表意见。因此，我们在公开场合看到的都是分歧。但是，这种"在一个层面上"的一致意见只是一种海市蜃楼。因为那些在一个层面上似乎达成一致的人，在较小的层面上会各执己见。正是关于平等概念争论的这种同心特点（concentric character）突出了它的分形特性。在全国范围内，女性主义运动可能在女性与男性之间存在的不平等程度上达成一致，但在女性主义运动本身内部，关于平等和不平等的争论却重新出现，恰恰是以与更大的辩论相同的语言进行的，并援引相同的超越性原则以寻求相同的变革。这些争论不一定是关于内部事务的争论，而恰恰是当在更大的背景下争论时，行动者在表面上达成的关于不平

*210*

---

① 也许最好的例证是，即使是美国资本主义意识形态的中心《华尔街日报》的社论版，有时也会接受这种贫富对立的观点。就连里根时代的政治辩护者也用"涓滴经济学"这个概念说话。这个概念假定富人和穷人间同样的对立，但它向读者保证，对一方有利的东西对另一方也有利。因此，即使是经济保守派也用完全相同的术语，用分形、可缩放的二分法来区分两个群体。

等程度的共识实际上并不牢固。

关于平等/不平等判断的分形特性的另一个有趣的迹象是，无论是在社会科学内部还是在社会科学之外，完全没有任何绝对的实质性的平等概念。存在绝对的非实质性平等概念；法律面前的平等就是一个例子。也就是说，有涉及某种形式的过程平等的绝对概念。但是，除了程序平等的概念之外，并没有关于"真正平等"的社会是什么的可能设想。不存在实质性的平等概念。[①]

考虑一下描述真正平等的通常术语——例如："一个人人都能达到其最高功能水平的社会"（或达到"他的潜能"）。这一术语建立在正当程序这一陈旧的宪法概念之上。但是，虽然达到自己的潜能看起来像是一个过程性概念，但很明显的是除了自由市场主义者之外，大多数鼓吹这个概念的人希望看到的是在财富、社会资源等重要维度上的实质性平等的结果。那么从逻辑上讲，他们假设每个人在某种意义上都设想了"平等"的个人目标，尽管他们并没有具体说明这些目标是在什么意义下设定的。因此，和大多数平等概念一样，它不是积极而是消极的。这个概念真正所指的是没有阻碍，而不是实现某种实质性的结果。[②]

211     "包容性"（inclusiveness）几乎没有实质性的内容。标准的包容主义修辞首先认为，当前社会的"中心"实际上并不是真正的中心，而只是

---

①    正如我们将在下文中看到，这与对美好生活的实质性定义的问题有关。我已在讨论压力文献中关于"积极心理健康"的问题时指出，发展积极的好的概念是在分形符号系统中运作的人们面临的一个主要问题。从消除坏的角度来看待好的事物要容易得多，正如马克思在许多方面所做的那样。奇怪的是，这与圣奥古斯丁的经典概念恰恰相反，即坏就是没有好。请注意，这两个版本都不希望与道德摩尼教共存——后者承认两种真正的实质性原则——善与恶。也许，在普遍倾向于理解分形，特别是二分法分形世系中的事物的背后，有一种人类对单一性的渴望。

②    有一系列关于"不可通约性"的小文献对该问题作了一些思考（参见 Espeland and Stevens 1998）。逻辑上很清楚，要接受大多数平等（或不平等）概念意味着赞成不同的价值之间存在通约性。

某些人的中心。因此，那些曾经被视为"普遍/全称"的谓词（男性气质[maleness]、白人[whiteness]等）实际上错了。它们是"未标明的范畴"，因为它们被认为是一个更大的范畴（人类、美国人、诗人）的典型化而不需要进一步说明。为了减少不平等（再一次，定义基本上是消极的），这些未标明的特质必须被重新定义为标明了的，并且这些特质的持有者的所有论点都必须被定义为宗派论点，而不是普遍论点。因此，在许多女性主义著作中，普遍主义本身因其经常由这些未标明群体提出而被视为宗派论点（参见本书第 250 页注①）。

从这种包容性的观点出发，一个直截了当的逻辑可以引出多元文化主义的概念。也就是说，消除任何典型化的群体（typificatory groups）意味着一种情况：存在着一些群体，这些群体在某些未明确规定的标准上绝对平等。这些标准没有任何逻辑或实质性的来源，尤其是在一个拥有"真正不同"价值观的平等群体的语境中。其结果是简单的群体集合。和平等一样，多元文化在实践中几乎没有任何积极内容。就像"发挥自己的潜能"一样，它实际上是消极的体现，作为一套实践，它主张优势群体并不是更好，从属群体也不是更差；实际上，优势群体并非真正的优势，从属群体也非真的从属。在其最好的情况下，多元文化主义就像[M]道德家的等价概念（"正当程序"）一样，是一种真诚却模糊的概念。它所设想的不是那些体现在民族餐厅中的虚假差异，而是一个存在真正差异，但却没有从属关系的世界。①

在古典政治理论中，这样的世界只能通过帝国理论来想象。在帝

---

① 最糟糕的是，多元文化主义退化为了解教导学生有许多不同民族的美食，更广泛地将他们引入一种消费型的文化旅游。任何了解跨越文化差异的真正接触是多么令人心碎而困难的人都知道这样一个概念有多荒谬。但这一概念至少提出了当前政治理论的关键问题：人们能否设想一种不涉及从属关系的差异观念。我在本章的第四节和第五节中认为分形推理提供了某种可能性。

国理论中，一种单一的权威性力量规范着不同群体之间的交往。我在第一章中引用了这种理论的经典例子——罗马的万民法（ius gentium）制度，它规范了交往的双方，其中一方缺乏罗马公民法下的地位。当然实行这种制度的前提是军团的军事权威，是明确分歧的最终仲裁者。而在"多元文化世界"中，除了全球企业和他们"美国统治下的和平"（pax Americana）之外，并没有同等的力量存在。和帕森斯一样，多元文化论证实际上也预设了它所要提供的东西：基础差异的仲裁者。①

整个关于权力和不平等辩论的核心问题之一是，其概念工具——即所涉及的特定分形——似乎是如此明了，也是如此无法逃避。正是这种可怕的平衡，使得这一切变得如此不可避免：同样的价值观在几十个层面上重复出现，同样的包容与独立、差异与平等、自由与决定的争论。奇怪的是，甚至连恶习也显得格外互补——自由主义者的自满与激进主义者的虚伪。也许问题来自道德与学术不可避免的混合。也许道德世界本身将证明不受这种问题所侵扰。

## 三、道德论证的层次

但几乎没有。从头说起：作为行动的人，我们习惯于绝对道德准则的概念；但作为社会科学家，我们很容易看出并不存在这样的东西。一般的道德生活受制于一种分形，这种分形为道德论证提供了不断变化的平衡。这方面的一个简单例子就是曝光现象（phenomenon of exposés）。

---

① 这是一项有点令人不安的事实，在西方法律中，完全平等的关系已经存在好几个世纪了（根据合伙法、公司法），但与内部层级结构（在公司法、协会中）的联系最终被证明更有效地改变（最终支配）了他们的世界。

曝光的形式是分形判断系统中不断变化的层次。曝光的作用是把对某一特定活动的认识带到比以前更广泛的公众中去。一般来说，那些关切该活动原本价值的人都知道它的一切，并且或多或少地对它有一定的认知，不管是它的参与者，还是它的局部反对者。

例如，我在研究生时代为一家大型精神病院工作。当时所有人都公开承认医院的道德生活经常令人反感。工作人员有时会威胁和殴打患者，患者之间也会互相殴打、抢劫，偶尔还会强奸。这些活动被所有的工作人员和患者视为理所当然。当然，在任何正式场合，医院的官员都会仪式性地努力遏制这些活动，也会仪式性地否认它们的存在；如果这些活动的真实情况被有更高标准的外界了解到的话就会被曝光，并因此而产生内忧。但在他们的日常世界里，即使是那些全身心投入外部世界的改革派政治中的医院工作人员（这是社区精神卫生和"精神疾病神话"的鼎盛时期），也把医院里非人道的背景水平或多或少视为常规——值得偶尔担心并伴以经常性的嘲笑。他们告诉自己，鉴于广大社会愿意为我们这些生活和工作在精神病院的人贡献的人力、物力和财力极少，医院的社会秩序可能是最合乎道德的。[1]

然而，也存在一些过错行为违反了当地/局部的这一共识。有一次，有人试图用女患者当噱头开地下妓院，然后把她们放到汽车后备厢偷运到一家汽车旅馆。大多数当地人都觉得这一事件在道德上令人发指。当然，在外部世界看来，这和殴打患者或者把她们单独留在宿舍里，时间长到足以互相强奸和斗殴没什么两样。但对当地人来说，两者之间却有天壤之别。

---

① "精神疾病的神话"一词来自 Szasz（1961）。

这种现象的例子数不胜数。[①] 当我在《华尔街日报》上读到关于内幕交易的事例时，我困惑于对这种现象近似武断的定义。在我看来，几乎所有在华尔街世界里发生的事情都像是内幕交易。任何了解简单朋友网络理论和经验数据的人都知道，从任意公司的内部依次追踪两到三个熟人关联，就会在整个美国人口中找到一宗内幕交易。这样看来，华尔街所有的非技术性信息都可以依这样或那样的方式追溯到内部的人际关系，理论上这在我们意料之中。然而，华尔街的居民和监管者似乎对哪些信息的泄露合法，哪些不合法有着非常明确的概念。这些似乎都是形式良好的道德判断。从形式上看，它们似乎与我自己判断什么构成或不构成抄袭没有什么不同，我严肃认真地对待这些问题，并相信自己的判断准确。我认为以我自己的文字二次使用别人的观点是可以的，只要我标明了出处；但如果没有引用就使用了别人的文字，便构成了抄袭，我应该被开除。然而在外人看来，这两种情况都可能构成直接借用别人的观点，理由是否正当要看外人自己的想法。

在这里，我们就有了纽约人地图的道德等价物。地方性的群体做出了细微的道德区分，而非地方性的群体拒绝承认。因此道德本身就是一个分形系统。正如我以前说过的，我们有时会把这样的系统当成线性的。但我自始至终已经否定了这种论点。所有的线性尺度都可以用某种分形来近似，但很少有分形可以用线性尺度来近似。因此分形是比较一般化的概念。在现实中，我们的道德体系确实以分形的方式运作。分辨行动道德或不道德的单一区分被导入不同的层面，并被局部地应用以作为理解局部条件的一种方式。即使是在社会上最有道德问题的组织之一内部——传统的精神病院——人们也和在其他地方

---

① 我忍不住要再讲一个好例子：一名波兰社会主义者从工厂偷了一辆吉普车，打算卖掉它赚点急需的钱。当天夜里那辆吉普车就从他家被人偷走了，这使他大为震惊和懊恼。你不能相信任何人！（Wedel 1986：15）

一样，应用同样的比较来进行局部的道德判断。实质不同，但判断的手段是一样的。从这个意义上说，道德完全是指代性的。

暴露现象的反面与我前面所说的再参数化很相似。同样，让我先举个例子。与社会世界的日常知识相比，社会科学至少在一定程度上愿意根据社会世界的新事实来改变自己的判断。但是在今天的社会科学中，出现了一个非常熟悉的现象，那就是学者的道德判断不能被任何一组事实所改变。上一章所回顾的性别论证的道德版本就是一个很好的例子。在 20 世纪 70 年代，社会学界出现了对该学科中男女比例平衡的严重关切。然后人们注意到，在本科生课程中男女生人数大致相当。但是，尽管男女生人数在本科生中的比例是平等的，但一些学者开始关注研究生阶段的歧视问题。当有了研究生的性别平等，他们就对教授队伍中的歧视进行了谴责。随着助理教授中出现了性别平等，人们的关注点就转向了终身教授层面。现在，随着这个层面的平等也可能出现，人们的关注点开始转向知名院系的终身教授层面。但这些知名院系实际上只是社会学就业中极小、极小的一部分。在外人看来，社会学作为一门学科，并不存在重大的性别歧视。然而，该学科中的许多人仍然诚实地认为，女性在整个学科中处于不稳定的地位。[①]

因此，为了在实际歧视减少的情况下保持愤慨，那些采取我早先所说的一种[P]政治观点的人必须把重点放在越来越小的领地上，就像那些接受阿喀琉斯悖论的人把重点放在越来越小的时间切片上，以避免承认阿喀琉斯确实超越乌龟的时刻。很显然，这种过程的最终结果是将歧视的定义完全推到了新的层次。

同样明显的是，道德的再参数化过程极其普遍。它绝不限于左翼。如果我们考虑一下资本主义的发展，我们可以看到它在很大程度上包

*215*

---

① 关于女性化和妇女在社会学中的地位，参见 Roos and Jones(1993)。

括了某些规则的放松——关于财产、关于人与人之间的关系、关于剥削——这些本质上是道德规则的放松。这种放松来自一个分形的过程。在任何时候，违反现有规则的人确实会受到惩罚（至少理论上如此），但与此同时，那些最接近于违反规则而不越线的人比那些不假思索地遵守规则的人要过得好得多。正如理性选择论者所说，那些推动边界的人能够在严格守法者所开发的共同资源上自由驰骋。例如，圈占英国公地的人通过发明让渡（alienability）的概念，允许农民让渡后代的权利，但获得的回报只是其长远实际价值的一小部分，于是圈地者发了财。也就是说，圈地者就像破坏了继承法（law of entail）的那些人一样，设法把以前被接受的未来权利在现在的情况下抹去了。请注意，农民们没有采用这样的成本计算方式进行思考；这就是为什么他们对相信了这种算计的资本主义地主们的论点信以为真。在外人看来，圈地似乎是一种相当明显的道德诈骗，但在英国法律制度所设想的规则内，它勉强合法。而那些圈地和资本化的人在经济上的成功，当然会把其他贵族——埋头在他们沉睡的传统中——完全从土地上赶走，就像在施工车道上争先恐后的司机不可避免地会超过那些严格遵守规则的人，而这些人一看到封闭车道的警告标志，就会马上让开。如果有一种行为的分布，那么建立规则将这种分布截断在一个点上（区分了非法性或其他禁止性），并不能阻止那些与截断点相邻的人利用其他人的动态。

同样的故事已经重复了几十次。资本主义的发展总是包括把这种规则推到极致，使经济人口中的大多数都能被当作局内人，乘上免费的顺风车。迈克尔·米尔肯（Michael Milken）无疑是个骗子，但他的所作所为对我们很多人来说，似乎与资本主义的合法化避税或庞氏骗局没有什么区别。① 事实上，最大的骗局——看看克莱斯勒与储蓄和贷款救助方案——直接搭上了国家的便车，把成千上万小人物的福祉作为人质，并以普遍的经济损失的威胁作为一种大的勒索形式。这在资本主义历史上极为常见。

因此我们看到，道德系统确实具有一种我们能够在其他分形系统中看到的再参数化的特点。其结果可以是类似第三章中的分形。当每一个继任的立场越来越接近某种道德边缘时，事情就会变得越来越极端。但与学术界不同的是，学术界有第五章所讨论的相对固定的底层社会结构，而现实世界则缺乏一个固定的基底。因此不同于其在学术界的结果，在一般的社会世界中再参数化的结果是边缘的漂移，即道德标准本身的漂移。对于我第一个例子中的性别歧视论者来说，这种漂移是故意的；如果没有它，他们就不得不承认性别歧视在社会学中压倒性地迅速下降。对于卷入更大进程的资本家来说，这种漂移无疑要复杂得多，而且部分是无意的。但它的最终结果是创造了一个除顽固的冒险家之外，任何 19 世纪中叶的居民都无法辨认的道德世界。在这个世界里，信托和法律组织大量增加，与潜在的和实际的诈骗行为规模和系统性的大量增加齐头并进。

所有这种漂移的一个明显结果是对核心道德术语的不断重新定义，就像我们在第一章中看到的智识术语一样。这也使得左翼的愤怒和右翼的自以为是得以维持。在左翼，我们看到在使用"父权制"和"压迫"等词来描述美国上层家庭和美国工业中的关系时出现了这种不寻常的漂移，仿佛这些词与游牧部落的家庭或维多利亚时代中期英国的阶级关系非常相似。正如我们在右翼使用"自由市场"一词来描述人类历 *217*

---

① ［译注］米尔肯是美国金融家及亿万富翁。在 1989 年因内幕交易和其他金融欺诈被起诉并入狱，他被判刑十年，但通过后续减刑，只服刑 22 个月便出狱。

上最精心构建和规范的社会结构时所看到的一样。

"包容"的修辞提供了更多的例子。自 19 世纪以来，一种标准的改革修辞一直敦促人们"包容"被排斥在社会核心之外的群体。但将任何群体纳入社会核心，只是重新安排了边缘的位置同时为其他群体创造了新的排斥形式。随着越来越多的群体被纳入，包容主义者不得不转向越来越小的被排斥群体。包容主义的论点一开始是敦促救赎 19 世纪的工人，他们的数量可能占到了全社会的 80%，但现在又以同样的热情为同性恋者和残疾人等群体辩护，他们每个人在当代社会中只占到了很小的一部分。在这个过程中，一个时期的包容/回报——工人们获得生存工资和十小时工作制——被重新定义为另一个时期的排斥/压迫。在社会保障基金的支付义务中添加为盲人提供的小额补助金（建立于补充社保收入 SSI 计划中）引发了相当的不安。而今天的《美国残障人士法案》要求在美国的每一栋公共建筑的造价上增加大量的附加费。

有趣的是，包容论者的修辞有一种绝对的限度。阿喀琉斯与乌龟的逻辑最终会使人陷入一种相抗衡的境地：是维护单个人的利益还是维护社会其他成员的利益？因此奇怪的是，左翼所使用的强烈的包容主义论点，最终通过另一种埃舍尔阶梯式的安排回到了整个辩论的起始立场——极端个人的自由主义。可以肯定的是，现实中这个限度并没有达到。由于大多数问题都受两翼的拉动，而且由于这些道德判断往不同的方向漂移，我们永远不会完全回到洛克式的个人主义。但在这个过程中，随着时间的推移，道德的基本语言会产生一次稳定但不可预测的重新定义。分形的道德结构导致我们对于道德生活的定义具有内在的易变性。

而我们甚至在没有明确政治性的道德系统中也能看到这种漂移。例如，对现代体育的一种功能性解释认为它是公开的暴力活动的代用品；我们通过体育给年轻人提供了一种在无须互相残杀的情况下显示出攻击性的方式。因此出现了一个分形结构，在这个结构中，暴力的战争世界与非暴力的和平世界相对立，体育是非暴力世界中"回归的"暴力化身。然而，即使体育确实在一定程度上替代了随意的武装突袭，*218*它也会被真正的暴力所淹没，因为真正的暴力总是威胁着要越过边界。事实上，我们试图通过制造"善"内部的代用品来遏制"恶"，这似乎几乎不可避免地要失败。为了对抗法西斯，自由民主国家组建了公民军队。但这些"民主"的军队，其行为相当法西斯化，正如梅勒（Norman Mailer）在《裸者与死者》①中令人难忘地告诉我们的那样，也正如这些在军队中服役过的人可以很容易地证明的那样。道德二分法分形的另一面总是会重新出现，而且很少被完全控制。

　　道德体系的这种不可避免的失败——由分形漂移所暗示——带来了严重的问题。我们的政治辩论隐含地（但从未明确地）援用一方想象中的善的世界，一个不会出现邪恶的世界。然而我们的道德判断的分形特征似乎谴责了我们——在我们的正义之城内重新创造邪恶或不道德的事物。当我们创造出好的东西时，我们会在其中发现坏的东西，就像在另一端，我们发现好的事物出现在邪恶中一样（《辛德勒的名单》现象）。这些反复出现的现象表明——在任何社会制度中——我们对道德和政治事务的认知的本质是将其视为善与恶的对话，或包容与排斥的对话，或其他什么对话。我们的判断模式本身就注定了我们永远不会不满意。②

　　道德似乎以分形的方式运作这一点令人深感不安。我们大多数人都希望至少保留一些绝对的道德规则（例如，人们不应因其宗教信仰而遭到灭绝）。即使承认这些规则的存在，我们也会对世界上相对主义的道德与政治判断的杂沓而感到惊恐。但是分形的道德结构与相对主义的道德结构不同。谈起相对主义的道德，就是认为对善的判断仅仅来

---

① 梅勒（[1948] 2015）。

② 基尼利（[1982] 2009）描述了辛德勒现象。

自群体成员组成的不同和任意的利益。注意到道德判断的分形特性使我们反而把注意力集中在人们如何进行道德判断上。而事实似乎是，即使在精神病院、学术学科和资本家的办公室等迥然不同的世界里，人们也会使用同样的道德工具进行判断。所有这些道德决定对于一个外人来说都是可以识别的，因为它们借用了一组共同的词汇，并按比例缩放以适应当时的情况。事实上，这么做也是为了给当时的行动者提供或对或错的行动选择。那么，从科学角度而言令人感兴趣的是道德规则的缩放究竟如何运作，从道德角度而言令人感兴趣的是我们并不像我们通常所想的那样因为道德和政治上的差异而产生分歧。[①]

## 四、分形道德的若干条款

让我总结一下。我在本章开始时就提出了一个经验性的论点，即道德/政治判断和认知判断的混合在社会科学中似乎普遍存在。我最初的例子以学术界道德争论中常见的几种分形区分为基础。其中第一种是个人自由与社会决定论的二分法，这个二分法产生了我的[P]政治

---

① 显然可以把这句话解读为霸权普遍主义的运用，或更广泛地说这一整章都可以这样解读。对此，一位评论人士正是如此指出：这一章试图使"真正的区别"消失，将作者定位为一个"在争论之上"的局外人，并在否定他人经验的同时，利用分形论证挪用他人的经验。我被那句话弄糊涂了，现在还是如此。但我报告这句话是为了表明至少我听到了它。我在这一章的用意是改良。它试图理解我自己和其他人的经验，做法是通过寻找一个普遍主义和特殊主义之间的媒介——或者也许我们应该说一种相互界定的关系。当然，我自己也有很多道德判断，而且对它们毫不掩饰。如果我不认为道德判断值得做出，我根本就不会写关于它们的文章（我也不会是一个完全意义上的人）。但如果我是这位读者看到的不屑一顾的普遍主义者，我也不会写出这样的论证。恰恰相反，我肯定会把许多我不同意的观点捍走，并从第一性原理出发提出一个公理化的论证。但我很多年前就放弃这么做了。我也许没能超越作为霸权话语的单一意识形态，但那是因为缺乏能力，而不是缺乏努力。

家（又细分为真正的结构决定论者和反抗者）和我的[M]道德家（又细分为愧疚的自由主义者和自由市场主义者）。第二种是思想与行动的分化。首先表现为学术界与其他社会行动者的分化，在学术界内部又形成了无数的内部细分。这两个分形结构支撑了我对权力与平等的社会科学分析中所涉及的价值复杂性的分析。我的第三种分形结构是对与错的判断本身，它的指代性、再参数化和分衍性质。我将这一分形结构追溯到了学术界之外的现实世界。

这些论点把分形的概念从知识界和经验世界移到了道德世界。但与前几章的论点一起，它们包含了一些思想，我试图用以回答前言开篇提出的一道非常个人化的问题：怎样才能把全面的智识折中主义理论化？更实际地讲，一个人如何理解这种非常普遍的学术经验，即与接近自己的人就如此多的事情进行过如此多的争论，包括智识上的和政治上的争论？一个人如何理解学术探索的多样性？

但是，在把它们作为智识问题解答了之后——或者至少已经展示了可以用来回答这些问题的材料——我必须要解决的是在此之外的处方问题。如何使这些论证更有成效、更有帮助，减少浪费和伤害，而不是简单地回避其中的复杂性？特别是这些论点对组织智识生活，以及对在象牙塔之外的道德和政治的一般组织有什么影响？我从后一个问题，即关于一般道德的问题入手，然后转向我比较熟悉和比较自在的智识生活问题。

我从基本的问题开始：分形思维是否告诉我们什么是善/好的确切性质？它并没有。一方面，我不曾有一秒钟想象过我知道人类善的内容——好的社会就是每个人都有大量的现代消费品，或者是寿命到达生命周期，或者是成功完成梦和召求（vision quests），或者是与表亲的适当关系，或其他什么。我也不知道恶/坏的内容，也不把好的生活想象为——正如社会向善论会做的那样——由所有坏的部分已经被根除的生活构成。另一方面，如果我不知道善的具体内容，我想我对善——我该怎么说呢？——作为一个方向，有了一个概念。在我看来，毁灭人类事物是坏事，创造人类可以成为的新事物是好事。事实上，这就是我们成为人的原因。蚂蚁社会作为一个社会系统在经验上可能是成功的，但它的一致（uniformity）恰恰令人反感。

在我看来，分形思维似乎可以帮助我们在人类社会过程这一杂沓的创造中进行道德导航。我们希望一个道德思维体系能做什么？第一，我们希望它绝对地排除一些事物，排除一些涉及绝对破坏人类的事物：人类的牺牲、灭绝、对文化的肆意破坏；一个正常运转的道德体系必须有些绝对之处。第二，除了这几样绝对的事物之外，在面对社会世界的广泛差异时，甚至是那些似乎突破了人道极限（limits of the humane）的差异时，我们想要道德体系能够发挥作用。除非一个道德体系能在任何地方、任何时候发挥作用，否则它就毫无用处。它必须既是市民法，一项用于处理与自己一样的人的关系的法律，又是万民法，一项用于处理与自己不同的人的关系的法律。第三，我们希望它能给我们以实际的指导。一个道德体系必须可用，而不是理想化到没有意义。

启蒙运动的美德是看到了这几点需要以某种普遍性为基础。这在
221 禁令（proscriptions）的例子中（上面的第一个目的）已经足够简单了，但在道德面对差异的情况下（上面的第二个和第三个目的）就不那么简单了。启蒙运动的错误在于认为在差异中发现道德的唯一途径就是把道德行动设想为纯粹形式化的，只涉及行动的无内容形态。只有当我们把道德行动设想为在所有的地点和时代都具有相同的形态，我们才能想象它具有足够的普遍性以便在差异中发挥作用。[①]

---

① 这一论点的权威论述当然是康德对实践理性的批判（康德［1956］2016），尤其是第一部第一卷第一章，"纯粹实践理性的诸原理"，第一至第八小节。

分形思维提供了一种思考"相似形态"的方法，它回避了目前已经显得传统的后现代主义对普遍主义的批判，即要么它是无内容的，因而不同于任何形式的实际经验，要么它根本不具有真正的普遍性，而只是某些主导群体的局部道德。如果我们把道德行动想象成在分形社会结构中的行动，那么我们就能以一种新的方式来想象康德说的"要只按照你同时能够愿意它成为一个普遍法则的那个准则去行动"①。再想想我的比喻：回到第一章，在一座城市中的调查者精心制订了一个简单的分岔分形，同时把道德行动想象成一种根据人已在何处，选择下一步要去哪里的方式。清教徒的绝对主义道德规则会告诉大家，比如说，都去左上角。启蒙运动无内容的道德规则会告诉他们在整个城市的范围内向左转（这就是无内容的普遍主义）。但分形法则可能会告诉他们根据当前的轨迹向左转。请注意，就道德行动者在空间中的整体分布而言，分形规则所带来的结果与启蒙规则相比会有很大的不同。因为它把道德从根本上设想为局部的，事关行动者、时间、地点——简言之，以实际社会关系的真实内容为基础。但通过假设道德行动的某种自相似性，它保留了启蒙运动关于道德行为的普遍形态的概念。②

---

　　①　定言令式出现在《实践理性批判》第一部第一卷第一章的第七小节（康德［1956］2016：554）。

　　［译注］categorical imerative 的中译多样，李秋零版本中译为"定言命令式"。作者改写的那句引文出自《道德形而上学的奠基》（参见《康德道德哲学文集［注释版］·上卷》，第38页）

　　②　现在让我们不要试图去想象这个城市的规模在这个特别的类比中意味着什么。注意，我没有回答这个问题：分形概念如何调用真实内容而启蒙概念没有这么做。或许一种思考的方式是借用柯林武德（［1946］2010，第五编第四节，第278～298页）的重演（reenactment）概念。在这个转译中，定言令式变成了"只要按照你能够愿意它成为一个合理的人类在你的时间和地点重演你的经验的那个法则去行动"这就把许多困难的问题赶到了重演的定义中，以及需要多少"你的经验"的问题。但它指向了我所想的方向。经典民族志的道德立场背后正是这种重演的观念：一个人不能真正理解另一个人，但这是唯一值得尝试的事情。普遍主义也许是不可能的，但没有什么比得上人类计划。正如泰伦提乌斯所说："我是人，我觉得人所具有的一切我都不陌生"（参见本书第一章，注7）。

考虑一则例子。全世界都有人正在挨饿至死。我为什么不把所有的钱都给他们购买食物呢？我们当然都可以讲述各种故事来回应这个问题：钱会被浪费；会助长让人变得更糟糕的行为；一个人应该反抗让他们挨饿的制度，等等。不管左中右，我们都可以相当合理地解释为什么没有这样做。当然，这些解释都是合理的；几乎所有的人都认为防止另一个人饿死是我们的义务，然而几乎没有一个人这样做。解释我们为何不这样做是一道简单的问题。但更难的在于是否可能有一些规则来判断——我们该怎么说呢？——来更现实地判断我们在这一特定的道德困境中的行为。事实上，我们中几乎没有人会放弃自己的一切。然而同样，我们需要对真实的可能性做出真正的道德判断，这样我们就可以现实地设想出正确的行为（比如，放弃我们所拥有的一部分）。我们也不需要选择如此昂贵的例子。在成为道德上的罪过之前，我可以忽略自己的孩子到什么程度？作为一名编辑的正确行为是什么？作为一位同事呢？作为一个终身教职评审呢？

正如这个例子所示，在现实中，关于道德的问题不在于我们行动的适当形态（proper shape）——这似乎能很好地以分形"形态"的概念来理解，它是我们在某一情形中思考道德的可扩展模型——而在于决定我们的道德相关区域（zone of relevance）的适当大小，即情形的大小。放在城市分形的框架中，在决定向左转的时候我们要考虑多少过去的轨迹？实际上，现代政治中的大多数道德争论正是以这种相关区域的问题为形式的。例如，在各种"共谋"的争论中都有这个问题：奴隶制、灭绝犹太人、资本主义压迫等。

分形的概念不仅使我们能够在没有统一性的情况下获得普遍性，并发展出一种道德相关性区域的概念，还使我们能够以新的方式思考正义和自由哪个相对更重要等问题。<sup>①</sup> 我所说的正义，是指一个社会中道德行动的总体结果。显然，任何正义的制度都不应该压制人的差异，因为产生不同的作为人的方式（different ways to be human）是人类社会生活相对于昆虫社会生活的光荣所在。事实上，清教主义以及所有原教旨主义伦理体系的邪恶之处在于，通过在道德生活中大肆扩张绝对化的领域，它们压制了创造新的为人的方式，从而压制了人本身。康德摆脱清教主义的方式是把内容从道德中抽离出来，并用一种形式来代替它。尽管也许他仍在这种形式中坚持一个统一的方向。因此我已经指出了，在清教徒的世界里，道德行动的形式是每个人都做同样的事情。而在康德的世界里，道德行动的形式是每个人都向着同样的普遍方向移动。显然，这些规则——道德行动在整个社会空间中的总体分布，或者说我所说的正义——结果非常不同。一种分形行动规则的总体结果更是不同，这种规则分离了三类事物：内容（分形概念和康德概念都将其视为变化）、道德行动的形式（我们可以考虑与康德规则不同的形式）和相关区域（康德忽略了这一点）。因此，在承诺用分形的术语来反思正义的时候，我们所要讨论的领域要比其他任何一种观点都要多样化和概念化。<sup>②</sup>

这些区分使我们能够对正义与自由之间的传统辩论采取新的观点。在通常的争论中，正义和自由对立，甚至是互为反题的术语（因此，人

---

① 请注意，这里的自由并不意味着一种经验属性（如本章第一节所述的分形），而是作为个人经验的积极价值方面的自由。

② 我很清楚我在某种程度上是在讽刺康德。他的观点在很多方面都是分形的。从某种意义上说，他特别希望通过向形式道德的转变来超越内容限制（即地方主义）。当反思康德的观点时，我们可以看到分形观点中有一些可疑之处，因为分形作为压缩映射的概念意味着局部的（个人的？）道德行为在某种程度上是跨语言（社会性？社会的？）道德行为，这似乎令人担忧。事实上，我对此的反应与社会生活总是地方性的观念有关，即使我们想到"资本主义的崛起"这样的宏大进程，但这必须等待另一本书来回答。

第七章　男人的自私 | 273

们可能期望我把它们看作一对直接的分形，就像我早些时候对自由[在不同意义下]和决定的看法一样)。自由是个人和个人决策的属性，而正义是整个社会系统的属性。大多数政治理论相信它们之间存在着某种权衡，即一个社会的个人自由越多，社会的普遍正义就越会受到威胁，反之亦然。但从分形的角度看，两者之间的关系不同。正义仍然是一个社会中的道德行为(共同的和个人的)集合体所产生的一种涌现属性。但是由于我们现在允许多种尺度上的道德行动，即便总是遵循同样的形式规则，总的结果也不是立刻就显现出来。行动自由多寡的后果成为一个经验性的问题，它是相关区域的模式和产生局部决策的道德规则的实际形式(分形生成器——它不一定是康德的定言令式，也可能是其他重演规则)的函数。

224

因此，道德的分形取径的目的是给我们提供一种方法——使道德行动既具有普遍性的一面，又具有特殊性的一面——以扩展启蒙运动的观点。这个目的通过再生产不同地点、不同时间、不同尺度的被普遍理解的道德行动的"形态"来实现。正如前一章所论证的那样，这给了我们一种不需要同一性的团结(solidarity that does not require same-ness)。那么，与康德的观点一样，这种分形观念也就介于绝对道德规则和绝对道德相对性之间。但通过承认局部和具体，它摆脱了启蒙主义的无内容的普遍性。以这种方式思考道德，也为我们做好了准备，更好地理解正在进行中的一些道德争论：再参数化的游戏和原教旨主义的推动力(分衍的道德等价物)。它还为我们提供了重新安排道德行动的新思路——改变有价值的相关性区域或改变我们设想的道德行动的基本形态。它甚至为我们提供了一种新的方法来解决传统问题，如自由与正义之间的权衡。

但这一切都通过道德行动层面的推理来实现。我是[M]道德家，我已经从[P]政治家的价值冲突问题本身中抽离了出来。道德的分形方法允许有真实的内容，但当构成该内容的价值直接产生冲突时，会发生什么呢？

## 五、没有层级的差异

用最直白的形式来问，关于价值冲突的核心问题在于是否可能保留价值差异而不将差异与偏好混同起来？在没有优劣之分的情况下，能有差异吗？这当然是自由主义的伟大梦想。具有讽刺意味的是在此意义下，那些敦促我们实行差异政治的人是古典自由主义最明显的继承者。

自由主义的目标是提出一个绝对平等的前景领域——公民权——其中每个人在原则上都平等，并坚持认为这个领域是纯粹过程性的，也就是说，它缺乏实质性的内容而只是由合法的过程构成。根据这种观点，价值差异可以安全地存在于个人的后景中——私人领域——而不损害平等的前景。这一策略的问题很简单。正如 19 世纪所表明的那样，经验性的结果是公共领域只不过帮助重现甚至推进了私人领域的实质性不平等。尽管精英们长期以来一直假装这些不平等由价值差异造成，因而是合法的，但大规模的反抗迫使他们改变了自己的想法。解决这个问题的办法就是福利国家，这是一个可以与我在前一节中提到的绝对禁止(absolute proscription)相提并论的绝对底线。[①]

福利国家本身围绕某些社会期望(如对家庭的期望)而组织，这种组织方式起初将其他实质性的不平等(如性别不平等)完全排除在政治领域之外。当然，社会变革迅速解决了其中的一些不平等现象——从

---

① 正如 Novak(1996)和其他许多人所展示的那样，对私人的不管制实际上是一种幻影。自由社会只是减少，但并未停止对私人生活的管制。另参见杜威([1954] 2016)第三章，他讨论了制度带来的"自由"问题。

20 世纪 30 年代中期开始，已婚妇女涌入了美国劳动力市场。而最终，美国的自由主义在整个 20 世纪导致了各种意义上的政治领域的逐步稳定扩张。但请注意，政治与非政治的边界的变化继续回避了一个问题：自由主义是否真的能提供一种实现没有层级的价值差异（value difference without hierarchy）的方式？①

正如我多次指出的那样，处理价值差异的另一种经典方法来自帝国的政治理论。让我们把社会世界想象成一系列独立、平等的群体，具有或多或少的不变的自我特性。如果有某种外部权威来决定它们的争端，那么这些群体间尽管存在差异，但仍可以共存。当然这几乎算不上是一种解决方案，因为它只是假设了外部裁判的存在，并没有对该裁判施加任何约束，因此也无法解决当与裁判本身的价值发生冲突时的问题。诚然，从历史上看，过去的伟大帝国城市在当时的时代往往是一个令人惊讶的极宽容的地方；比如说，人们会想到早期哈里发国家的宗教宽容政策。但是，这种制度的平等，归结起来就是被征服的平等。②

简言之，这两种观点都没有真正为我们提供一种不分层级思考差异的方式。一种观点归结说我们应该创造一个梦想的世界，在这个世界里，我们假装差异不存在；另一种观点则说，我们应该找一位老大哥来为我们解决问题。

在过去的三十多年里，用来反思无层级的差异的最重要的例子就是两性关系。让我们暂且搁置一下 20 世纪围绕两性关系发生的社会变

---

① 请注意，后现代主义的常见立场"一切都是政治"与 16 世纪和 17 世纪清教徒的立场完全相同，即国家不愿意容忍他们的不容忍，这一点构成了国家对宗教的干涉。对清教徒来说，一切都是政治性的，也就是说，一切都是宗教的一部分，这是他们在马萨诸塞州积极实践的观点。参见沃尔泽（[1965] 2016）。

② 参见哈济生（[1974] 2016）第二册第二章，"专制政治的兴盛期"。

革，这些变革同时带来真实的改变和分形的再参数化，改写了"父权制"的定义，使其被认为长期存在。让我们反思一下，人们如何能想象一种性别关系体系，在这种体系中真正的性别差异仍然存在，但并没有与任何形式的层级联系起来。很明显，正如我一再指出的那样，性别关系由分形驱动。是否有办法来理解这种分形结构，而使其最终不意味着从属关系？

似乎有两种可能性。在本书中，我多次提到了一些奇怪的系统，在这些系统中，某种区分被带到了一个极限，最终变成了它的反面。我通常将其称为埃舍尔的阶梯，指的是著名的 M. C. 埃舍尔（M. C. Escher）的版画作品，在这幅作品中，四条上升的楼梯围绕着画面的四面行进但最终又回到原处。阶梯的例子是第三章中的极端建构主义转向绝对实在论，以及本章前面提到的极端包容主义转向个人式的自由主义。因此，分形系统可以发展出一种循环，使其具有秩序而又无需层级。[①]

另一个没有层级的秩序概念来自无根分形（rootless fractals）的概念。我通常把分形表示为从单一主根开始，进而分岔，再分岔等。但如果像努尔人世系的经典案例中那样没有任何原始主根，而只有无限的倒退，那该怎么办？在这种形象中，比如，上一章讨论的性别分工，并没有任何"一切的起源地"，有的只是当前已知的增殖系统的知识。

227

---

① 实际上，首先重要的是循环，而不是分形。因为"存在秩序但没有绝对的顶部或底部的特性"是任何循环系统的属性。事实上，回顾上一章中关于性别分化作为声望层级的讨论，我们可以推测，如果人们认为性别等级嵌入在一个正曲率空间（如一个环）中，会产生什么样的结果？在这种情况下，层级结构相互流动，没有顶部或底部。但现在还不清楚说"性别等级可以像埃舍尔阶梯一样嵌入一个环"在实质上意味着什么。这似乎意味着两支不同的世系，有不同的价值观。这反过来又表明了19世纪的观念，即在某些系统（公共生活的次级领域）中，男子优于女子，在另一些系统（家庭生活的主要领域）中，女子优于男子。今天的许多作者不会认为这种系统体现了没有层级的差异。

我们已经失去了当前的主根在过去是属于这一回事还是另一码事的信息。两性关系在历史上也是如此。只是通过分形的再参数化，当前社会中的男性角色与一些更早时代的强势男性角色产生了很多共同点；即使按照维多利亚时代的标准，今天的男性也已经被拔掉了獠牙。至少，即便关系的形式依然存在，但在这种观念下人们可以设计出模型来理解从属关系的实际内容是如何被大大缩减的。

但是这种换位仍然给我们留下了一种形式，一种名为从属关系的差异。女性可能已经获得了财产权、选举权、在劳动力市场上近乎平等的地位，以及其他许多东西，但人们仍然会发现上一章中描述的那种奇怪的自相似的性别结构。也许关于无根分形的一种更好的形象是简单的同心结构。比如说，男性气质（maleness）是任何一层的内侧，女性气质（femaleness）是外侧。就像洋葱一样，这种同心系统在自相似的意义上是分形的，但它也具有非循环秩序的属性（因此也具有真正的"差异"）。如果我们假设它可以随心所欲地变大或变小，那么没有任何类型可以确定为系统最终的顶部或底部（这样一个由同心差异构成的系统，似乎正是多丽丝·莱辛[Doris Lessing]在她的一部科幻小说中所设想的）。[①]

因此，分形的隐喻确实为我们提供了一些开始思考差异而无需层级的方法。虽然只是一个开端，但它们表明用分形的术语来思考差异并不自动意味着强加价值差异。

然而，就目前而言，这种理想并不是问题所在。相反，我们看到的是一种政治的景观，它在分形社会结构的假设基础上运作，然后试图操纵这种分形社会结构。正如我们在前面提到的阿喀琉斯论证中看

---

① 莱辛在《三四五区间的联姻》中讨论了一系列无休止的区间（莱辛[1981] 2008）。洋葱是性别关系的一个很好的比喻。像性别一样，洋葱让我们哭泣。

到的那样，这些操纵往往采取的形式是只关注某些事物或某些分形的方向，而不是看到人类创造的广大范围。

因此正如我前面所提到的，向善论者玩弄自由主义的制度，试图将事物从私人领域推到公共领域，最终重塑一个一元化的世界。反对者给他们贴上了政客的标签，这是他们所欢迎的。与他们作对的是保守派。保守派试图把事情推到另一个方向，因此被视为那些"消去"了政治的人，那些隐藏事情的人。正如我所言，这些争斗的发生，最常见的方式是通过争夺分形相关区域。道德决策的实际形式，或者说如我所说的重演（reenactment）的形式，则较少引起人们的注意。

也许这种区域问题无法解决，我们应该把更多的精力放在反思我们的道德选择的形式和特征上，形成一种更清晰的重演概念。我们面前有非常明显的例子，说明试图通过操纵道德区域来解决我们的价值冲突只不过是徒劳。其中最可悲的是民族主义问题。在整个 20 世纪，人们都试图通过民族自决来解决民族主义问题。但如果人们在地理空间上严重混杂，在一个民族周围画一条线只会在民族内部制造出更多的少数民族。如果再在他们周围画线，那只会在飞地内继续制造出少数民族——也许是"更大的"多数民族——以此类推。在一个相互渗透的世界里，"民族自决"在逻辑上不可能。这种逻辑上的不可能是一个可悲的隐喻：它试图通过改写我们的道德区域感来解决道德冲突。然而无论所涉及的领地是国家、学校、教会或职业，差异的无休止的相互渗透都同样存在。

然而，我不会以这样的说法来结束这个分析。在许多方面，我们的乐观或悲观都来自由我们任意选择看往某一方向。那么让我在结束对道德的讨论前，再谈一谈道德分工的未来。

经典作者们都认识到，分工本身有两个方面：产品分工和任务分工。当然，正是后者引起了斯密的钦佩和马克思的愤怒。但事实上，

228

第七章　男人的自私 ｜ 279

这两者并没有本质的区别。一位马克思主义的工匠如果制造出一个完整的产品并与一位农业生产者交换，那么在逻辑上，他就是一名专家，这与流水线上的操作工或手术室的护士在逻辑上是一样的。在一个真正的温饱社会里，我们会发现工匠和务农者的生活都不完整，就像马克思发现车间工人的生活和现在的批判者发现护士的生活不完整一样。也就是说分工是一种自相似的社会结构。我们把结构中我们认为在文化上可以接受的部分称为产品分工，并容忍或欣赏它。我们把精细结构中那破坏我们自身意识的部分称为任务分工，并厌恶它。也就是说，分工的两个方面实际上指的是我们可以从社会结构中的立场出发，往两个方向去看。

229　　由此可见，即便价值也非绝对的尺度，而是最终由无尽的分形再生产所带来的嵌套尺度。在集中营里，普里莫·莱维（Primo Levi）告诉我们，自由由最微小的自我行为构成。在中国，民主不是美国人想象中的无政府状态，就像非洲农民不把美好生活想象成由商场和红绿灯组成一样。在任何一种特定的人类情况中，价值是一种方向，是一种根据自身道德条件对情况进行排序的方式，而不是强加一种内容的方式。

　　社会结构的分形概念及与之相伴的价值的分形概念，意味着我们对创造美好社会的尝试进行了相当彻底的反思。它们意味着没有单一的好社会，存在的是在任何情况下对正义的普遍追求。这可能不符合绝对主义的感性，不管是保守派还是激进派。但它是真正的人道感性的唯一基础。

　　幸运的是，对于我们这些担心世界最终会变成只有一种语言、一种郊区生活和一种文化的"美国式民主"的人来说，社会结构的分形特征为最守旧的社会提供了无限的分裂性。即使在布鲁德霍夫（Bruderhof）的宗教圣地里每个人都远远超过了外界所能想象的无私奉献和牺牲的标准，但成员们还是会发现一些偏异者，那些还不够无私的人。无论大众社会如何趋于一致，对于那些能够记住或曾经实践过其他生活方式的人来说，总会有可能在这种一致性中重新创造出无数的区分。这些区分可能不是我们所关心甚至可以想象的，就像伊丽莎白时代的人无法关心或想象扶轮社和专业协会之间的区别一样。对于我们这些前辈来说，它们可能显得令人心寒。但对于身处其中的人来说，这些区分将提供一切必要的差异，以便继续讨论和争论自由与宽容、正义与公平等古老的人类问题。

## 六、社会科学的未来

在这一章的最后，我想用几句话来谈谈学术价值。在前几章中，我一直在论证，我在社会科学中看到的分形过程不仅是一种对所发生事情的模式，也是一种社会科学如何进行的模式。现在，在对分形价值体系如何运作——也就是说，对正确行动的分形理解意味着什么——进行了一些反思之后，我们已准备好了来思考学术价值，思考 230我们作为社会科学家应该如何行动。

当然，从某种意义上说，这种分析带有一定的辩护性。说起某人有一种探究的模式，而且这个模式不仅是描述性的，也是规定性的，那么——用最丑陋的方式说——即是说"存在的即正确"。然而如果从最好的角度看，把它看作[M]道德家立场的一个版本，那么提出这种双重主张就等于说一个人接受了社会科学事业的广义人性，而不会对其中的人说，他不明白什么是真正地了解社会。从这个意义上讲，我采取的是[M]道德家立场。此外我还认为，正如我的分形行动论证对道德行动所持的立场一样，科学思维包含着一种普遍性的活动形式，这种活动形式既是普遍性的，但又以适合社会科学家工作的地方性的方式重演。因此，我对社会科学实践提出的建议，本质上就是要谈论这种活动形式的最佳版本。

正如我们刚才所见，这也是为了讨论区域定义的问题。然而就像族裔问题一样，我觉得通过扩大社会科学的相关区域来修补社会科学的尝试失败了。为了跨学科而跨学科是一种失败。博特说，跨学科的重要之处在于跨学科的接触改变了每个研究者，而不是说它创造了宏大的新的努力区域（参见本书第五章第二节），她说得很对。重要的是科学展演（enact）的形式，而不是社会科学家试图界定其工作"善"的区域大小。

那么社会科学的目的就是要认识社会事物，认识没有数字的事物，认识有趣的、系统的、好奇的、不可思议的、明显的、复杂的事物。至此没有读者会怀疑，我认为这种致知（knowing）有两个方面：一是对可能认识的事物的想象，二是将这些想象应用于我们所面对的社会世界。分形模型向我们展示的正是如何去寻找新的知识领域；我们重新安排自己的分形效忠。我们拆解传统的混同。我们通过在一个小小的分形选择上翻转自己的立场，从而走出死胡同。也许，我们突然决定援引语境；也许恰恰相反，我们决定抽象孤立地考虑我们的问题。也许我们轻率地做出一项假设，看看它将把我们带到哪里；也许恰恰相反，除了最安全的假设外我们排除其他所有的假设。无论我们在哪里，创造性的方式就在于和我们用来产生社会生活概念的分形思想体系玩耍。事实上，跨学科正是这个过程的代表。与他人接触的真正效用在于为我们开辟了新的选择——不是成为他们的样子，甚至不是直接窃取他们的方法论——而是在我们自己的地方和时间下，用我们自己的材料、依靠我们自己的传统将他们的展演展现出来（enact what they enact）；简而言之，就是进行一次翻译。

这些方法论上的转变带来了一种深刻的激动人心的感觉。而社会科学围绕这些转变运作的方式也非常美妙。我们的工作是一项情感的事业。我曾不时提到这些情感：第二章中唯科学主义的坚定美德，第三章中反抗与理论上的一致性所带来的令人兴奋的愉悦，以及本章中自以为是带来的快感和自满带来的享受。对我来说，最主要的情感是对社会生活的各种可能的认识方式所带来的惊异感。这就是作为一位折中主义者的意义所在，这就是为什么我必须想出一种对社会科学知识的构想方式，让我有一种包容一切美好的方式。正如我在开篇就说过社会科学是进步的，但非积累的。它可以，也确实会忘记。但它的演进很精彩，值得我们去观察。而从其基本思想那无穷尽的组合中生长出来的越来越多的复杂性，本身就是一种成就。

# 主题索引 *

## A

academic careers 学术生涯，24-26，148-150

academic politics 学术政治，198-205

academic system 学术系统

    — in Europe ～在欧洲，123-125

    — in the United States ～在美国，122，125，127-131，134

Achilles paradox 阿喀琉斯悖论，215，217，227

affinities of objects and theories 对象和理论的附属，35-36

affirmative action 平权运动，170-171

AGIL scheme AGIL 模式，166，169，171

alternation 交替，83，88. See also extremism；fractionation 另见极端主义；分衍

American Sociological Association 美国社会学学会，68，75，103，105，108-109，112-113，132

    — Comparative and Historical Sociology Section 比较与历史社会学分会，104-107，109

Anderson，P. 佩里·安德森，101，112

anthropology 人类学，140，142-143

anxiety，literature on 压力文献，39，42

Army 陆军/军队，172，178，181，218

## B

Barnes，B. 巴里·巴恩斯，77-79

basket structure 提篮结构，129，148

Becker，H. S. 霍华德·贝克尔，24，64，67-68，73-74，76

black bourgeoisie 黑人资产阶级，158，178

Bloor，D. 大卫·布鲁尔，77-78

Blumer，H. 赫伯特·布鲁默，63-64，75-76

bureaucracy 科层制，165，183

## C

cabriolets 敞篷马车，167

---

    * 索引中标明的页码为原书页码，即本书边码。正文中为了上下文的顺畅，较长的主题词可能会略有调整，跟索引中的译法不尽一致。

canons 正典，149-151

capitalism，moral life of 资本主义的道德生活，213，215-216

capture，as source of self-similarity 俘获作为自相似性的来源，175

caste system 卡斯特体系，158，172

categorical imperative 定言令式，221，224

causality 因果，117，119

choice vs. constraint，dichotomy of 选择和约束的二分法，10-11，13

Christian Church，as self-similar 基督教会作为自相似，176-177

Christianity 基督教，199

Cicourel，A. 亚伦·西克雷尔，64，67，71，74

citizenship 公民权，224-225

clientelism 庇护主义，165，168

college major，as a social structure 大学专业作为一种社会结构，127-128，134-135，150

Collins，H. 哈里·科林斯，77-80

commodification 商品化，147

communications revolution 通信革命，185

comparable worth 同值同酬，87

complacency 自满，208，212

complexity as an ideal 复杂性作为一种理想，234

complicity debates 共谋争论，222

comprehension of the alien 理解陌生，18-19，20，34-37，44，50-53，59，91，199. See also remapping 另见重新映射

comprehensiveness as an ideal 全面性作为一种理想，234

concept of …… 的概念

— alternation 交替～，83

— basket structure 提篮结构～，129

— capture 俘获～，175

— constructionism 建构主义～，61，65

— contraction mapping 压缩映射～，166

— differentiation 分化～，22

— division of labor via bubbling 起泡式的劳动分工～，126

— dual institutionalization 双重制度化～，129

— fission 裂变～，173

— fractionation 分衍～，26

— fractal 分形（○）

  * cycles ○周期/循环～，22

  * differentiation ○分化～，22

  * distinctions ○区分～，9

  * role conflict ○的角色冲突～，178

  * scales ○尺度～，186

— freedom 自由～，222

— fundamentalism 原教旨主义～，224

— generational paradigm 代际范式～，23

— justice 公正～，222

— microcosm 微观世界～，170

— nesting similarity 嵌套相似～，165

— ossification 僵化～，174

— parallel similarity 平行相似～，165

— professional regression 职业退守～，145

— reenactment rule 重演法则～，224

— regression systems 倒退系统～，176

— reparameterization 再参数化～，196

— self-similar social structure 自相似的社会结构～，165

— settlement 解决方案～，136-137

— syncresis 综摄～，43

— zone of comparison 比较区域～，186

— zone of relevance 相关区域～，222

condescension 不屑一顾/居高临下，207-208

conflict vs. consensus, dichotomy of 冲突和共识的二分法，10，17-18，36

conservatism 保守主义，199，227

construction vs. realism, dichotomy of 建构论和实在论的二分法，10，28，60，66-77

constructionism 建构论/建构主义，17-19，21，24，36，61，65，142

— conflations ～混同，65

— constitutive 构成性～，62，64，90

— history of ～的历史，61

— ideological 意识形态～，63-64，71，90

— lacking a politics ～缺乏一种政治，87

— rediscovery of ～的再发现，17-18，60

— virtues of ～的美德，84，88

contraction mappings 压缩映射，166，168-169

cost accounting, as self-similar 成本核算作为自相似，174-175

creaming, as source of self-similarity 提取作为自相似性的来源，176

credential inflation 文凭膨胀，196

— as source of self-similarity ～作为自相似性的来源，175，177

criminology 犯罪学，69，72，134

— critical 批判～，73-74

culture 文化

— change, external and internal accounts of ～变革，外部和内部的解释，3-4，13-14

— conflation with history ～与历史的混同，119

— and personality literature ～与人格的文献，133

— redefinition of term 重新定义～这一术语，20-21

**D**

democracy 民主，229

departments（university）（大学）院系，125-127

descriptive vs. causal methods, dichotomy of 描述与因果方法的二分法，10

deviance 偏异，64，67，73-74，78，93，

178

— as source of self-similarity ～作为自相似性的来源，169

Dewey，J. 约翰·杜威，17，62

dichotomy of ……的二分法

— choice vs. constraint 选择与约束～，10-11，13

— conflict vs. consensus 冲突与共识～，10，17-18，36

— constructionism vs. realism 建构论与实在论～，10，28，60，66-77

— descriptive vs. causal methods 描述与因果方法，10

— emergent vs. individual level 涌现与个体层面～，10，28

— freedom vs. determinism 自由与决定～，202-203，205，208，219

— narrative vs. analysis 叙事与分析～，10，14，28，91-93，102，104，113-114，117-118

— pure vs. applied knowledge 纯粹与应用知识～，10-11，37

— rhetoric vs. objective argument 修辞与客观论点～，19

— right and wrong 对与错～，219

— situated vs. transcendent knowledge 情境与超越知识～，10，28

— social structure vs. culture 社会结构与文化～，10，12，28

— thinking vs. doing 思考与行动～，203-205，219

— universalism and particularism 普遍主义与特殊主义～，219

difference 差异，222

— creation of ～的产生，229

— without hierarchy 没有层级的～，224-229

differentiation 分化，21-22，169，174

disciplinary mainstream 学科主流，25，86

— history 史学～，14，96-97

— sociology 社会学～，14，17，93-94

disciplines 学科

— as policy advisors ～作为政策顾问，143，146

— audiences of ～的接收者，141

— axes of cohesion ～凝聚力轴，144

— axes of extension ～延伸轴，139-140

— clienteles of ～的客户，140-141

— credential system of ～的文凭系统，140

— cultural functions of ～的文化功能，130-131

— cultural structure of ～的文化结构，140，147-149

— dual institutionalization of ～的双重制度化，126，129

— ecology of ～的生态，137-139，150-153

— hierarchical alignment in natural sciences ～在自然科学中的层级排列，140

— interpenetration of ～的阐释，142-143

— literature concerning 关于～的文献，122

— margins of ～边缘，139

— prestige within ～内的声望，145-146

— regression of ～的倒退，145-147

— social structure of ～的社会结构，123-131，139-141，148-149

— stability of ～的稳定性，123，152

division of labor 劳动分工，183

— academic 学术～，136-153

— via bubbling 起泡式的～，126，138

— moral future of ～的道德未来，228

Durkheim, E. 埃米尔·涂尔干，61，65-66，83，124，152，165，174，183-185

**E**

eclecticism 折衷主义，24-25，219

economic history 经济史，97-98

economics 经济学，6，11-13，22，36，132，140-143

emergent vs. individual level, dichotomy of 涌现和个人层面的二分法，10，28

empiricism 经验主义，83 vs. theory ～与理论，100

England, councils of, as self-similar 作为自相似的英国谘议会，174

English literature (discipline) 英语文学（学科），140，144-145

Enlightenment 启蒙运动，220-221，224

equality 平等，208-210，226

— absence of concept of ～概念的缺席，210

— concepts of ～的概念，208

— debates, ritualistic quality of ～争论的仪式性特性，209

— negative concept of ～的消极概念，210

— as a presumption ～作为一种前提，198，200，207-208

ethnic self-determination, as fractal problem 民族自决作为分形问题，228

ethnicity 族裔，230

ethnography 民族志，68，93

ethnomethodology 常人方法论，11，62，65，74-75，96

Evans-Pritchard, E. E. E. E. 埃文斯-普理查德，11，15，81，157，171

exchange systems, as self-similar 交换系统作为自相似，167

exposés 曝光，212-214

extremism 极端主义，12-13，81-86，89，202

**F**

false consciousness 虚假意识，207-208

feminism 女性主义，6，24，57，85，

110，181，196，210-211

fission 裂变，173，177. *See also* fractionation 另见分衍

Fogel, R. 罗伯特·福格尔，97，99，103

foreshortening 缩距，189

fractal 分形

— classification ～分类，187，189

— cycle ～周期，22-27，32-33，96，119，136

— differentiation ～分化，22

— distinctions ～区分，9-16，29，34-36，43，57-58，91，104，115，120-121，147-152

　　* affiliation of ～的附属，28-32，113

　　* in time 时间中的～，15-21

　　* resolving 解决～，92-93

— dynamics ～动态，147

— ingestion ～摄入. *See* comprehension of the alien 另见理解陌生；remapping 重新映射

— model as model of discovery ～模型作为发现的模型，230

— morality ～的道德，220-224

— role conflict ～的角色冲突，178，181

— scales ～尺度，186-196

　　* increase of local disagreement ～增加局部分歧，193-194

　　* interactional implications of ～对互动的可能影响，190-194

　　* methodological implications of ～对方法论的可能影响，186，190，194

　　* middle shift of ～的中间移动，186，191-192

　　* perception of 对～的认知，187

— social structures ～的社会结构. *See* self-similar 另见自相似

— social structure of moral argument 道德的～社会结构论点，212-219

fractals 分形［名词］，9

— and filling space ～与空间填充，30-32

fractionation 分衍，26，60，67，77-81，83-86，91，175-177，216，219

— as ossification in reverse ～作为逆向的僵化，175

free market 自由市场，201，217

free marketers 自由市场主义者，202，210，219

free riding 搭便车，215

freedom 自由，222

— concepts of ～的概念，205

freedom vs. determinism, dichotomy of 自由与决定的二分法，202-203，205，208，219

French Revolution 法国大革命，174-175，179-181

functional differentiation 功能分化，168-170

fundamentalism 原教旨主义，224

## G

Geertz, C. 克利福德·格尔茨，21，130

gender 性别，113

— division of labor ～的劳动分工，159，227

— relations ～关系，226

— segregation in occupations 行业中的～隔离，159-165

generalism vs. specialism 普遍主义和专科主义，6

generational paradigm 代际范式，23-25，69，76，92-93，119，148-149

Giddens, A. 安东尼·吉登斯，115，182

Gieryn, T. 托马斯·吉伦，77-80

Gilbert, N. 奈杰尔·吉尔伯特，77-80

Goffman, E. 欧文·戈夫曼，24，67-68，115

Gouldner, A. 阿尔文·古德纳，15，28，73，75，81，86

grade inflation, as a fractal process 成绩膨胀作为一个分形过程，195-196

graduate education 研究生教育，20，27

Gramsci, A. 安东尼奥·葛兰西，63，83，208

guilty liberals 愧疚的自由主义者，202，219

Gutman, H. 赫伯特·古特曼，99，103

## H

Habermas, J. 尤尔根·哈贝马斯，77，182

hegemony 霸权，207-208

hierarchy 层级，129，165，167-170，172，177，179-181，184-185

historical demography 历史人口学，96，104，107，113

historical sociology 历史学会学，14，25，92，94-96，100-109，111-112，114-118，120

historicism 历史主义，129，152

— in social science 社会科学中的～，36

history 史学，14，97，143

— political arguments in ～中的政治争论，99

history/sociology dichotomy 史学/社会学二分法，114-118

History Workshop 历史研讨会，100，103，111

humanities 人文，6，18，22，123，142，146

hypocrisy 虚伪，208，212

## I

Inter-University Consortium for Political and Social Research (ICPSR) 政治与社会科学校际数据库联盟(ICPSR)，97，104

idealism 理想主义，66

identity politics 身份政治，135

inclusion 包容，217

— concepts of ～的概念，211

incommensurability 不可通约性，210

indexicality 指代性，12，27，70，147，159，179，181，219

inequality 不平等，199-201，208

— concepts of ～的概念，208-210，212

insider trading 内幕交易，213

insurance systems, as source of self-similarity 保险系统作为自相似性的来源，176

interactional field 互动领域，122，128，136

interactionism 互动主义，96

interdependence 互相依存，183

interdisciplinarity 跨学科性，130-133，136，142，150，230

— dependent on disciplines ～依赖于学科，135

— as problem driven 由问题驱动的～，134

— stability of ～的稳定性，134

interdisciplinary borrowing 跨学科借用，143，151

interdisciplinary bridges 跨学科的桥梁，109，111-114，119，143，148

interpretation 阐释/阐释主义，65-66

interstitiality 间隙性，6，15，18，20，35-36

*ius gentium* 万民法，5，212，220

J

justice and freedom, as dichotomy 公正与自由作为二分法，222-223

K

Kant, I. 伊曼努尔·康德，7-9，62，65，221，223-224

Kitsuse, J. 约翰·喜津濑，67，71，75-76，81，89

Knorr, K. 卡琳·诺尔·塞蒂纳，79-80

knowledge 知识

— axiomatic 公理化的～，5，33

— level of abstraction of ～的抽象层次，130，135，137，145

— local 地方/局部知识，5

— loss of ～的丧失，31-32

— objective 客观的～，13

— partial 部分～，130

— redefinition of ～的重新定义，137

— universal 普遍～，4-5，32

L

labeling theory 标签理论，24，67-77，86，88

labor markets 劳动力市场，158

language, self-similar structures in 语言中的自相似结构，158

Laslett, B. 芭芭拉·拉斯利特，106，108

levels of temporality 时间性的层次，115-

117

Lévi-Strauss，C. 克洛德·列维-斯特劳斯，12，64-65，152，158

liberal guilt 自由主义负疚，201-202

liberalism 自由主义，199，201，205，217，224-225，227

linear scales 线性尺度/量表，9，14，159，164，202，208-209

Lynd，R. 罗伯特·林德，132，146

**K**

Mannheim，K. 卡尔·曼海姆，17-18，21，63，81

marked categories 标明的范畴，204，211

Marx，K. 卡尔·马克思，12，152，174，210，228

Marxism 马克思主义，17，24-29，63-64，74，94-95，99-102，111-112，200-202，206，208

— culturalist 文化～，26，99，101

Marxist history 马克思主义史学，109-110

materialism 唯物论，66

Mead，G. H. 乔治·赫伯特·米德，17-18，21，62

meliorism 社会向善论，227

mental hospital，moral life of 精神病医院的道德生活，212-214

mental hygiene，literature on 精神卫生运动的文献，41-42

Merton，R. K. 罗伯特·默顿，77，79

metaphor 隐喻，196

methodology 方法论，16

— fractal rules for ～的分形规则，5，30，32，35

— models of ～的模型，5，53-55，57，59

metonymy 转喻，52

micro vs. macro 微观和宏观，100，102

microcosm 微观世界，3-4，170-171，177

mind/body，literature on 心灵/身体文献，39，42

modernity 现代性，42，51-52

modernization 现代化，133

monism 一元论，91-92

Montgomery，D. 戴维·蒙哥马利，99，112

moral 道德

— absolutism ～绝对主义，221，223

— action in academic work 学术工作中的～行动，203

— divisions，smaller than thought ～分化比想象的要小，219

— inequality ～不平等，198

— localism ～局部主义，224

— reparameterization ～的再参数化，216

— system ～系统，220

— universality ～的普遍性，222

morality 道德性

— as given in shape of moral argument ～作为已知的道德论证的形态，222

— as local ～作为局部，221

Mulkay, M. 迈克尔·马尔凯，77，79-80

multiculturalism 多元文化主义，211-212

— negative concept of ～的消极观念，211

multiple fractal distinctions 多重分形区分，26-30，92，100-103，109，111，113，119，138

multivocality 多义，56，58-59，61，65

**N**

narrative 叙事，118

— vs. analysis, dichotomy of ～和分析的二分法，10，14，28，91-93，102，104，113-114，117-118

narrativism 叙事主义，56-57

National Crime Survey 全国犯罪调查，71-72

neo-Freudianism 新弗洛伊德主义，26

nesting similarity 嵌套相似，165-166，169

network analysis 网络分析，183

New Yorker's map of the United States 纽约人的美国地图，20，189，214

**O**

occupational analysis 职业分析，88

occupational classification 职业分类，19

occupational prestige 职业/行业声望，159-164，189-190

official crime statistics 官方犯罪统计数据，69-70，74

oppression 压迫，200，201，216

orthodoxy 正统，24，84-85，93，97

ossification 僵化，174-177

**P**

parallel similarity 平行相似，165

Park, R. E. 罗伯特·帕克，62，65，76，117

Parsonianism 帕森斯主义，93-95

Parsons, T. 塔尔科特·帕森斯，15-16，68，126，144，166-167，169，205-206，208，212

partisanism 党派主义，204

patriarchy 父权制，216，226

performance, literature on 表现的文献，41-42

personality as a fractal 人格作为一种分形，235

Pfohl, S. 史蒂文·福尔，82-83

political activism 政治行动主义，100，203-204

political arguments 政治论点，101

political science 政治科学，140，142

political structures, self-similarity of 政治

结构的自相似性，184

political systems，as self-similar 政治系统作为自相似，169-171，173

Politicians and Moralists［P］政治家和［M］道德家，198-205

politicization 政治化，199，227

politics，academic work as 作为政治的学术工作，203-204

positivism 实证主义，6，20，65-66

positivism vs. interpretation，dichotomy of 实证主义和阐释的二分法，10-12，28，57-58，66

postmodernism 后现代主义，98，128

poverty 贫困，168

power 权力

— behaviorist view of 行为主义者对～的观点，205

— concepts of ～的概念，205-208，212

— pluralist view of 多元主义者对～的观点，205

— radical critique of 对～的激进批判，206-7

practical reason 实践理性，7-8

process theory 过程理论，61

professional regression 职业退守，22，145

psychology 心理学，142

public and private spheres 公共和私人领域，225

pure reason 纯粹理性，7-8

pure vs. applied knowledge，dichotomy of 纯粹和应用知识的二分法，10-11，37

puritanism 清教主义，221，223

Q

quantitative history 量化史学，97，110

quantitative vs. qualitative，dichotomy of 量化和质性的二分法，10，28，34-35，37，43，53，56，58，60，66，102

R

radical history 激进史学，99

rational choice 理性选择，17，28，81，84-85，101，120，151-152

realist social science 实在论社会科学，87

recontextualization 再情境化，18，27，148

recreation of monism 再造一元论，80，217，226-227

redefinition 重新定义

— moral ～的重新定义，216

— of terms 术语的～，21，27，34-35

rediscovery 重新发现，15-17，26-27，119，121，135，142，147-148，153，195

reduction 还原，53

reenactment 重演，228，230

— categorical imperative as example of 定言令式作为～的例子，224

regression systems，as self-similar 倒退系

统作为自相似，176

regulatory systems，as self-similar 监管系统作为自相似，175

relativism 相对主义，80，218

remapping 重新映射，22，69，76，199-201，207，218

reparameterization 再参数化，169，196，209，219，224，226-227

— moral 道德的～，214-215

representation 代表，173

resistance 反抗，200-203，225

resisters 反抗者，203，219

return of repressed 压抑面的回归，218

rhetorical figures 修辞形象，51-52，57

### S

Sahlins，M. 马歇尔·萨林斯，12，151

Scheff，T. 托马斯·舍夫，67，72

Schutz，A. 阿尔弗雷德·舒茨，62，74-75

science vs. experience 科学和经验，102

scientific revolutions 科学革命，27

— fractal model for ～的分形模型，32

segmental social structure 分段式社会结构，165-166，174

self-similar positions，communication between 在自相似的立场之间交流，179-185

self-similar social structures 自相似的社会结构，113，157

— balance of ～的平衡，172-173，175

— deliberate creation of ～的刻意创造，169-170，173

— dyadic 对体的～，171

— functional 功能性的～，171

— generating principles ～的生成原理，168-170

— individuals in ～中的个体，177-183

— origins ～的起源，173-177

— properties ～的属性，165-173

— span of ～的跨度，171-172

— units of ～的单元，167

self-similarity 自相似性

— solidarity produced by 由～产生的团结，183-185

— strategic use of ～的策略性使用，185

selfishness 自私，197-198

settlement 解决方案，136-153

Simmel，G. 盖奥尔格·西美尔，165，171

situated vs. transcendent knowledge, dichotomy of 情境知识和超越知识的二分法，10，28

Skocpol，T. 西达·斯考切波，25，106，108，111，114，117-118

*Social Construction of Reality*（Berger and Luckmann）《现实的社会建构》（伯格和卢克曼），18，21，62，64，81，89-90

social disorganization 社会无序，158

social problems literature 社会问题的文献，

73，75-77，80-81，89

social process 社会过程，220

social science 社会科学，17

— change in ～的变化，3-5，15，27

— criteria for progression ～进步的标准，30-32，230-231

— fundamental dichotomies of ～的基本二分法，10，16. *See also* dichotomy of 另见～的二分法

— history ～史，14，92，97-99，101-103，109，133

— illusory progress of ～进步的幻觉，147

— as local ～作为局部，230

— vision of ～的视野，220，230-231

Social Science Research Council（SSRC）社会科学研究委员会（SSRC），131-133

social sciences 社会科学，7-10，15，123，132，146-147，199，209，214

social structure 社会结构，166. *See also individual types* 另见个体类型

— vs. culture, dichotomy of ～和文化的二分法，10，12，28

— of disciplines 学科的～，122

— hierarchical 层级化的～，129

social vs. individual 社会和个人，201

sociology 社会学，3，5，11，14，17-18，20-22，30，32，60，140-141，143-144，146

— Chicago school of ～的芝加哥学派，

68，76，93-94，117

— eclecticism of ～的折中主义，6

— empirical 经验主义～，94-96，108

— gender discrimination in ～中的性别歧视，214-216

— of knowledge 知识～，63

— political argument in ～中的政治争论，69，85-86

— of science 科学～，36，77-86，88，107，113

— theory communities in ～中的理论社群，182-183

solidarity 团结，183，224

— fractal sources of ～的分形来源，202

span of control 控制的跨度，171

Spector, M. 马尔科姆·斯佩克特，75-76，81，89

sports, moral structure of 体育的道德结构，217-218

Social Science History Association（SSHA）社会科学史学会，103-104，106-108，110，113

Society for the Study of Social Problems（SSSP）社会问题研究协会（SSSP），68，75

status systems 地位系统

— experience of individual in ～中的个人经验，178

— as self-similar ～作为自相似，167-

168

stress 压力，34-59

— concept 概念

    * history of ～的历史，37-43，50

    * multiple meanings of ～的多重意义，34，37，43-44，50-51，54-55

    * rhetoric of ～的修辞，51

— literature ～的文献，47-50，53-59

    * confounding in ～中的干扰，46-48，50，56

    * coping and social support in ～中的应对和社会支持，44-48，53

    * definitions in ～中的定义，44

    * as generational paradigm ～作为代际范式，59

    * history of ～的历史，45

    * positive mental health in ～中的积极心理健康，46

    * temporality in ～中的时间性，46，48-49，56

structural determinists 结构决定论者，202，207，219

structural equivalence 结构性等价，183

structuralism 结构主义，64

symbolic interactionism 符号互动主义，11，64

syncresis 综摄，43-45，49-51，53-55

synecdoche 提喻，52

**T**

Thernstrom，S. 斯蒂芬·特恩斯特伦，98-99，101

Thoits，P. 佩吉·索伊特，56-57

Thomas，W. I. W. I. 托马斯，20-21，62

Thompson，E. P. E. P. 汤普森，99，111，207-208

Tilly，C. 查尔斯·蒂利，25，94，97，101，106，110-111，118

tree distance 树状距离，187，189

**U**

unconventionality, pleasures of 非常规带来的乐趣，86

universal knowledge 普遍知识，4-5，32

universal morality, forms of 普遍道德性的形式，221

universal predicates 全称谓词，19，51

universalism 普遍主义，211，230

universalism 普遍主义

— as a direction ～作为一个方向，229

— hegemonic 霸权性的～，219

— and particularism, dichotomy of ～和特殊主义二分法，219

University of Chicago 芝加哥大学，108，126-127

University of Michigan 密歇根大学，97，108，110

University of Wisconsin 威斯康辛大学，

94，108

## V

value conflict 价值冲突，224

value judgments，mixture with cognitive judgments 价值判断与认知判断的混合，198-199，208

variables model 变量模型，49，53-56

vassalage 附庸，165

victimization 受害者，70-71，73，88

## W

Weber，M. 马克斯·韦伯，117，131，152，205

welfare state 福利国家，225

white trash 白色垃圾，168，178

Whitley，R. 理查德·惠特利，4，77

Wirth，L. 路易斯·沃思，63，132

women's history 妇女史，100，102，109-110

Woolgar，S. 斯蒂芬·沃格，77，79，81-82

world records 世界纪录，195

## Z

zone of comparison 比较区域，186

zone of relevance 相关区域，222-223

# 参考文献

A. Abbott (1980). "Religion, Psychiatry, and Problems of Everyday Life". *Sociology of Religion*, 41(2): 164-171.

— (1981). "Status and Status Strain in the Professions". *American Journal of Sociology*, 86(4): 819-835.

— (1982). *The Emergence Of American Psychiatry*, 1880-1930. Ph. D. dissertation, University of Chicago.

— (1983). "Sequences of Social Events: Concepts and Methods for the Analysis of Order in Social Processes". *Historical Methods*, 16(4): 129-147.

— (1986). *Notes for a Theory of Disciplines*. Unpublished paper, presented 25 September 1986, Center for the Critical Analysis of Contemporary Culture, Rutgers University.

— (1988). "Transcending General Linear Reality". *Sociological Theory*, 6(2): 169-186.

— (1990a). "Conceptions of Time and Events in Social Science Methods: Causal and Narrative Approaches". *Historical Methods*, 23(4): 140-150.

— (1990b). "Positivism and Interpretation in Sociology: Lessons for Sociologists from the History of Stress Research". *Sociological Forum*, 5(3): 435-458.

— (1990c). "Vacancy Models for Historical Data". in R. Breiger, ed. *Social Mobility and Social Structure*. Cambridge: Cambridge University Press, 80-102.

— (1992a). "From Causes to Events: Notes on Narrative Positivism". *Sociological Methods & Research*, 20(4): 428-455.

— (1992b). "What Do Cases Do? Some Notes on Activity in Sociological Analysis".

in C. Ragin and H. S. Becker, eds. *What Is a Case? Exploring the Foundations of Social Inquiry*. Cambridge: Cambridge University Press, 53-82.

— (1995a). "Sequence Analysis: New Methods for Old Ideas". *Annual Review of Sociology*, 21(1): 93-113.

— (1995b). "Things Of Boundairies". *Social Research*, 62(4): 857-882.

— (1996). "La síntesis de otros tiempos y la del futuro (The once and future synthesis)". Trans. by E. A. Scholz. *Historia, Antropología y Fuentes Orales*, (16): 31-39.

— (1998). "The Causal Devolution". *Sociological Methods & Research*, 27 (2): 148-181.

A. Abbott (1999a). *Department and Discipline: Chicago Sociology at One Hundred*. Chicago: University of Chicago Press.

— (1999b). "Temporality and Process in Social Life". in F. Engelstad and R. Kalleberg, eds. *Social Time and Social Change*. Oslo: Scandinavian University Press, 28-61.

A. Abbott and A. Hrycak (1990). "Measuring Resemblance in Sequence Data: An Optimal Matching Analysis of Musicians' Careers". *American Journal of Sociology*, 96(1): 144-185.

P. Abell (1987). *The Syntax of Social Life: The Theory and Method of Comparative Narratives*. Oxford: Oxford University Press.

P. Abrams (1982). *Historical Sociology*. Ithaca: Cornell University Press.

Ad Hoc Committee on ASA Future Organization Trends (1989). "The Future Organizational Trends of the ASA". *Footnotes*, 17 : 1-6.

L. R. Aiken (1961). "Stress and Anxiety as Homomorphisms". *Psychological Record*, 11: 365-372.

G. Alter (1981). "History and Quantitative Data: A Review". *Historical Methods: A Journal of Quantitative and Interdisciplinary History*, 14(3): 145-148.

R. Aminzade (1992). "Historical Sociology and Time". *Sociological Methods & Research*, 20(4): 456-480.

P. Atkinson (1988). "Ethnomethodology: A Critical Review". *Annual Review of Sociology*, 14(1): 441-465.

H. Bakwin (1945). "Pseudodoxia Pediatrica". *New England Journal of Medicine*, 232(24): 691-697.

D. S. Barnard (1985). "Psychosomatic Medicine and the Problem of Meaning". *Bulletin of the Menninger Clinic*, 49(1): 10-28.

B. Barnes (1974). *Scientific Knowledge and Sociological Theory*. London: Routledge.

— (1981). "On the 'Hows' and 'Whys' of Cultural Change (Response to Woolgar)". *Social Studies of Science*, 11(4): 481-498.

M. F. Barnsley (1988). *Fractals Everywhere*. San Diego: Academic Press.

A. Baum, N. E. Grunberg and J. E. Singer (1982). "The Use of Psychological and Neuroendocrinological Measurements in the Study of Stress". *Health Psychology*, 1(3): 217-236.

T. Becher (1987). "The Disciplinary Shaping of the Profession". in B. R. Clark, ed. *The Academic Profession: National, Disciplinary, and Institutional Settings*. Berkeley and Los Angeles: University of California Press, 271-303.

H. S. Becker (1964). *Other Side: Perspectives on Deviance*. New York: Free Press.

— (1974). "Labelling Theory Reconsidered". in P. Rock and M. McIntosh, eds. *Deviance and Social Control*. London: Tavistock.

J. Ben-David and R. Collins (1966). "Social Factors in the Origins of a New Science: The Case of Psychology". *American Sociological Review*, 31(4): 451-465.

R. F. Berkhofer (1983). "The Two New Histories: Competing Paradigms for Interpreting the American Past". *OAH Newsletter*, 11: 9-12.

J. D. Bernal (1953). *Science and Industry in the Nineteenth Century*. London: Routledge.

C. Bernert (1983). "The Career of Causal Analysis in American Sociology". *British Journal of Sociology*, 34(2): 230-254.

M. H. Bernstein (1955). *Regulating Business by Independent Commission*. Princeton: Princeton University Press.

R. Bhaskar (1986). *Scientific Realism and Human Emancipation*. London: Verso.

A. Biderman (1966). "Social Indicators and Goals". in R. Bauer, ed. *Social Indicators*. Cambridge, MA: MIT Press, 68-153.

A. Biderman, L. A. Johnson, J. McIntyre *et al*. (1967). *Report on a Pilot Study*. Chicago: National Opinion Research Center, U. S. President's Commission on Law Enforce-ment and the Administration of Justice, Survey # 1.

A. Biderman and A. J. Reiss (1967). "On Exploring the 'Dark Figure' of Crime". *ANNALS of the American Academy of Political and Social Science*, 374(1): 1-15.

D. Black (1984). "Social Control as a Dependent Variable". in D. Black, ed. *Toward a General Theory of Social Control*. New York: Academic Press, 1-36.

J. Black ([1936] 1959). *The Reign of Elizabeth*, *1558-1603*. Oxford: Oxford University Press.

D. Bloor (1976). *Knowledge and Social Imagery*. London: Routledge.

H. Blumer (1931). "Science Without Concepts". *American Journal of Sociology*, 36(4): 515-533.

— (1956). "Sociological Analysis and the 'Variable'". *American Sociological Review*, 21(6): 683-690.

— (1971). "Social Problems as Collective Behavior". *Social Problems*, 18(3): 298-306.

S. E. Blumstein (1990). *The Brown Curriculum Twenty Years After: A Review of the Past and an Agenda for the Future*. Brown University.

A. G. Bogue (1983). *Clio and the Bitch Goddess*. Beverly Hills: Sage.

— (1990). "The Quest for Numeracy: Data and Methods in American Political History". *Journal of Interdisciplinary History*, 21(1): 89-116.

V. E. Bonnell (1980). "The Uses of Theory, Concepts and Comparison in Historical Sociology". *Comparative Studies in Society and History*, 22(2): 156-173.

E. Bott ([1957] 1971). *Family and Social Network*. New York: Free Press.

P. Bourdelais (1984). "French Quantitative History: Problems and Promises". *Social Science History*, 8(2): 179-192.

G. W. Brown and T. Harris (1978). *Social Origins of Depression: A Study of Psy-*

*chiatric Disorders in Women*. New York: Free Press.

M. Burawoy (1989). "Two Methods in Search of Science: Skocpol versus Trotsky". *Theory and Society*, 18(6): 759-805.

K. Burke (1969). *A Grammar of Motives*. Berkeley and Los Angeles: University of California Press.

M. C. Burrage and D. Corry (1981). "At Sixes and Sevens: Occupational Status in the City of London from the Fourteenth to the Seventeenth Century". *American Sociological Review*, 46(4): 375-393.

K. Burridge (1989). "*The Subject and the Profession: The Hawthorn Lecture, University of Ottawa*". *Culture*, 9(2): 89-96.

D. W. Calhoun (1950). *The Reception of Marxian Sociological Theory by American Academic Sociologists*. Ph. D. dissertation, University of Chicago.

D. T. Campbell (1969). "Ethnocentrism of Disciplines and the Fish-Scale Model of Omniscience". in M. Sherif and C. W. Sherif, eds. *Interdisciplinary Relationships in the Social Sciences*. Aldine Transaction, 328-348.

W. B. Cannon (1914). "The Interrelations of Emotions as Suggested by Recent Physiological Researches". *American Journal of Psychology*, 25(2): 256-282.

— (1929). *Bodily Changes in Pain, Hunger, Fear and Rage*. New York: Appleton.

C. L. Cappell and T. M. Guterbock (1986). "Dimensions of Association in Sociology: an Organizational Map of an Academic Discipline". *Bulletin of Sociological Methodology/Bulletin de Méthodologie Sociologique*, 9(1): 23-39.

— (1992). "Visible Colleges: The Social and Conceptual Structure of Sociology Specialties". *American Sociological Review*, 57 (2): 266-273.

B. E. Chalmers (1981). "A Selective Review of Stress: Some Cognitive Approaches Taken a Step Further". *Current Psychological Reviews*, 1(3): 325-343.

D. Chirot (1976). "Thematic Controversies and New Developments in the Uses of Historical Materials by Sociologists". *Social Forces*, 55(2): 232-241.

A. Cicourel (1968). *The Social Organization of Juvenile Justice*. New York: Wiley.

T. N. Clark (1973). *Prophets and Patrons: The French University and the Emergence of the Social Sciences*. Cambridge: Harvard University Press.

A. Cobban (1957). *A History of Modern France*, Volume 1: *1715-1799*. Harmondsworth: Penguin.

S. Cohen and S. L. Syme (1985). *Social Support and Health*. Orlando: Academic Press.

S. Cole (1975). "The Growth of Scientific Knowledge: Theories of Deviance as a Case Study". in L. A. Coser, ed. *The Idea of Social Structure: Papers in Honor of Robert K. Merton*. Transaction Publishers, 175-220.

H. Collins (1981). "Stages in the Empirical Programme of Relativism". *Social Studies of Science*, 11(1): 3-10.

A. Comfort (1970). *The Anxiety Makers*. New York: Delta.

M. A. Conk (1980). *The United States Census and Labor Force Change: A History of Occupation Statistics*, *1870-1940*. Ann Arbor: UMI Research Press.

C. L. Cooper and J. Marshall (1976). "Occupational Sources of Stress: A Review of the Literature Relating to Coronary Heart Disease and Mental Ill Health". *Journal of Occupational Psychology*, 49(1): 11-28.

L. L. Cornell (1987). "Reproduction, Production, Social Science, and the Past: A Dis-senting Review". *Social Science History*, 11(1): 43-52.

A. P. M. Coxon and C. L. Jones (1978). *The Images of Occupational Prestige*. London: Macmillan.

— (1979). *Class and Hierarchy: The Social Meaning of Occupations*. New York: St. Martins.

N. Dain (1964). *Concepts of Insanity in the United States*, *1789-1865*. New Brunswick: Rutgers University Press.

— (1980). *Clifford W. Beers: Advocate for the Insane*. Pittsburgh: University of Pitts-burgh Press.

P. Daipha (2001). "The Intellectual and Social Organization of ASA 1990-1997: Exploring the Interface Between the Discipline of Sociology and Its Practitioners". *American*

*Sociologist*, 32(3): 73-90.

G. Davies ([1937] 1959). *The Early Stuarts 1603-1660.* Oxford: Oxford University Press.

A. Davis, B. B. Gardner and M. B. Gardner (1941). *Deep South: A Social Anthro-po-logical Study of Caste and Class.* Chicago: University of Chicago Press.

A. Dean and N. Lin (1977). "The Stress-buffering Role of Social Support". *Journal of Nervous and Mental Disease*, 165(6): 403-417.

A. Desrosières and L. Thévenot (1988). *Les catégories socioprofessionnelles.* Paris: La Découverte.

G. Dix (1945). *The Shape of the Liturgy.* London: Dacre.

M. Dogan and R. Pahre (1989). "Fragmentation and Recombination of the Social Sciences". *Studies In Comparative International Development*, 24(2): 56-72.

B. S. Dohrenwend and B. P. Dohrenwend (1974). *Stressful Life Events: Their Nature and Effects.* New York: Wiley.

— (1978). "Some Issues in Research on Stressful Life Events". *Journal of Nervous and Mental Disease*, 166(1): 7-15.

B. Ehrenreich (1983). *The Hearts of Men: American Dreams and the Flight from Commitment.* Garden City, NY: Doubleday.

S. Ellingson (1995). *The Emergence and Institutionalization of the Major-Minor Curriculum*, 1870-1910. Unpublished paper, Department of Sociology, University of Chicago.

G. R. Elliott and C. Eisdorfer (1982). *Stress and Human Health: Analysis and Implications of Research.* New York: Springer.

P. H. Ennis (1967). *Criminal Victimization in the United States: A Report of a National Survey.* Chicago: National Opinion Research Center, U. S. President's Commission on Law Enforcement and the Administration of Justice, Survey # 2.

S. Epstein (1996). *Impure Science: AIDS, Activism, and the Politics of Knowledge.* Berkeley and Los Angeles: University of California Press.

K. T. Erikson (1962). "Notes on the Sociology of Deviance". *Social Problems*, 1962-

08, 9(4): 307-314.

— (1966). *Wayward Puritans: A Study in the Sociology of Deviance*. New York: Wiley.

W. N. Espeland and M. L. Stevens (1998). "Commensuration as a Social Process". *Annual Review of Sociology*, 24(1): 313-343.

M. D. R. Evans, J. Kelley and T. Kolosi (1992). "Images of Class: Public Perceptions in Hungary and Australia". *American Sociological Review*, 57 (4): 461-482.

D. Fisher (1993). *Fundamental Development of the Social Sciences*. Ann Arbor: University of Michigan Press.

R. Floud (1984). "Quantitative History and People's History: Two Methods in Conflict?" *Social Science History*, 8(2): 151-168.

R. W. Fogel (1964). *Railroads and American Economic Growth: Essays in Econometric History*. Baltimore: Johns Hopkins University Press.

R. H. Frank (1985). *Choosing the Right Pond: Human Behavior and the Quest for Status*. New York: Oxford University Press.

E. F. Frazier (1965). *Black Bourgeoisie*. New York: Free Press.

G. Freudenthal (1984). "The Role of Shared Knowledge in Science: The Failure of the Constructivist Programme in the Sociology of Science". *Social Studies of Science*, 14(2): 285-295.

S. Fuchs (1992). *The Professional Quest for Truth: A Social Theory of Science and Knowledge*. Albany: SUNY Press.

N. F. Gabin (1990). *Feminism in the Labor Movement: Women and the United Auto Workers, 1935-1975*. Ithaca: Cornell University Press.

S. Gal (1991). "Bartók's Funeral: Representations of Europe in Hungarian Political Rhetoric". *American Ethnologist*, 18(3): 440-458.

S. Gal and J. T. Irvine (1995). "The Boundaries of Languages and Disciplines: How Ideologies Construct Difference". *Social Research*, 62(4): 967-1001.

H. J. Gans (1992). "Sociological Amnesia: The Noncumulation of Normal Social Science". *Sociological Forum*, 7 (4): 701-710.

C. Geertz (1980). "Blurred Genres: The Refiguration of Social Thought". *American Scholar*, 49(2): 165-179.

A. Gerschenkron (1967). "The Discipline and I". *Journal of Economic History*, 27 (4): 443-459.

T. F. Gieryn (1982). "Relativist/Constructivist Programmes in the Sociology of Science: Redundance and Retreat". *Social Studies of Science*, 12(2): 279-297.

S. Gifford (1978). "Medical Psychotherapy and the Emmanuel Movement". in G. E. Gifford, ed. *Psychoanalysis, Psychotherapy, and the New England Medical Scene, 1894-1944*. New York: Science History, 106-118.

L. Goldmann (1964). *The Hidden God: A Study of Tragic Vision in the Pensees of Pascal and the Tragedies of Racine*. Trans. by P. Thody. New York: Humanities Press.

J. A. Goldstone (1986). "How to Study History: The View from Sociology". *Historical Methods: A Journal of Quantitative and Interdisciplinary History*, 19(2): 82-84.

A. W. Gouldner (1968). "The Sociologist as Partisan: Sociology and the Welfare State". *American Sociologist*, 3(2): 103-116.

— (1970). *The Coming Crisis of Western Sociology*. New York: Avon.

W. R. Gove (1970). "Societal Reaction as an Explanation of Mental Illness: An Evaluation". *American Sociological Review*, 35(5): 873-884.

G. Graff (1987). *Professing Literature: An Institutional History*. Chicago: University of Chicago Press.

V. H. H. Green (1974). *A History of Oxford University*. London: Basford.

L. J. Griffin (1993). "Narrative, Event-Structure Analysis, and Causal Interpretation in Historical Sociology". *American Journal of Sociology*, 98(5): 1094-1133.

W. J. Grimshaw (1992). *Bitter Fruit: Black Politics and the Chicago Machine 1931-1991*. Chicago: University of Chicago Press.

G. N. Grob (1973). *Mental Institutions in America: Social Policy to 1875*. New York: Free Press.

— (1983). *Mental Illness and American Society, 1875-1940*. Princeton: Princeton University Press.

G. Gurin, J. Veroff and S. Feld (1960). *Americans View Their Mental Health: A Nationwide Interview Survey*. New York: Basic Books.

J. R. Gusfield (1984). *The Culture of Public Problems: Drinking-Driving and the Symbolic Order*. Chicago: University of Chicago Press.

J. Hagan and A. Palloni (1990). "The Social Reproduction of a Criminal Class in Working-Class London, Circa 1950-1980". *American Journal of Sociology*, 96(2): 265-299.

J. A. Hall (1989). "They Do Things Differently There, or, the Contribution of British Historical Sociology". *British Journal of Sociology*, 40(4): 544-564.

S. Hall (1978). "Marxism and Culture". *Radical History Review*, 18: 5-14.

T. C. Halliday and M. Janowitz (1992). *Sociology and Its Publics*. Chicago: University of Chicago Press.

G. G. Hamilton and J. Walton (1988). "History in sociology". In: E. F. Borgatta and K. Cook, eds. *The Future of Sociology*. Newbury Park, CA: Sage.

M. Hanagan and L. A. Tilly (1996). "¿Síntesis perdida, síntesis reencontrada?" Trans. by E. A. Scholz. *Historia, Antropología y Fuentes Orales*, (16): 11-29.

A. R. Harris and G. D. Hill (1982). "The Social Psychology of Deviance: Toward a Reconciliation With Social Structure". *Annual Review of Sociology*, 8(1): 161-184.

R. M. Hauser and J. R. Warren (1997). "Socioeconomic Indexes for Occupations: A Review, Update, and Critique". *Sociological Methodology*, 27 (1): 177-298.

N. G. Hawkins, R. Davies and T. H. Holmes (1957). "Evidence of Psychosocial Factors in the Development of Pulmonary Tuberculosis". *American Review of Tuberculosis and Pulmonary Diseases*, 75(5): 768-780.

M. Hechter (1987). *Principles of Group Solidarity*. Berkeley and Los Angeles: University of California Press.

J. M. Henslin and P. M. Roesti (1976). "Trends and Topics in Social Problems 1953-1975 A Content Analysis and a Critique". *Social Problems*, 24(1): 54-68.

J. A. Herd (1984). "Cardiovascular Response to Stress in Man". *Annual Review of Physiology*, 46(1): 177-185.

J. Higham（1989）．"Changing Paradigms: The Collapse of Consensus History". *Journal of American History*，76(2): 460-466.

L. E. Hinkle（1975）．"The Concept of 'Stress' in the Biological and Social Sciences". *International Journal of Psychiatry in Medicine*，5(4): 335-357.

E. L. Hirsch（1990）．*Urban Revolt: Ethnic Politics in the Nineteenth-century Chicago Labor Movement*．Berkeley and Los Angeles: University of California Press.

R. W. Hodge，P. M. Siegel and P. H. Rossi（1966）．"Occupational Prestige in the United States". in R. Bendix and S. M. Lipset，eds. *Class，Status，and Power: Social Stratification in Comparative Perspective*．New York: Free Press，322-334.

R. Hofstadter（1968）．*The Progressive Historians*．New York: Knopf.

T. H. Holmes and E. M. David（1984）．*Life Change Events Research，1966-1978: An Annotated Bibliogrphy of the Periodical Literature*．New York: Praeger.

T. H. Holmes and R. H. Rahe（1967）．"The Social Readjustment Rating Scale". *Journal of Psychosomatic Research*，11(2): 213-218.

B. Holzner（1968）．*Reality Construction in Society*．Cambridge，MA: Schenkman.

W. H. Honan（1994）．*New York Times*．

K. Honeyman and J. Goodman（1991）．"Women's Work，Gender Conflict，and Labour Markets in Europe，1500-1900". *Economic History Review*，44(4): 608-628.

J. A. Hostetler（1993）．*Amish Society*．Baltimore: Johns Hopkins University Press.

D. M. Hummon（1990）．*Commonplaces: Community Ideology and Identity in American Culture*．Albany: SUNY Press.

J. T. Irvine and S. Gal（2000）．"Language Ideology and Linguistic Differentiation". In: P. V. Kroskrity，ed. *Regimes of Language: Ideologies，Polities，and Identities*．Santa Fe: School for Advanced Research，35-83.

M. Janowitz（1960）．*The Professional Soldier: A Social and Political Portrait*．New York: Free Press.

K. H. Jarausch（1982）．*Students，Society and Politics in Imperial Germany: The Rise of Academic Illiberalism*．Princeton: Princeton University Press.

—（1983）．*The Transformation of Higher Learning，1860-1930: Expansion，Di-*

*versification, Social Opening, and Professionalization in England, Germany, Russia, and the United States.* Chicago: University of Chicago Press.

C. D. Jenkins (1971). "Psychologic and Social Precursors of Coronary Disease". *New England Journal of Medicine*, 284(5): 244-255.

H. M. Johnson (1929). "The Real Meaning of Fatigue". *Harper's*, 158: 186-193.

R. Johnson (1978). "Edward Thompson, Eugene Genovese, and Socialist-Humanist History". *History Workshop*, (6): 79-100.

T. Judt (1979). "A Clown in Regal Purple: Social History and the Historians". *History Workshop Journal*, 7 (1): 66-94.

M. Kammen (1980). "The Historian's Vocation and the State of the Discipline in the United States". in M. Kammen, ed. *The Past Before Us: Contemporary Historical Writing in the United States.* Ithaca: Cornell University Press, 19-46.

E. F. Keller (1989). "Just What is so Difficult About the Concept of Gender as a Social Category? (Response to Richards and Schuster)". *Social Studies of Science*, 19(4): 721-724.

R. C. Kessler, R. H. Price and C. B. Wortman (1985). "Social Factors in Psychopathology: Stress, Social Support, and Coping Processes". *Annual Review of Psychology*, 36(1): 531-572.

H. Kimeldorf (1991). "Bringing Unions Back in (Or Why We Need a New Old Labor History". *Labor History*, 32(1): 91-103.

J. I. Kitsuse and A. V. Cicourel (1963). "A Note on the Uses of Official Statistics". *Social Problems*, 11(2): 131-139.

J. I. Kitsuse and M. Spector (1973). "Toward a Sociology of Social Problems: Social Conditions, Value-Judgments, And Social Problems". *Social Problems*, 20(4): 407-419.

P. Knapp (1984). "Can Social Theory Escape from History? Views of History in Social Science". *History and Theory*, 23(1): 34-52.

K. D. Knorr-Cetina (1983). "New Developments in Science Studies: The Ethnographic Challenge". *Canadian Journal of Sociology / Cahiers canadiens de sociologie*, 8(2): 153-177.

J. Kocka (1984). "Theories and Quantification in History". *Social Science History*, 8(2): 169-178.

M. L. Kohn (1976). "Looking Back-A 25-Year Review and Appraisal of Social Problems Research". *Social Problems*, 1976-08, 24(1): 94-112.

J. M. Kousser (1980). "History QUASSHed: Quantitative Social Scientific History in Perspective". *American Behavioral Scientist*, 23(6): 885-904.

J. M. M. Kousser (1989). "The State of Social Science History in the Late 1980s". *Historical Methods: A Journal of Quantitative and Interdisciplinary History*, 22(1): 13-20.

A. L. Kroeber and C. Kluckhorn ([1952] 2000). *Culture: A Critical Review of Concepts and Definitions*. Westport, CT: Greenwood.

H. Kuklick (1983). "The Sociology of Knowledge: Retrospect and Prospect". *Annual Review of Sociology*, 9(1): 287-310.

R. H. Lauer (1976). "Defining Social Problems: Public and Professional Perspectives". *Social Problems*, 1976-08, 24(1): 122-130.

H. Lauwerier (1991). *Fractals: Endlessly Repeated Geometrical Figures*. Trans. by S. Gill-Hoffstadt. Princeton, NJ: Princeton University Press.

R. S. Lazarus, J. Deese and S. F. Osler (1952). "The Effects of Psychological Stress upon Performance". *Psychological Bulletin*, 49(4): 293-317.

R. S. Lazarus and S. Folkman (1984). *Stress, Appraisal, and Coping*. New York: Springer.

T. J. J. Lears (1982). *No Place of Grace: Antimodernism and the Transformation of American Culture*, 1880-1920. New York: Pantheon.

E. B. Lee and A. M. Lee (1976). "The Society for the Study of Social Problems: Parental Recollections and Hopes". *Social Problems*, 1976-08, 24(1): 4-14.

E. M. Lemert (1951). *Social Pathology: A Systematic Approach to the Theory of Sociopathic Behavior*. New York: McGraw-Hill.

W. Leontief (1982). "Academic Economics". *Science*, 217 (4555): 104-107.

G. Lerner (1989). "A View from the Women's Side". *Journal of American History*,

76(2): 446-456.

J. Levin and B. Nalebuff (1995). "An Introduction to Vote-Counting Schemes". *Journal of Economic Perspectives*, 1995-03, 9(1): 3-26.

W. Licht (1983). *Working for the Railroad : The Organization of Work in the Nineteenth Century*. Princeton: Princeton University Press.

C. Lloyd (1986). *Explanation in Social History*. Oxford: Blackwell.

F. Lorrain and H. C. White (1971). "Structural Equivalence of Individuals in Social Networks". *Journal of Mathematical Sociology*, 1(1): 49-80.

N. Luhmann (1982). *The Differentiation of Society*. New York: Columbia University Press.

G. Lukács (1969). *The Historical Novel*. Harmondsworth: Penguin.

U. Lundberg (1984). "Human psychobiology in Scandinavia: II. Psychoneuroendocrinology: Human Stress and Coping Processes". *Scandinavian journal of psychology*, 25(3).

M. Lynch (1993). *Scientific Practice and Ordinary Action : Ethnomethodology and Social Studies of Science*. Cambridge: Cambridge University Press.

J. J. MacAloon (1992). *General Education in the Social Sciences : Centennial Reflection on the College of the University of Chicago*. Chicago: University of Chicago Press.

J. D. Mackie (1952). *The Earlier Tudors, 1485-1558*. Oxford: Oxford University Press.

J. W. Mason (1975). "A Historical View of the Stress Field". *Journal of Human Stress*, 1(1): 6-12, 1(2), 22-36.

B. Mayhew (1990). *Researches in Structural Sociology*. Ed. by J. Skvoretz. Unpublished collection of previously published papers.

C. McClelland (1980). *State, Society, and University in Germany, 1700-1914*. Cam-bridge: Cambridge University Press.

P. D. McClelland (1975). *Causal Explanation and Model Building in History, Economics, and the New Economic History*. Ithaca: Cornell University Press.

T. J. McDonald (1996a). "What We Talk about When We Talk about History. " in T.

J. McDonald, ed. *The Historic Turn in the Human Sciences*. University of Michigan Press, 96-118.

— (1990). "Faiths of Our Fathers". In: *Paper presented at conference*, *Modes of Inquiry for American City History*, 25 October, 1990. Chicago Historical Society.

— ed. (1996b). *The Historic Turn in the Human Sciences*. Ann Arbor, MI: University of Michigan Press.

W. F. McDonald (1976). *Criminal Justice and the Victim*. Beverly Hills: Sage.

N. G. McLaughlin (1998a). "How to Become a Forgotten Intellectual: Intellectual Movements and the Rise and Fall of Erich Fromm". *Sociological Forum*, 13(2): 215-246.

— (1998b). "Why Do Schools of Thought Fail? Neo-Freudianism as a Case Study in the Sociology of Knowledge". *Journal of the History of the Behavioral Sciences*, 34(2): 113-134.

P. McMichael (1990). "Incorporating Comparison within a World-Historical Perspective: An Alternative Comparative Method". *American Sociological Review*, 55(3): 385-397.

D. Melossi (1985). "Overcoming The Crisis In Critical Criminology: Toward A Grounded Labeling Theory". *Criminology*, 23(2): 193-208.

A. Meyer ([1919] 1948). "The Life Chart". in A. Lief, ed. *The Commonsense Psychiatry of Dr. Adolf Meyer*. New York: McGraw-Hill, 418-422.

M. Moffatt (1979). *An Untouchable Community in South India : Structure and Consensus*. Princeton: Princeton University Press.

J. K. Morland (1958). *Millways of Kent*. Chapel Hill: University of North Carolina Press.

M. Mulkay and N. Gilbert (1982). "What is the Ultimate Question? Some Remarks in Defence of the Analysis of Scientific Discourse". *Social Studies of Science*, 12(2): 309-319.

N. C. Mullins (1973). *Theories and Theory Groups in Contemporary American Sociology*. New York: Harper.

W. J. Novak (1996). *The People's Welfare : Law and Regulation in Nineteenth-Cen-*

*tury America*. Chapel Hill: University of North Carolina Press.

W. L. O'Neill (1986). *American High : The Years of Confidence*, *1945-1960*. New York: Free Press.

W. F. Ogburn and A. Goldenweiser (1927). *The Social Sciences and Their Interrelations*. Boston: Houghton Mifflin.

A. Oleson and J. Voss, eds. (1979). *The Organization of Knowledge in Modern America*, *1860-1920*. Baltimore: Johns Hopkins University Press.

S. Otter (1998). *"White Trash" as Cultural Image*. B. A. paper, Department of Sociology, University of Chicago.

J. F. Padgett (1981). "Hierarchy and Ecological Control in Federal Budgetary Decision Making". *American Journal of Sociology*, 87 (1): 75-129.

T. Parsons (1967). *Sociological Theory and Modern Society*. New York: Free Press.

G. W. Paton ([1946] 1964). *A Textbook of Jurisprudence*. Oxford: Oxford University Press.

H. -O. Peitgen, H. Jürgens and D. Saupe (1992). *Chaos and Fractals : New Frontiers of Science*. New York: Springer.

J. Pelikan (1971-1989). *The Christian Tradition : A History of the Development of Doctrine* (5 *vols*). Chicago: University of Chicago Press.

B. K. Penick and M. E. B. Owens (1976). *Surveying Crime*. Washington, DC: NAS.

S. Pfohl (1985). "Toward a Sociological Deconstruction of Social Problems". *Social Problems*, 32(3): 228-232.

J. Piaget ([1935] 1963). *The Origins of Intelligence in Children*. New York: Norton.

M. Pollner (1978). "Constitutive and Mundane Versions of Labeling Theory". *Human Studies*, 1(3): 269-288.

R. Quinney (1977). *Class*, *State*, *and Crime*. New York: D. McKay.

J. G. Rabkin and E. L. Struening (1976). "Live Events, Stress, and Illness". *Sci-*

*ence*, 194(4269): 1013-1020.

N. H. Rafter (1990). "The Social Construction of Crime and Crime Control". *Journal of Research in Crime and Delinquency*, 27 (4): 376-389.

C. Ragin (1987). *The Comparative Method: Moving Beyond Qualitative and Quantitative Strategies*. Berkeley and Los Angeles: University of California Press.

A. J. Reiss (1961). *Occupations and Social Status*. New York: Free Press.

— (1967). *Measurement of the Amount of Crime*. Chicago: National Opinion Research Center, U. S. President's Commission on Law Enforcement and the Administration of Justice, Survey ♯ 3.

J. B. Reiter (1993). "A Gentleman's 'B+'". *Harvard Crimson*, 1993-03.

A. Repplier (1910). "The Nervous Strain". *Atlantic Monthly*, 198-201.

B. F. Reskin and P. A. Roos (1990). *Job Queues, Gender Queues*. Philadelphia: Temple University Press.

B. F. Reskin and S. T. (1990). "Baking and Baking Off". in B. F. Reskin and P. A. Roos, eds. *Job Queues, Gender Queues*. Philadelphia: Temple University Press, 257-274.

E. Richards and J. Schuster (1989). "The Feminine Method as Myth and Accounting Resource: A Challenge to Gender Studies and Social Studies of Science". *Social Studies of Science*, 19(4): 697-720.

P. Ricoeur (1984-1985). *Time and Narrative* (3 vols). Chicago: University of Chicago Press.

P. A. Roos and K. W. Jones (1993). "Shifting Gender Boundaries: Women's Inroads into Academic Sociology". *Work and Occupations*, 20(4): 395-428.

G. Rosen (1959). "Social Stress and Mental Disease from the Eighteenth Century to the Present: Some Origins of Social Psychiatry". *Milbank Memorial Fund Quarterly*, 37 (1): 5-32.

C. E. Rosenberg (1962). "The Place Of George M. Beard In 19th Century Psychiatry". *Bulletin of the History of Medicine*, 36(3): 245-259.

H. Rosenberg (1959). *The Tradition of the New*. New York: Horizon Press.

C. E. Ross and J. Mirowsky (1979). " A Comparison of Life-Event-Weighting

Schemes: Change, Undesirability, and Effect-Proportional Indices". *Journal of Health and Social Behavior*, 20(2): 166-177.

S. Rothblatt (1968). *The Revolution of the Dons*. New York: Basic Books.

W. G. Roy (1987a). *Comparative Historical Sociology Teaching Materials and Bibliography*. Washington, DC: American Sociological Association.

— (1987b). "Time, Place, and People in History and Sociology: Boundary Definitions and the Logic of Inquiry". *Social Science History*, 11(1): 53-62.

R. Samuel (1980). "On the Methods of History Workshop: A Reply". *History Workshop*, (9): 162-176.

R. L. Sandefur (2001). "Work and Honor in the Law: Prestige and the Division of Lawyers' Labor". *American Sociological Review*, 66(3): 382-403.

W. Schäfer, ed. (1983). *Finalization in Science: The Social Orientation of Scientific Progress*. Dordrecht: D. Reidel.

T. J. Scheff (1966). *Being Mentally Ill*. Chicago: Aldine.

— (1974). "The Labelling Theory of Mental Illness". *American Sociological Review*, 39(3): 444-452.

J. W. Schneider (1985). "Social Problems Theory: The Constructionist View". *Annual Review of Sociology*, 11(1): 209-229.

M. A. Schwartz (1987). "Historical Sociology in the History of American Sociology". *Social Science History*, 11(1): 1-16.

A. T. Scull (1988). "Deviance and Social Control". In: N. J. Smelser, ed. *Handbook of Sociology*. Beverly Hills: Sage, 667-694.

D. Selbourne (1980). "On the Methods of the History Workshop". *History Workshop*, (9): 150-161.

T. Sellin and M. E. Wolfgang (1964). *The Measurement of Delinquency*. New York: Wiley.

H. Selye (1946). "The General Adaptation Syndrome and the Diseases of Adaptation". *Journal of Clinical Endocrinology and Metabolism*, 1946-02, 6(2): 117-230.

— (1976). *Stress in Health and Disease*. Boston: Butterworth.

W. H. Sewell Jr. (1992). "A Theory of Structure: Duality, Agency, and Transformation". *American Journal of Sociology*, 98(1): 1-29.

M. Sherif and C. W. Sherif (1969). *Interdisciplinary Relationships in the Social Sciences*. Chicago: Aldine.

T. Skocpol (1984a). "Emerging Agendas and Recurrent Strategies in Historical Sociology". in T. Skocpol, ed. *Vision and Method in Historical Sociology*. Cambridge University Press, 356-391.

— ed. (1984b). *Vision and Method in Historical Sociology*. Cambridge: Cambridge University Press.

— (1987). "Social History and Historical Sociology: Contrasts and Complementarities". *Social Science History*, 11(1): 17-30.

— (1988). "An 'Uppity Generation' and the Revitalization of Macroscopic Sociology: Reflections at Mid-career by a Woman From the Sixties". *Theory and Society*, 17 (5): 627-643.

B. Skura (1976). "Constraints on a Reform Movement: Relationships Between SSSP and ASA, 1951-1970". *Social Problems*, 1976-08, 24(1): 15-36.

P. Slezak (1989). "Scientific Discovery by Computer as Empirical Refutation of the Strong Programme". *Social Studies of Science*, 19(4): 563-600.

A. W. Small (1912). "Socialism in the Light of Social Science". *American Journal of Sociology*, 17 (6): 804-819.

K. R. Smith (1985). "Work Life and Health as Competing Careers". in G. H. Elder, ed. *Life Course Dynamics: Trajectories and Transitions, 1968-1980*. Ithaca: Cornell University Press, 156-187.

Social Science Research Council (1934). *Decennial Report, 1923-1933*. New York: SSRC.

M. R. Somers (1996). "Where Is Sociology After the Historic Turn?" in T. J. McDonald, ed. *The Historic Turn in the Human Sciences*. Ann Arbor, MI: University of Michigan Press, 53-89.

P. A. Sorokin (1956). *Fads and Foibles in Modern Sociology and Related Sciences*.

Chicago: Henry Regnery.

M. Spector and J. I. Kitsuse (1987). *Constructing Social Problems*. New York: Aldine de Gruyter.

D. N. Sprague (1978). "A Quantitative Assessment of the Quantification Revolution". *Canadian Journal of History*, 13(2): 177-192.

W. Stark (1958). *The Sociology of Knowledge: An Essay in Aid of a Deeper Understanding of the History of Ideas*. London: Routledge.

G. Stedman Jones (1976). "From Historical Sociology to Theoretical History". *British Journal of Sociology*, 27 (3): 295-305.

A. L. Stinchcombe (1968). *Constructing Social Theories*. New York: Harcourt, Brace and World.

J. L. Stokesbury (1995). *A Short History of the Civil War*. New York: William Morrow.

E. N. Suleiman (1978). *Elites in French Society: The Politics of Survival*. Princeton: Princeton University Press.

G. D. Suttles (1968). *The Social Order of the Slum: Ethnicity and Territory in the Inner City*. Chicago: University of Chicago Press.

— (1972). *Social Construction of Communities*. Chicago: University of Chicago Press.

R. P. Swierenga, ed. (1970). *Quantification in American History*. New York: Atheneum.

T. Szasz (1961). *The Myth of Mental Illness: Foundations of a Theory of Personal Conduct*. New York: Harper.

S. R. Szreter (1993). "The Official Representation of Social Classes in Britain, the United States, and France: The Professional Model and 'Les Cadres'". *Comparative Studies in Society and History*, 35(2): 285-317.

P. Sztompka (1986). "The Renaissance of Historical Orientation in Sociology". *International Sociology*, 1(3): 321-337.

F. Tannenbaum (1938). *Crime and the Community*. Boston: Ginn.

I. Taylor, P. Walton and J. Young (1973). *The New Criminology: For a Social Theory of Deviance*. New York: Harper.

C. Tennant, P. Langeluddecke and D. Byrne (1985). "The Concept of Stress". *Australian and New Zealand Journal of Psychiatry*, 19(2): 113-118.

S. Thernstrom (1964). *Poverty and Progress: Social Mobility in a Nineteenth Century City*. Cambridge: Harvard University Press.

P. A. Thoits (1982). "Conceptual, Methodological, and Theoretical Problems in Studying Social Support as a Buffer Against Life Stress". *Journal of Health and Social Behavior*, 23(2): 145-159.

— (1995). "Stress, Coping, and Social Support Processes: Where Are We? What Next?" *Journal of Health and Social Behavior*, 53-79.

C. Tilly (1981). *As Sociology Meets History: Studies in Social Discontinuity*. New York: Academic Press.

— (1984). *Big Structures, Large Processes, Huge Comparisons*. New York: Russell Sage Foundation.

T. Todorov (1969). *Grammaire du Décaméron*. The Hague: Mouton.

A. Trollope ([1874] 1983). *Phineas Redux*. Oxford: Oxford University Press.

S. P. Turner and R. A. Factor (1994). *Max Weber: The Lawyer as Social Thinker*. London: Routledge.

L. R. Veysey (1965). *The Emergence of the American University*. Chicago: University of Chicago Press.

I. Vine (1981). "Crowding and Stress: 1. Review of Variables and Theories". *Current Psychological Reviews*, 1(3): 305-323.

L. Vogel (1991). "Telling Tales: Historians of Our Own Lives". *Journal of Women's History*, 2(3): 89-101.

P. Wagner and B. Wittrock (1990). "States, Institutions, and Discourses: A Comparative Perspective on the Structuration of the Social Sciences". in P. Wagner, B. Wittrock and R. P. Whitley, eds. *Discourses on Society: The Shaping of the Social Science Disciplines*. Dordrecht: Kluwer Academic Publishers, 331-357.

W. L. Warner and P. S. Lunt (1941). *The Social Life of a Modern Community*. New Haven: Yale University Press.

J. R. Wedel (1986). *The Private Poland: An Anthropologist's Look at Everyday Life*. New York: Facts on File.

G. Weisz (1983). *The Emergence of Modern Universities In France, 1863-1914*. Prince-ton: Princeton University Press.

W. Whewell (1989). *Theory of Scientific Method*. Indianapolis: Hackett.

H. C. White, S. A. Boorman and R. L. Breiger (1976). "Social Structure from Multiple Networks. I. Blockmodels of Roles and Positions". *American Journal of Sociology*, 81(4): 730-780.

R. Whitley (1984). *The Intellectual and Social Organization of the Sciences*. Oxford: Clarendon Press.

D. Whitman (1996). *U. S. News and World Report*. 1996-12: 24-30.

J. M. Wiener (1989). "Radical Historians and the Crisis in American History, 1959-1980". *Journal of American History*, 76(2): 399-434.

K. G. Wilson (1979). "Problems in Physics With Many Scales of Length". *Scientific American*, 241(2): 158-179.

L. Wirth (1937). *Report on the History, Activities and Policies of the Social Science Research Council*. Prepared for the Committee on Review of Council Policy. Type-script, Joseph Regenstein Library, University of Chicago. .

— (1940). *Eleven Twenty-Six: A Decade of Social Science Research*. University of Chicago Press.

S. Woolgar (1981). "Interests and Explanation in the Social Study of Science". *Social Studies of Science*, 11(3): 365-394.

— (1989). "A Coffeehouse Conversation on the Possibility of Mechanizing Discovery and Its Sociological Analysis". *Social Studies of Science*, 19(4): 658-668.

S. Woolgar and D. Pawluch (1985). "Ontological Gerrymandering: The Anatomy of Social Problems Explanations". *Social problems*, 32(3): 214-227.

B. D. Zablocki (1971). *The Joyful Community*. Chicago: University of Chicago Press.

W. I. 托马斯，F. 兹纳涅茨基（2000）．身处欧美的波兰农民：一部移民史经典．张友云 译．南京：译林出版社。

克利福德·格尔茨（1999）．文化的解释．韩莉 译．南京：译林出版社。

克洛德·列维-斯特劳斯（2005）．图腾制度．渠敬东 译．上海：上海人民出版社。

—（2006）．结构人类学：列维-斯特劳斯文集第 1 卷．张祖建 译．北京：中国人民大学出版社。

兰德尔·柯林斯（2004）．哲学的社会学．吴琼，齐鹏，李志红 译．北京：新华出版社。

卡尔·曼海姆（2002）．意识形态与乌托邦．黎鸣，李书崇 译．北京：商务印书馆。

厄文·高夫曼（2012）．精神病院：论精神病患与其他被收容者的社会处境．群学翻译工作室 译．台北：群学出版有限公司。

史蒂文·夏平（2002）．真理的社会史：17 世纪英国的文明与科学．赵万里 译．南昌：江西教育出版社。

哈里森·C. 怀特（2009）．机会链：组织中流动的系统模型．张文宏，魏永峰，韦淑珍 等 译．上海：上海人民出版社。

埃德温·A. 艾勃特（2020）．平面国：多维空间传奇往事．鲁冬旭 译．上海：上海文化出版社。

E. E. 埃文思-普里查德（2006）．阿赞德人的巫术、神谕和魔法．覃俐俐 译．北京：商务印书馆。

—（2014）．努尔人：对一个尼罗特人群生活方式和政治制度的描述．褚建芳 译．北京：商务印书馆。

多丽丝·莱辛（2008）．三四五区间的联姻．俞婷 译．南京：南京大学出版社。

多萝西·罗斯（2018）．美国社会科学的起源．王楠，刘阳，吴莹 译．北京：生活·读书·新知三联书店。

威廉·H. 麦克尼尔（2013）．哈钦斯的大学．肖明波 译．杭州：浙江大学出版社。

安东尼·吉登斯（2015）．社会理论的核心问题．郭忠华，徐法寅 译．上海：上海译文出版社。

安德鲁·阿伯特（2016）．职业系统：论专业技能的劳动分工．李荣山 译．北京：商务印书馆。

康德(2016a). 康德三大批判合集(注释版)·上卷. 李秋零 译. 北京：中国人民大学出版社。

—(2016b). 康德三大批判合集(注释版)·下卷. 李秋零 译. 北京：中国人民大学出版社。

—(2016c). 康德历史哲学文集. 李秋零 译. 北京：中国人民大学出版社。

弗拉基米尔·雅可夫列维奇·普罗普(2006). 故事形态学. 贾放 译. 北京：中华书局。

彼得·伯格，托马斯·卢克曼(2019). 现实的社会建构：知识社会学论纲. 吴肃然 译. 北京：北京大学出版社。

彼得·诺维克(2009). 那高尚的梦想："客观性问题"与美国历史学界. 杨豫 译. 北京：生活·读书·新知三联书店。

德日进(2006). 人的现象. 李弘祺 译. 北京：新星出版社。

托马斯·基尼利(2009). 辛德勒名单. 冯涛 译. 上海：上海译文出版社。

柯林武德(2010). 历史的观念(增补版). 何兆武，张文杰，陈新 译. 北京：北京大学出版社。

格雷戈里·贝特森(2008). 纳文：围绕一个新几内亚部落的一项仪式所展开的民族志实验. 李霞 译. 北京：商务印书馆。

E. 汤普森(2001). 英国工人阶级的形成. 钱乘旦，杨豫，潘兴明 等 译. 南京：译林出版社。

沃尔夫冈·希弗尔布施(2018). 铁道之旅：19世纪空间与时间的工业化. 金毅 译. 上海：上海人民出版社。

泰伦提乌斯(2015). 古罗马戏剧全集：泰伦提乌斯. 王焕生 译. 吉林出版集团有限责任公司。

海登·怀特(2013). 元史学：19世纪欧洲的历史想象. 陈新 译. 南京：译林出版社。

热拉尔·热奈特(1990). 叙事话语·新叙事话语. 王文融 译. 北京：中国社会科学出版社。

米歇尔·克罗齐埃(2002). 科层现象. 刘汉全 译. 上海：上海人民出版社。

约翰·杜威(2016). 杜威全集·晚期著作：第二卷(1925—1927). 张奇峰，王巧贞译. 上海：华东师范大学出版社。

维柯(1989). 新科学. 朱光潜 译. 北京：商务印书馆。

罗伯特·K. 默顿(2003). 科学社会学. 鲁旭东，林聚任 译. 北京：商务印书馆。

罗伯特·威廉·福格尔，斯坦利·L. 恩格尔曼(2016). 苦难的时代：美国奴隶制经济学. 颜色 译. 北京：机械工业出版社。

罗伯特·斯科尔斯，詹姆斯·费伦，罗伯特·凯洛格(2014). 叙事的本质. 于雷译. 南京：南京大学出版社。

罗伯特·达尔(2019). 谁统治?. 范春辉，张宇 译. 南京：江苏人民出版社。

罗兰·巴特(2012). S/Z. 屠友祥 译. 上海：上海人民出版社。

—(2016). 流行体系. 敖军 译. 上海：上海人民出版社。

T. S. 艾略特(2017). 四个四重奏：艾略特诗选. 裘小龙 译. 南京：译林出版社。

茨维坦·托多罗夫(2011). 散文诗学：叙事研究论文选. 侯应花 译. 天津：百花文艺出版社。

西摩·查特曼(2013). 故事与话语：小说和电影的叙事结构. 徐强 译. 北京：中国人民大学出版社。

西达·斯考切波(2013). 国家与社会革命：对法国、俄国和中国的比较分析. 何俊志，王学东 译. 上海：上海人民出版社。

诺曼·梅勒(2015). 裸者与死者. 蔡慧 译. 南京：江苏凤凰文艺出版社。

费尔迪南·德·索绪尔(2009). 普通语言学教程. 刘丽 译. 北京：中国社会科学出版社。

赫伯特·马尔库塞(2014). 单向度的人：发达工业社会的意识形态研究. 刘继 译. 上海：上海译文出版社。

路易·杜蒙(2017). 阶序人：卡斯特体系及其衍生现象. 王志明 译. 杭州：浙江大学出版社。

路易斯·哈茨(2003). 美国的自由主义传统：独立革命以来美国政治思想阐释. 张敏谦 译. 北京：中国社会科学出版社。

迈克尔·沃尔泽(2016). 清教徒的革命：关于激进政治起源的一项研究. 张蓉，王东兴 译. 北京：商务印书馆。

迈克尔·波兰尼(2000). 个人知识：迈向后批判哲学. 许泽民 译. 贵阳：贵州人民

出版社。

阿尔弗雷德·怀特海(2017). 科学与近代世界. 黄振威 译. 北京：北京师范大学出版社。

阿瑟·洛夫乔伊(2015). 存在巨链. 张传友，高秉江 译. 北京：商务印书馆.

阿诺尔德·豪泽尔(2015). 艺术社会史. 黄燎宇 译. 北京：商务印书馆。

霍华德·S. 贝克尔(2011). 局外人：越轨的社会学研究. 张默雪 译. 南京：南京大学出版社。

马克思，恩格斯(1961). 德意志意识形态. 中共中央马克思恩格斯列宁斯大林著作编译局 译. 北京：人民出版社。

马克斯·韦伯(2010). 经济与社会(二卷本). 阎克文 译. 上海：上海人民出版社。

马歇尔·G. 哈济生(2015). 伊斯兰文明：伊斯兰的古典时期. 邱太乙，马慧妍，罗心彤 译. 台北：台湾商务印书馆。

马歇尔·萨林斯(2002). 文化与实践理性. 赵丙祥 译. 上海：上海人民出版社。

鲁思·本尼迪克特(2012). 菊与刀. 吕万河，熊达云，王智新 译. 北京：商务印书馆。

# 后　记

　　本书开始时，我试图把一组庞大、复杂和偶然的现象，定位为 233
一个单一过程的化身。我的目的并不在于解释学术界的智识生活，而
是要对其进行抽象的描述。我并没有声称智识生活中必须产生这样或
那样的发展，而是为事实上的确发生过的（数量有限的）典型行动和模
式提供了一种说明。因此本书的第一部分与我先前关于职业的书[1]属
于同一传统，那本书也没有解释为什么职业会朝着这个或那个方向发
展，而是从理论上全面描述了职业所面临的各种偶然及支配它们的主
要的相互作用的力量。

　　和前一本书一样，本书也是从一个单一的隐喻中发展出来的。在
这里是分形的扩散，在那里是生态的结构。事实上，这两种情况下的
基本策略都以单一的隐喻为基础，然后对其进行无休止的详细阐释。
现在，在这最后两章中，我已把细节抛在脑后，简单地把这一隐喻推
到极限，看看会有什么结果。

　　这些策略可能会给一些读者留下重要的疑问。例如，一旦我们脱
离了一般的社会结构或道德，详细的例子所具有的令人信服的特性就
没有了。人们开始怀疑这些分形是否真的存在，或者说我是否只是把
分形逻辑强加在我所研究的任何事物上。甚至对先前关于智识系统的

---

　　① 阿伯特（［1988］2016）。

论证，人们可能会怀疑我是不是应该去检验这些观点或提出形式上的反假设。人们可能会想，分形的区分是否真的提供了一个描述事物发展的模型，或者说它们只是描述事物发展的一种紧凑方式。如果是这样，为什么不采用其他的描述呢？

此处不是详细考虑这些问题的地方。我只想指出，以上都是一般性的问题，是可以向任何持续的理论事业提出的问题。目前的论证没有什么特别之处使这些问题在这里显得特别突出：既没有基本理论结构的隐喻本性，也没有抽象描述的理论策略。① 理论家的首要职责是提出一个可信的论点。它不仅需要大量的理论讨论，而且还需要对案例进行仔细的分析。这对一本书来说似乎已经足够了；检验和反驳可以等待。

但是在我为什么认为复杂分形比较好，以及对知识潜在领域的丰富探索比贫乏的探索要好这些问题上，也许有必要做更坦率的表态。我不知道为什么我认为复杂的探索更美，但我就是这么认为的。我认为知识的提高是通过让知识变得更复杂、更深刻、更全面、更多元来实现的。这并不意味着对简单化有偏见。毕竟，我只是试图把智识生活的全部事实都归纳到一个想法之下。但是这意味着我偏爱全面性，无论是在常见的隐喻意义上的广泛覆盖，还是在古老的、字面意义上的理解深度。而这也意味着对我来说，知识更重要的一面是设想可以被认识的新事物，而不是常规地发现已有的事物。②

但也正是这种对复杂性的偏爱推动了我对折中主义的喜好，使之成为一种智识生活的美学。因为如果关于某一事物有一种知识是好的，那么有两种更好，有三种极好。可以肯定的是，像经济学或精神分析

---

① 我在 Abbott(1998)中详细讨论了因果解释与描述的问题。

② 在反思我个人对复杂性的偏好时，我想起了德日进的《人的现象》（［1961］2006），它是年轻时影响我的书籍之一。我不知道今天我会怎么看待这本书——我不敢读它，以免我的记忆化作灰烬——但它在我 16 岁的时候显得光辉灿烂。

学这样专心致志的学科（single-minded disciplines），有非常美丽、非常简洁的一面。在这些学科中存在正确或错误的道路。但是我宁愿成为米兰达，让所有这些美丽的新知识在我面前展开；或者更现实一点，我宁愿成为一名康拉德（Joseph Conrad）笔下的船长，驾驶我那老旧的汽船从一座岛屿驶向下一座岛屿，像许多流浪者一样，沿途拾起奇怪的事实和方法论。领导一支维护得很好的帝国舰队也许很吸引人，但这并不适合我。

分形中理论化的力量让人想推及越来越远的地方。比如，自相似性的概念对分析人格（personality）是否有用，这是很诱人的猜测。这里面有令人向往的可能性。

许多人格特征的运作方式与第一章中讨论的分形区分相似。事实上，当一个人进入不同的环境时，气质的持久特性会在生命历程中以自相似的方式发挥作用，这是一种个人内部的分形循环。倾向于与周遭所有人持不同意见的品质，可能有用，也可能无用，这取决于环境。在某些学校环境中，这种品质可能会导致青少年犯罪；在有的环境中，这种品质可能会成为创造性的标志；在其他环境中，这种品质可能会成为被社会孤立的理由。在某一时点，它可能有益，而在另一时点上则有害。所有的教授们都很熟悉这种窘境。以一种以独特的方式看待事物，这种倾向对于一位本科生来说非常有用。在老师和读过他们的研究生申请书的人看来，这样的学生很特别。但是，一旦进入小规模的初级研究生行列，甚至是在更小规模的助理教授队伍，这种倾向就没有什么帮助了。在这两个生涯阶段，独特性确实会成为问题。然而后来，在少数中年时仍能在本学科保持活跃的人中，独立和个人的视野成为中年时期杰出工作的主要基础。因此，在训练学生放弃他们的高瞻远瞩之后，我们对自己和同事视野的缺失感到惋惜。莫里斯·贾诺维茨（Morris Janowitz）在军队中也看到了同样的模式；真正的领导者并非来自核心，而是来自其外围——最奇怪、最不寻常的成员。① 事实上，正是这种个人特性在生命历程中的自相似性成为弗洛伊德人格理论的基础。在这个理论中，早期建立的情感模式成为后来生活经验的模板。[后期]分形置于早期分形之上。

因此，分形论证可以让我们更进一步。但是，当我们谈到人格的本质，以及更令人费解的人格的时间性问题时，我们已经抵达了一处合乎逻辑的休憩之所。在我进行了本书的论证之后，停下来休息似乎是个奇怪的结论。在社会科学的分形观中没有休憩之所，只有一座充满关于社会的知识的无尽之城，其实是用以梦想社会的事物之城。但要去往时间性和人格只能从这里绕道，从对面那条不起眼的小巷子里开始才能进入。越过城墙，我们可以听到嘈杂的公交车赶往回归广场和后现代公园的声音，经验丰富的导游正在向游客嚷着这个或那个引文的日期；也许他们之间还在争论智识的额枋是否应凸出一些，以及是否可以通过一些早期范式的后方通道，沿着老城墙到达微妙小巷。这座知识之城是一座喧嚣的城市：它的游客陷阱和博物馆，它的商店和咖啡屋，它的钱币兑换商把游客的各种才能变成了一枚枚心灵硬币。而本科生和游客们会用这枚硬币买些纪念品留给二十年后的自己和朋友们看，告诉他们这个或那个想法的景观，甚至可能说起某位特定的导游，在自己隔着饮料杯微笑地着看着架子上半被遗忘的大学课本时，显得多么的神奇和重要。

但在这一刻，在被突如其来的斜阳照亮的院子里，让我们小憩。这里空空荡荡，只剩下留给自己的空间和几位先前来过的游客的痕迹。这个下午会有足够多的时间来思考人格和时间性。在这一刻，让我们静静地回忆起上午的风景。

---

① Janowitz(1960)第八章。

# 译后记

"在社会科学家所面对的混沌中，存在着一种秩序。这种秩序不仅存在于其自身，也存在于历史的参与者身上，并在很大程度上影响着历史的进程。历史的逻辑就是选择性附属的逻辑。"（Howe，1978）在校对第一章中出现的"elective affinities"概念时，我读到了豪的这句话。虽然写作时间早了许多，我认为豪的观点很好地点出了本书的核心思想。阿伯特教授的这本著作主要关于学术学科，以及其背后的知识系统的运作方式，并将分形的框架引申到他一直感兴趣的价值问题上。对我这样位于其中的居者来说，这无疑提供了崭新的视角。但我想哪怕是没有身处其中的读者也会多少感受到其影响，毕竟学术学科可能是 20 世纪人类知识系统的巅峰，而我们的社会上有越来越多的人已被纳入这个系统中。今天我们仍不断做着梦，梦想关于社会世界的本质，关于行动，关于道德。这一切以怎样的方式变化？我希望邀请各位读者一同思考。

这是我翻译的第二本阿伯特教授的著作。不知不觉中，距离第一次系统接触他的作品已经过去了两年。我似乎在这座知识之城里走过了一条人迹罕至的小道，并正在继续探索——现在我已经开始了"第三本书"《攸关时间》（*Time Matters*）的翻译工作。这有点像逆时间往回走，但正如阿伯特教授本人所说，他的所有作品其实只是"一本书"而已，内在一致、前后关联、延绵不绝。这可能是让我欲罢不能的主要原因——我总想问他，下一个问题的答案是什么？

我相信翻译的工作依然是今天重要的学术任务——把陌生的生活、话语、经验融入我们自己的知识中。作为社会科学家，我们都很清楚在进入新的知识空间时的那种欣喜和兴奋。核心问题便是在新的空间和我们自己的生活空间之间建立映射。这项任务要求我们尽力以自身的理解来转换文字，以及更重要的，文字背后的思想。由此，翻译的计划延续了我的尝试。在过去两年里我几乎每时每刻都在思考这个项目，在我看来这是唯一值得做的事。

在本书的翻译过程中，我力求还原阿伯特教授的思维脉络。读者们会发现大量来自《职业系统》的熟悉术语（如：世系、化身、解决方案），同时还会随着阿伯特教授进入各学术领域。对这些诸多名词及用法，在此我感谢诸位同事与好友：徐敏慧（英语）、陈钟（语言学）、张可烨（物理）、杜立（法学）、尤嘉（法语和希腊语）、范丁亚（日语）提供的热情帮助。在过去一年里，澳门大学的诸位同学也提供了很多协助，帮我核对数据、制图、改写代码，我很感谢林诗敏、李富民、童立勤、沈阳的陪伴。

知识是一张关联的网，而我希望知识空间之间的映射能够与整个中文社会科学知识系统联系起来。所以本书遵循《过程社会学》翻译中我定下的规则，对于原文中引用的各项材料采取这种方式：凡现存中译的著作，我都查阅了中译并从中找到所引用的文字和段落，冀求通过翻译在现有的中文知识空间中建立起新的通路。最后，除了我本人的几番校对之外，我也在此感谢黄欢容对最后定稿的审读。译文存在的若干错误完全是本人能力所限，而非由给予过我帮助的诸位所造成。

周忆粟

2020 年 10 月于澳门

Chaos of Disciplines by Andrew Abbott

Licensed by The University of Chicago Press, Chicago, Illinois, U. S. A.

© 2001 by The University of Chicago. All rights reserved.

版权登记号：01-2024-6602

**图书在版编目（CIP）数据**

学科的混沌/（美）安德鲁·阿伯特著；周忆粟译. --北京：北京师范大学出版社，2025.1. --（历史—社会科学译丛）. -- ISBN 978-7-303-30311-3

Ⅰ.C91

中国国家版本馆 CIP 数据核字第 2024E1U340 号

XUEKE DE HUNDUN

出版发行：北京师范大学出版社 https：//www.bnupg.com
　　　　　北京市西城区新街口外大街 12-3 号
　　　　　邮政编码：100088
印　　刷：北京盛通印刷股份有限公司
经　　销：全国新华书店
开　　本：880 mm×1240 mm　1/32
印　　张：11
字　　数：285 千字
版　　次：2025 年 1 月第 1 版
印　　次：2025 年 1 月第 1 次印刷
定　　价：98.00 元

策划编辑：宋旭景　　　　　　　责任编辑：赵雯婧
美术编辑：王齐云　　　　　　　装帧设计：王齐云
责任校对：丁念慈　　　　　　　责任印制：赵　龙